SCHRIFTENREIHE DES IFO-INSTITUTS FÜR WIRTSCHAFTSFORSCHUNG

Nr. 128

IFO-INSTITUT FÜR WIRTSCHAFTSFORSCHUNG

Längerfristige Wechselwirkungen zwischen kultureller und wirtschaftlicher Entwicklung

Von

Marlies Hummel
Karl-Heinz Brodbeck

DUNCKER & HUMBLOT / BERLIN · MÜNCHEN

Die Untersuchung wurde in der Forschungsgruppe Kultur und Wirtschaft des Ifo-Instituts für Wirtschaftsforschung durchgeführt. Karl-Heinz Brodbeck bearbeitete die Kapitel 3.1 und 3.2. Die Konzeption der Studie und alle anderen Analyseschritte stammen von Marlies Hummel. Die Programmierarbeiten besorgte Edgar Vetter. Die Betreuung der Manuskripte lag bei Gudrun Hausmann.

Die Deutsche Bibliothek – CIP-Einheitsaufnahme

Längerfristige Wechselwirkungen zwischen kultureller und wirtschaftlicher Entwicklung / [die Unters. wurde in der Forschungsgruppe Kultur und Wirtschaft des Ifo-Instituts für Wirtschaftsforschung durchgeführt]. Von Marlies Hummel; Karl-Heinz Brodbeck. – Berlin; München: Duncker und Humblot, 1991
(Schriftenreihe des Ifo-Instituts für Wirtschaftsforschung; Nr.128)
ISBN 3-428-07204-9
NE: Hummel, Marlies; Brodbeck, Karl-Heinz; Ifo-Institut für Wirtschaftsforschung ⟨München⟩ / Forschungsgruppe Kultur und Wirtschaft; Ifo-Institut für Wirtschaftsforschung ⟨München⟩: Schriftenreihe des Ifo-Instituts . . .

Fotoprint: Berliner Buchdruckerei Union GmbH, Berlin 61
Printed in Germany

ISSN 0445-0736
ISBN 3-428-07204-9

Vorwort

In den vergangenen Jahren ist das Bedürfnis der Menschen nach kulturellen Leistungen angestiegen. Bildung, Unterhaltung und Kommunikation haben bei den privaten Haushalten eine vorrangige Stellung erreicht. Das zunehmende Bewußtsein um den hohen Rang der Kultur hat auch bei den öffentlichen Haushalten eine verstärkte Zahlungsbereitschaft geweckt.

Diese grundsätzlichen Änderungen in der gesellschaftlichen Bedürfnishierarchie haben auch wirtschaftliche Auswirkungen: Kultur ist zu einer Triebfeder qualitativen und quantitativen Wachstums geworden.

Die Entwicklung des Kulturbereichs verläuft jedoch nicht spannungsfrei, sondern ist in hohem Maße von der gesamtwirtschaftlichen Entwicklung abhängig. Wichtige Einflüsse gehen auch von den medienpolitischen Rahmenbedingungen und vom Fortschritt in der Informationstechnik aus, der zu beschleunigten Übertragungs- und nahezu unbegrenzten Speicher- und Vervielfältigungsmöglichkeiten geführt hat.

Welche längerfristigen Entwicklungschancen für neue Märkte und neue Formen publizistischer, künstlerischer und sonstiger kulturwirtschaftlicher Dienstleistungen bestehen, und wie diese Entwicklungspotentiale für die Kulturberufe genutzt werden können, wird in dieser Studie geprüft.

Das Bundesministerium für Wirtschaft hat die Untersuchung in Auftrag gegeben. Bei der Beschaffung der Daten waren zahlreiche Einzelpersonen und Institutionen behilflich. Ihnen allen sei für die Unterstützung gedankt. Der besondere Dank gilt den Damen und Herren aus dem Bundesministerium für Wirtschaft, insbesondere Herrn Ministerialrat Dr. Dehmel, der die Studie in allen Stufen begleitet hat.

München, im Juli 1991

Prof. Dr. Karl Heinrich Oppenländer

Präsident
des Ifo-Instituts für Wirtschaftsforschung
München

Inhaltsverzeichnis

Verzeichnis der Tabellen

Verzeichnis der Abbildungen

Verzeichnis der Übersichten

Zusammenfassung

A. Grundlagen

1. Problemstellung

Zwischen der gesamtwirtschaftlichen Entwicklung und der Entwicklung des Kulturbereichs bestehen zahlreiche Wechselwirkungen. So hat die Verlangsamung des wirtschaftlichen Wachstums mit all ihren Konsequenzen für die Finanzsituation der öffentlichen Haushalte in nahezu allen westeuropäischen Ländern dämpfende Auswirkungen auf die staatlichen Kulturausgaben und die hiermit verbundenen Arbeitsplätze. Andererseits wird die wirtschaftliche Entwicklung durch die wachsende Nachfrage der privaten Haushalte nach Bildung, Unterhaltung und Kommunikation gestützt. Gerade von diesen marktbestimmten Dienstleistungen, insbesondere von der Veränderung in der Medienlandschaft, gehen deutliche Beschäftigungsimpulse aus.

Welches beschäftigungspolitische Entwicklungspotential für Selbständige und für abhängig Beschäftigte im Gesamtbereich "Kultur" vorhanden ist, soll in dieser Studie untersucht werden. Dabei ist zu prüfen, welche längerfristigen Entwicklungschancen sich für neue Märkte und neue Formen publizistischer, künstlerischer und sonstiger kulturwissenschaftlicher Dienstleistungen abzeichnen. Nach einer Analyse der Einflußfaktoren auf der Nachfrageseite ist dabei auch den möglichen Auswirkungen neuer Medien und Kommunikationsformen auf das Angebot an kulturellen Dienstleistungen nachzugehen. Welche Gestaltungsspielräume die Politik zur Aktivierung des Entwicklungspotentials für die Erbringung kultureller bzw. künstlerischer Leistungen nutzen könnte, ist gesondert auszuloten.

2. Aufbau der Studie

In einem ersten Schritt werden die für die Untersuchung relevanten Dienstleistungen des Kulturbereichs abgegrenzt, wobei jeweils zwischen den Ebenen "Schaffung" und "Verbreitung" kultureller Leistungen unterschieden wird. Dabei werden überdies die Aktivitäten der Ausbildung in den Kulturberufen und in der Erwachsenenbildung einbezogen.

Dann schließt sich in einem zweiten Schritt ein Überblick über die Struktur und Entwicklung des Kulturbereichs und die Entwicklung der Erwerbstätigkeit in publizistischen, künstlerischen und sonstigen kulturwirtschaftlichen Berufen an. Sie wird in einem dritten Schritt ergänzt durch eine Analyse des Einflusses der privaten Nachfrageentwicklung und der staatlichen Kulturförderung.

In einem vierten Schritt gilt es, Entwicklungspotentiale für Selbständige und abhängig Beschäftigte im Gesamtbereich Kultur aufzuzeigen. Hierzu müssen zunächst Szenarien hinsichtlich der zukünftigen Höhe und Struktur staatlicher Kulturausgaben und hinsichtlich einer möglichen Entwicklung der Medienlandschaft in der Bundesrepublik Deutschland entwickelt werden. Vor diesem Hintergrund werden dann die längerfristigen Entwicklungschancen und -risiken für neue Märkte und neue Formen künstlerischer, publizistischer und sonstiger kulturwirtschaftlicher Dienstleistungen erörtert.

Welche Bedeutung eine Verbesserung der Rahmenbedingungen hierbei hat, ist in einem letzten Schritt zu untersuchen. Ziel dieses Untersuchungsabschnittes soll es sein, Empfehlungen für die Wirtschaftspolitik abzuleiten, die es gestatten, die Beschäftigungspotentiale des Kulturbereichs zu aktivieren.

3. Abgrenzung des Untersuchungsbereichs

Im Zentrum der Untersuchung steht die Schöpfung oder Produktion von Kunstgütern. Damit diese ihr Publikum erreichen, müssen sie verbreitet werden. Diese Verbreitung kann Vervielfältigung (z.B.

durch Druckmedien), Ausstellung (durch Museen oder Galerien), Ausstrahlung (durch elektromagnetische Medien) oder öffentliche Wiedergabe (durch Aufführung) bedeuten. Kunstwerke, die produziert sind, müssen außerdem erhalten werden. Nur so können sie als Quelle für neue Reproduktionen oder Verbreitungsformen dienen. Die Ausbildung von Künstlern ist überdies die Voraussetzung für die Kunstproduktion. Für die Kunstrezeption ist die kunstpädagogische Bildung des Publikums notwendig. Daß hierfür der Grundstein im allgemeinen Bildungssystem gelegt werden muß, steht außer Frage. Im Rahmen dieses Gutachtens wird die kunstpädagogische Ausbildung des Publikums jedoch nur im Rahmen von Weiterbildungsaktivitäten berücksichtigt. Damit zählen

- die Schaffung,
- die Verbreitung,
- die Erhaltung von künstlerischen Werken und
- die Ausbildung von Künstlern und
- die kunstpädagogische (Weiter-)Bildung des Publikums

zu den Kernbereichen der Untersuchung. Im Zentrum der Studie stehen folgende Berufsgruppen der Kulturschaffenden:

- Schriftsteller und Journalisten,
- Dolmetscher und Übersetzer,
- Musiker,
- Darstellende Künstler,
- Bildende Künstler,
- Künstlerische Berufe der Bühnen-, Bild- und Tontechnik (einschließlich der Dekorationenmaler),
- Fotografen,
- Architekten,

sowie die kulturvermittelnden Berufe:

- Lehrer für musische Fächer,
- Bibliothekare, Archivare und Museumsfachleute und
- Geisteswissenschaftler.

B. Struktur und Entwicklung des Kulturbereichs

4. Umsätze und staatliche Ausgaben im Kulturbereich 1986

Im Kulturbereich leben staatliche und private Institutionen in einer Symbiose. Um das Zusammenwirken zu zeigen, werden die Kenngrößen der Umsätze der marktbestimmten Bereiche und die Ausgaben der öffentlichen Hände kurz vorgestellt.

Für das Jahr 1986 weist die Umsatzsteuerstatistik mehr als 88 500 Steuerpflichtige aus, die insgesamt rund 77,2 Mrd. DM an steuerbaren Umsätzen erwirtschaftet haben. Mehr als die Hälfte der Steuerpflichtigen (45 600), aber nur 15 % der steuerbaren Umsätze entfallen auf die Gruppe der Selbständigen in Kulturberufen, der Löwenanteil der Umsätze (32 Mrd. DM) wird von den Verlagen und der Werbung (fast 20 Mrd. DM) erwirtschaftet.

Neben den Umsätzen der Marktteilnehmer bestimmen die staatlichen Ausgaben für kulturelle Zwecke die Struktur des Kulturbereichs. Im Jahr 1986 haben die öffentlichen Haushalte rund 10 Mrd. DM hierfür aufgewendet. Die Gemeinden und Zweckverbände bewirkten den größten Anteil an den Kulturausgaben (über 50 %), gefolgt von den Ländern (37,2%) und vom Bund (12,3 %).

Dabei lassen sich eindeutige Schwerpunktbildungen feststellen: Die größten Einzelpositionen erhalten mit rund 34 % die Theater und Orchester (einschließlich der sonstigen Musikförderung), mit 13,9 % die Museen (einschl. der wissenschaftlichen Museen) sowie die Bibliotheken und Büchereien (13,8 %) und die Volkshochschulen (einschließlich der sonstigen Erwachsenenbildung, insgesamt 9,6 %). Neben diesen Mitteln, die eindeutig einzelnen Kernbereichen zugeordnet werden konnten, gibt es eine Fülle weiterer Fördermaßnahmen und kulturbezogener Ausgaben, die vor allem in der Position "sonstige Kulturpflege" enthalten sind. Sie umfaßt so heterogene Maßnahmen wie Stipendien und Kulturpreise, die Denkmal- und Heimatpflege sowie die Filmförderung der Kommunen. Die Gesamtsumme beläuft sich auf 9,9 % der Nettoausgaben.

5. Arbeitsstätten und Beschäftigte im Kulturbereich 1987

Eine weitere Möglichkeit zur Charakterisierung der Symbiose zwischen Privaten und staatlichen Institutionen innerhalb des Kulturbereichs, die auch Aussagen über Ausstrahlungseffekte in weitere Bereiche zuläßt, ist die Anzahl der Beschäftigten. Hierzu wurde die Arbeitsstättenzählung des Jahres 1987 ausgewertet. Durch die Erweiterung der Untersuchungsbereiche um die Architektur und den Ausbildungsbereich zeigt sich das volle Beschäftigungspotential der kulturrelevanten Sektoren:

- in den Kernuntersuchungsbereichen und in den weiteren Bereichen sind 1,1 Millionen Arbeitsplätze vorhanden.

- 556 000 Arbeitsplätze stammen aus dem Untersuchungsbereich im engeren Sinne.

Die Arbeitsplätze zeigen, daß gerade die Selbständigen in Kulturberufen mit 131 300 Arbeitsplätzen ein beträchtliches Potential bieten. Die Vermarkterbereiche stellen ihrerseits 343 000 Arbeitsplätze (davon rund 140 000 in den Arbeitsstätten des Verlagsgewerbes und über 105 000 in der Werbung) bereit. Die Vermittlerbereiche schaffen weitere rund 82 000 Beschäftigungsmöglichkeiten.

Im Kulturbereich hat die selbständige Existenz eine große Bedeutung. Dies läßt sich an den hohen Anteilen ablesen, die die tätigen Inhaber an den Erwerbstätigen haben: Die Arbeitsplätze bei den selbständigen Künstlern und Publizisten, den Dolmetschern und Übersetzern sowie bei den Musikpädagogen sind bis zu 80 % durch tätige Inhaber besetzt.

Fast ein Drittel der Beschäftigten in den Vermarkter- und Verteilerbereichen sind Teilzeitarbeitskräfte. Letzteres signalisiert die Flexibilität, die in diesen Wirtschaftszweigen möglich und erforderlich ist.

Welchen unmittelbaren Einfluß die öffentliche Hand auf das Angebotspotential an Arbeitskräften hat, zeigen folgende Daten: In staatlichen Kulturinstitutionen wie bei den Theatern und Orchestern, in den Museen, Bibliotheken und Archiven, in den Büchereien, in den Volkshochschulen und in den Kunsthochschulen sind rund 78 000 Arbeitsplätze vorhanden. Dies entspricht 65,4 % aller Arbeitsplätze in diesen Institutionen und gleichzeitig 14 % der Arbeitsplätze des gesamten Kernbereichs.

6. Entwicklung des Kulturbereichs und des Arbeitsmarkts für Kulturberufe

Soweit sich dies an den Umsätzen und an den Staatsausgaben erkennen läßt, hat sich die Entwicklung des Kulturbereichs bedingt durch die allgemeine wirtschaftliche Entwicklung in den achtziger Jahren gegenüber der vorherigen Dekade verlangsamt. Dies blieb nicht ohne Auswirkungen auf den Arbeitsmarkt (vgl. Abb. 1*). In der Periode ab 1978 hat sich die Gesamtzahl aller Arbeitslosen von 860 000 auf 2,1 Millionen Personen mehr als verdoppelt. Die Gesamtzahl der Arbeitslosen in den hier erfaßten Kulturberufen hat sich von 14 800 auf 45 000 erhöht. Diese Verdreifachung bedeutet für die Kulturberufe - gegenüber der Ar-

Abb. 1*

Entwicklung der Arbeitslosen und der offenen Stellen 1978-88
Veränderung gegenüber Vorjahr in %

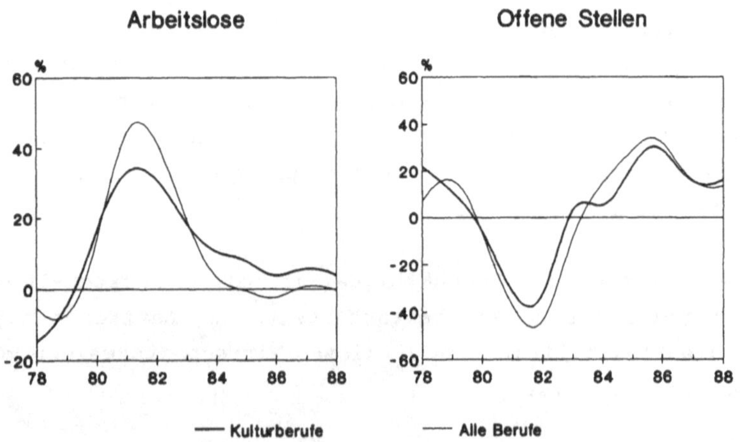

Quelle: Bundesanstalt für Arbeit, Berechnungen des Ifo-Instituts

beitsmarktsituation aller Berufsgruppen - eine erschwerte Ausgangsposition für die Lösung zukünftiger Beschäftigungsprobleme, die u.a. durch verbesserte Rahmenbedingungen und eine verstärkte Bereitschaft zur selbständigen Tätigkeit verbessert werden kann.

Daß die Chance zur Selbständigkeit gerade von den Kulturberufen verstärkt genutzt wurde und wird, zeigt die Entwicklung der Erwerbstätigkeit, die deutlich schneller zugenommen hat als in der Gesamtwirtschaft (vgl. Abb. 2*): Die Anzahl der Selbständigen hat sich im Zeitraum 1978/88 mit einer durchschnittlichen Rate von 2,8 % pro Jahr erhöht, während alle Berufsgruppen nur eine Zuwachsrate von 0,6 % erreichten.

Abb. 2*

Entwicklung der Erwerbstätigkeit in Kulturberufen 1978/87

Veränderung im Durchschnitt der Jahre in %

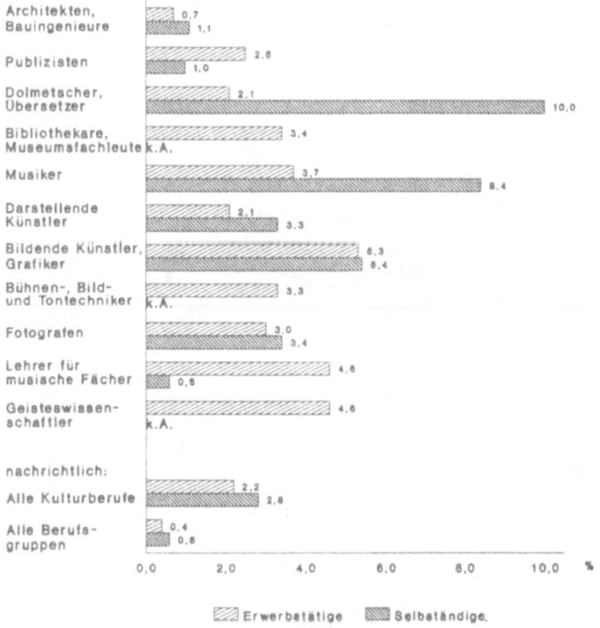

Quelle: Bundesanstalt für Arbeit, Berechnungen des Ifo-Instituts

Das vergleichsweise raschere Wachstum aller Erwerbstätigen (2,2 % im Durchschnitt der Jahre gegenüber 0,4 % bei allen Berufsgruppen) geht einher mit einer beschleunigten Zunahme der sozialversicherungspflichtig Beschäftigten. Sie ist u.a. auf die Umstrukturierung in der Medienlandschaft zurückzuführen, die den Vermarkterbereichen, vor allem den Rundfunk- und Fernsehanstalten und dem Film neue Impulse gegeben hat, die in die Bereiche der Kulturberufe ausgestrahlt haben. Ein Beleg hierfür ist die Entwicklung der sozialversicherungspflichtig Beschäftigten über den Zeitraum der letzten zehn Jahre, die im Gutachten gesondert geprüft wird: Die selbständigen Künstler (vor allem Grafiker) haben - im Aufwind der Entwicklung der Werbung und des Designs - zunehmend Arbeitsplätze geschaffen. Fernseh- und Rund-

Abb. 3:

Entwicklung der Beschäftigung und der Arbeitslosigkeit in Kulturberufen 1978/88

Veränderung im Durchschnitt der Jahre in %

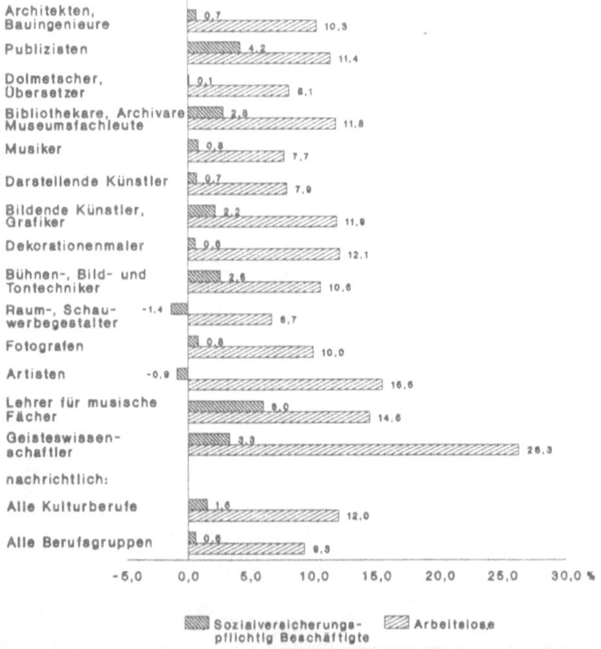

Quelle: Bundesanstalt für Arbeit, Berechnungen des Ifo-Instituts

funkanstalten sowie die Filmwirtschaft haben sich dynamischer entwickelt als die Verlage. Die öffentlichen Theater und Orchester sind hingegen verhaltener gewachsen. Damit ist der Arbeitsmarkt für Kulturberufe einerseits sehr dynamisch, andererseits aber nicht tragfähig genug, um die Arbeitslosen voll zu integrieren.

7. Einkommen in Kulturberufen

Diese Situation hat Auswirkungen auf die Höhe und Entwicklung der Einkommen in Kulturberufen. Nach den Anhaltspunkten, die die Einkommensteuerstatistik liefert, sind die Einkommen in ausgewählten Kulturberufen (Künstler, Architekten) in der Folge der wirtschaftlichen Entwicklung und der Arbeitsmarktsituation im Zeitraum 1980/83 tendenziell zurückgegangen.

Neuere Angaben über die Höhe der Einkommen aller untersuchten Berufsgruppen hat das Statistische Bundesamt dem Ifo-Institut aus einer Sonderauswertung des Mikrozensus für die Vollzeiterwerbstätigen in Kulturberufen zur Verfügung gestellt. Sie beziehen sich auf die insgesamt 365 000 Erwerbstätigen, die mehr als 35 Stunden pro Woche arbeiten und Angaben über die Höhe ihrer Einkommen gemacht haben.

Dabei zeigen sich große Unterschiede zwischen Architekten und Publizisten auf der einen Seite und künstlerischen Berufen auf der anderen Seite. Die Architekten und die Publizisten sind am häufigsten in der Einkommensklasse zwischen 3 000 und 4 000 DM vertreten, alle übrigen Berufsgruppen haben ihren Schwerpunkt in niedrigeren Einkommenskategorien. Wie sich die Einkommensverteilung gestaltet, verdeutlichen die Abbildungen 4a* und 4b* im Detail. Gerade bei den bildenden Künstlern, die am häufigsten in der (niedrigeren) Einkommensklasse zwischen 1 800 und 2 000 DM angesiedelt sind, bezieht darüber hinaus ein erschreckend hoher Anteil ein Einkommen, das auf Sozialhilfeniveau liegt: Fast 25 % der vollzeiterwerbstätigen bildenden Künstler schätzen ihr Monatsnettoeinkommen auf unter 1 400 DM, 14 % davon auf unter 1 000 DM. Bei den darstellenden Künstlern bezieht jeder fünfte nach eigenen Angaben ein Nettoeinkommen unter 1 500 DM, bei den Musikern jeder siebte.

Abb.4a: Verteilung der Monatsnettoeinkommen in Kulturberufen 1987 (I)

Einkommen Vollzeiterwerbstätiger von ... bis unter ... DM

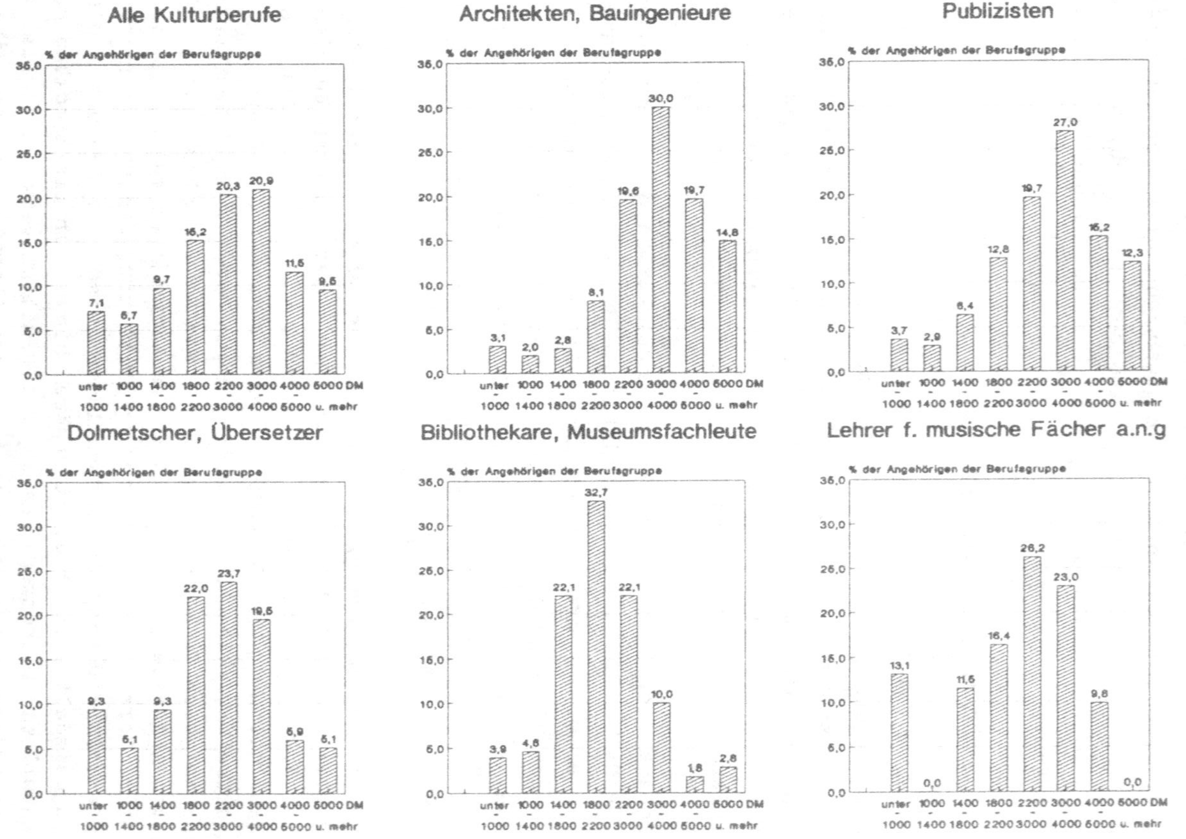

Quelle: Statistisches Bundesamt, Berechnungen des Ifo-Instituts.

Abb. 4b: Verteilung der Monatsnettoeinkommen in Kulturberufen 1987 (II)

Einkommen Vollzeiterwerbstätiger von ... bis unter ... DM

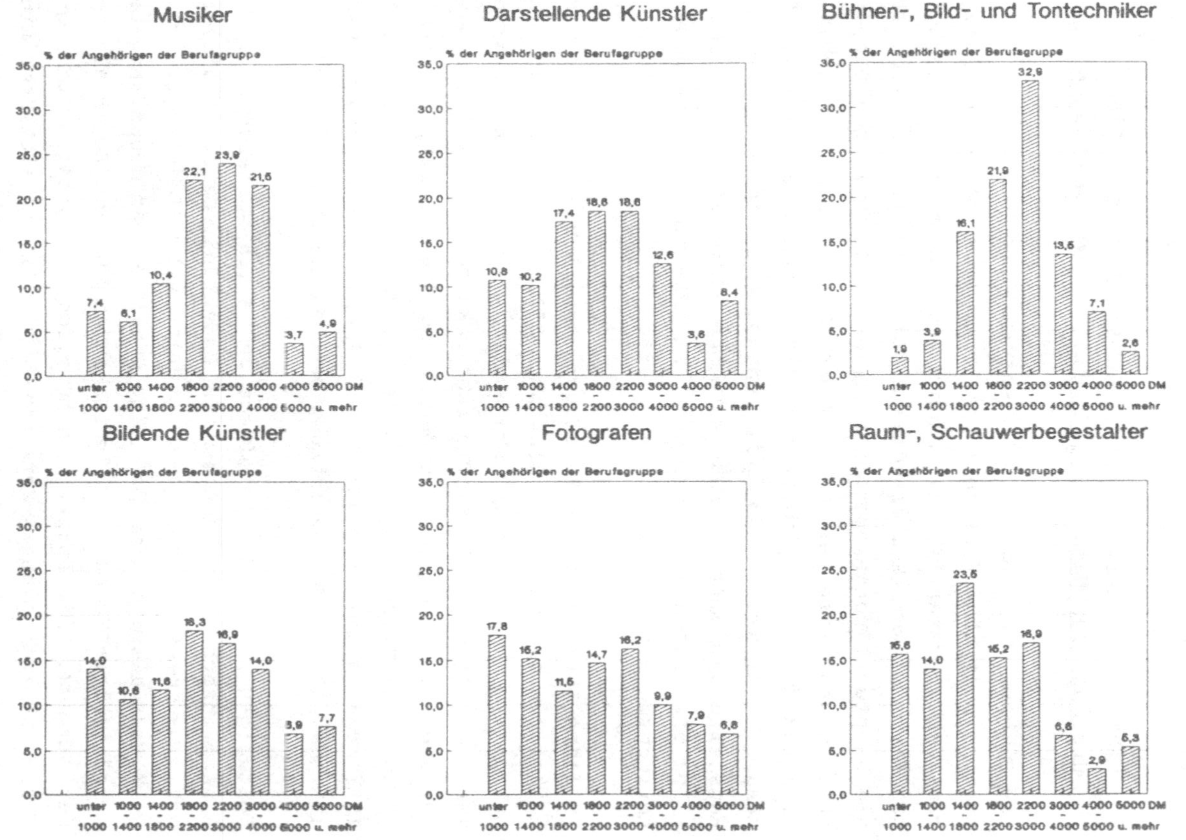

Quelle: Statistisches Bundesamt, Berechnungen des ifo-Instituts.

C. Ursachen der wirtschaftlichen Entwicklung des Kulturbereichs

8. Einkommen, Preise und Verbraucherpräferenzen als Ursachen der Nachfrage nach kulturellen Leistungen

Die Analyse hat gezeigt, daß Dienstleistungen und Waren des Kulturbereiches höherwertige (superiore) Güter sind: Ihr Anteil am gesamten privaten Verbrauch nimmt mit steigendem Einkommen zu. Das Wachstum des Realeinkommens der privaten Haushalte stellt die Haupterklärungskomponente in der Nachfrage nach Dienstleistungen und Waren des untersuchten Bereiches dar. Daneben läßt sich die relative Verbilligung der gesamten Gütergruppe "Bildung, Unterhaltung, Freizeit" und eine stärkere Präferenz der Haushalte als zusätzlicher Nachfragefaktor identifizieren. Vor allem die Einführung neuer Güter hat die Haushaltsziele des untersuchten Bereichs stark verändert.

Im Jahre 1987 hat ein 4-Personen-Haushalt von Arbeitern und Angestellten mit mittlerem Einkommen 271,30 DM für Kultur, Information und Unterhaltung aufgewendet. Dies sind, berücksichtigt man die unterschiedliche Preisentwicklung, real 9 % der Gesamtausgaben. Die Ausgaben für Waren und Dienstleistungen des Kulturbereichs haben sich bei diesem Haushaltstyp im Zeitraum 1965-1987 real im Durchschnitt um 4,1 % erhöht; sie werden im Jahre 1992 ca. 10,5 % der Gesamtausgaben beanspruchen.

Kultur gewinnt in der Nachfrage bei allen sozialen Gruppen und Einkommensschichten zunehmend an Bedeutung. Generell steigt sowohl die reale Nachfrage nach kulturellen Leistungen mit dem Einkommen als auch der jeweilige Anteil an den Gesamtausgaben im langfristigen Trend für alle Einkommensklassen. Der reale Anteil der Ausgaben für Kultur, Information und Unterhaltung an den Gesamtausgaben eines 4-Personen-Haushalts mit mittlerem Einkommen hat sich von 6,9 % in der Dekade 1966-1976 auf 8,7 % im Zeitraum 1977-1987, d.h. um mehr als ein Viertel erhöht.

Dieser Anstieg läßt sich durch drei Hauptkomponenten erklären: Den Anstieg des Monatsnettoeinkommens, die Veränderungen der

Preise und eine Verschiebung der Präferenzen. In der Dekade 1973-1983 wurde der Anstieg der Ausgaben für Kultur zu 79 % durch das Einkommen, zu 13 % durch Preisänderungen und zu 8 % durch eine Verschiebung der Präferenzen verursacht. Die durchschnittliche relative Verbilligung der untersuchten Gütergruppe im Betrachtungszeitraum 1965-1987 wurde einerseits durch die Erhöhung der Lebenshaltungskosten im Gefolge der steigenden Energiepreise, andererseits durch den Preisrückgang der elektronischen Medien ausgelöst.

9. Veränderung der Ausgabenstruktur

Wählt man einen 4-Personen-Haushalt mit mittlerem Einkommen im Jahre 1987 als Bezugsbasis, so richtet sich der größte Teil der Haushaltsnachfrage nach Kultur, Information und Unterhaltung auf Bücher, Zeitungen und Zeitschriften (49,30 DM), knapp gefolgt von den Ausgaben für Bild- und Tonmedien (46,40 DM) und den Aufwendungen für Unterrichtsleistungen (41,30 DM). Die Ausgaben für Theater-, Kino- und andere Veranstaltungen übersteigen mit 16,80 DM nur knapp den Betrag, der für die Entrichtung von Rundfunk- und Fernsehgebühren aufgewendet wird (15,30 DM).

Die Struktur der Ausgaben für Güter des Kulturbereichs hat sich im Zeitablauf deutlich verändert. Die stärkste Zuwachsrate weist die Nachfrage nach Musikinstrumenten auf. Dabei erwies sich vor allem die Phase bis zur Mitte der siebziger Jahre als besonders dynamisch. Auch in der Dekade 1977-1987 übersteigt der Zuwachs der Nachfrage nach Musikinstrumenten die übrigen Komponenten der Nachfrage nach Dienstleistungen und Waren des Kulturbereichs.

Bei den Printmedien (Bücher, Zeitungen, Zeitschriften) ist der Zeitraum 1965-1973, in dem besonders das Medium Fernsehen an Bedeutung gewonnen hat, durch eine stagnierende Entwicklung gekennzeichnet. In der nachfolgenden Periode macht sich eine deutliche Belebung der Nachfrage bemerkbar, die zu einem Anstieg der realen Ausgabenquoten für Printmedien führte - eine Entwicklung, die in den achtziger Jahren erneut einer Stagnation Platz machte. Allerdings zeichnet sich im Jahre 1988 eine positive Trendwende ab. Bemerkenswert ist die unterschiedliche Präferenzordnung verschiedener Haushalte im Bereich der Printmedien: 4-Personen-Haushalte mit höherem Einkommen präferieren Bücher vor Zeitungen und Zeitschriften; das Umgekehrte gilt für 2-Personen-Haushalte mit niedrigem Einkommen (vorwiegend Rentner). Die demographische Verschiebung der Altersstruktur hat deshalb auch einen deutlichen Effekt auf die Nachfrage nach Printmedien ausgeübt.

Stark betroffen von technischen, aber auch soziodemographischen Faktoren ist die Haushaltsnachfrage in der Ausgabenkategorie Theater-, Kino-, Museumsbesuche und Konzertveranstaltungen. Die realen Ausgabenquoten für diese Gruppe sinken im Trend der Jahre 1965-1987: Besonders stark bei den Beziehern höherer Einkommen (- 2,1 % pro Jahr), am geringsten bei 2-Personen-Haushalten mit niedrigem Einkommen (- 0,7 %). Besonders drastisch ist der Rückgang der Kinobesuche, der Mitte der 80er Jahre nur mehr ein Drittel der Besuche im Jahre 1965 ausmacht. Verantwortlich zu machen ist hierfür vor allem das veränderte Freizeitverhalten und das Vordringen der neuen Medien. Allerdings hat sich der Rückgang deutlich verlangsamt. Der Vergleich mit den Vereinigten Staaten von Amerika legt die Möglichkeit nahe, daß sich die Besucherzahlen der Filmtheater über 100 Millionen jährlich stabilisieren werden. Ein ganz anderes Bild zeigen dagegen die Museumsbesuche: Im Jahr 1987 übersteigt die Zahl der Museumsbesuche deutlich die Zahl der Einwohner und erreicht (zum Vergleich) zwei Drittel der Zahl der Kinobesucher.

Die weitreichendsten Veränderungen in der privaten Nachfrage haben die Bild- und Tonmedien erfahren. Im Jahre 1988 besitzen 87,4 % aller Haushalte ein Farbfernsehgerät, 26,2 % einen Videorecorder und 42,4 % eine Stereoanlage. Von den 4-Personen-Haushalten mit mittlerem Einkommen sind ferner 24,7 % im Besitz eines CD-Players. Diese Ausstattung mit Geräten erfuhr im Zeitablauf auffallende Veränderungen. Insgesamt erweisen sich Haushalte mit höherem Einkommen als Pioniere in der Nachfrage nach neuen Geräte- oder Medienformen. Die Hauptursache für die Bereitschaft zur Übernahme neuer Übertragungs- und Darstellungsformen von Bild und Ton ist das Verhältnis des Einkommens-und Preisniveaus dieses Güterbereichs. Immerhin sind 40 % aller

Haushalte in der Lage, Farbfernsehgeräte aus dem laufenden Einkommen zu finanzieren, rund 70 % aller Haushalte können Rundfunk- und Schwarzweißfernsehgeräte aus ihrem laufenden Einkommen finanzieren.

Die Entwicklung der Bild- und Tonaufzeichnungs- und -Übertragungstechniken ist durch immer raschere Veränderungen gekennzeichnet. Dies hat sich deutlich in der Nachfrage der Haushalte niedergeschlagen. Die Ausgabenquoten für Plattenspieler sinken im Trend seit der Mitte der siebziger Jahre und werden durch einen Anstieg der Ausgaben für Kassettengeräte kompensiert. Der technologische Wandel hat offenbar zu einer erheblichen Verunsicherung der Verbraucher geführt. Ausdruck hierfür ist - neben konjunkturellen Faktoren - der Einbruch in der Nachfrage nach Tonträgern (Langspielplatten und MusiCassetten) insgesamt. Während die Nachfrage nach Schallplatten bis zum Jahre 1977 kontinuierlich gestiegen ist, hat sie sich im letzten Jahrzehnt nahezu halbiert. Auch die Nachfrage nach MusiCassetten stagnierte und ist erst wieder seit Mitte der achtziger Jahre durch einen positiven Trend gekennzeichnet. Die rasche Zunahme der Ausgaben für die neue Technik der Compact-Discs gleicht durch ein exponentielles Wachstum der Anfangsphase in der Diffusion der neuen Kassettengeräte. Eine Trendumkehr ist noch nicht absehbar.

Die Haushaltsausstattung mit Videogeräten hat sich zunächst eher schleppend entwickelt; erst in den Jahren 1987 und 1988 zeigt sich bei allen Einkommensgruppen eine deutliche Präferenzänderung ab. Videogeräte werden überwiegend zur Aufzeichnung von Fernsehsendungen verwendet; die Nachfrage nach Spielfilmen in Videotheken ist eher durch eine stagnierende Entwicklung gekennzeichnet.

10. Ausländische und inländische Nachfrage

Im Bereich Information, Kultur und Unterhaltung erweist sich die Bundesrepublik Deutschland vor allem bei technisch einfachen und billigen Geräten als Nettoimporteur. Bei hochwertigen Geräten einerseits, Printmedien, Tonträgern und traditionellen Kulturgütern (Kunstwerke) übersteigt die ausländische Nachfrage deutlich die Importe. Auffallend ist der hohe Exportüberschuß bei Sammlungsgegenständen im Jahre 1988 mit einem Saldo von + 1,7 Mrd. DM, knapp gefolgt von den Printmedien mit einem Betrag von 1,3 Mrd. DM. Auch bei den Musikinstrumenten ist die Bundesrepublik Deutschland Nettoexporteur (+ 148 Mill. DM). Dies ist auf den Bereich traditioneller Instrumente zurückzuführen, während bei den elektronischen Instrumenten die Einfuhren aus Fernost, vor allem Japan überwiegen.

11. Bestimmungsgründe öffentlicher Kulturausgaben

Ähnlich wie bei der Nachfrage nach kulturellen und künstlerischen Leistungen, die überwiegend durch das Wachstum der (Real)-Einkommen bestimmt ist, sind die staatlichen Ausgaben, und damit auch die Ausgaben für Kultur in hohem Maße von der Einnahmensituation der öffentlichen Hände abhängig.

Wie sich die Einengung des finanzpolitischen Spielraums auf die Entwicklung der gesamten Nettoausgaben der öffentlichen Gebietskörperschaften (Bund, Länder, Gemeinden und Zweckverbände), vor allem aber auf die Kulturausgaben ausgewirkt hat, zeigt Abbildung 5*. Dabei wird deutlich, daß sich die "Schere" zwischen der Entwicklung der Steuereinnahmen und der gesamten Nettoausgaben, die sich bis in die frühen achtziger Jahre hinein weiter geöffnet hat, zu schließen beginnt. Die Kulturausgaben (in der Abgrenzung dieses Gutachtens) sind bis 1981 deutlich schneller gewachsen als die gesamten Nettoausgaben der öffentlichen Haushalte; nach einer Phase verlangsamten Wachstums in der Spätfolge der Rezession entwickeln sich die Kulturausgaben seit 1984 wiederum rascher als die gesamten Ausgaben der öffentlichen Haushalte.

Die Entwicklung der Kulturausgaben ist vor allem bei den Gemeinden stärker mit der Veränderung der Steuereinnahmen korreliert als mit der allgemeinen Ausgabenentwicklung. Diese Tatsache zeigt, daß den Kulturausgaben einerseits hohe Priorität eingeräumt wird, daß andererseits aber die Zwänge der Entwicklung der öffentlichen Einnahmen durchaus wirksam sind. In Phasen verlang-

Abb. 5· **Entwicklung der Kulturausgaben, der (gesamten) Nettoausgaben und der Steuereinnahmen der öffentlichen Haushalte 1977 - 1986**

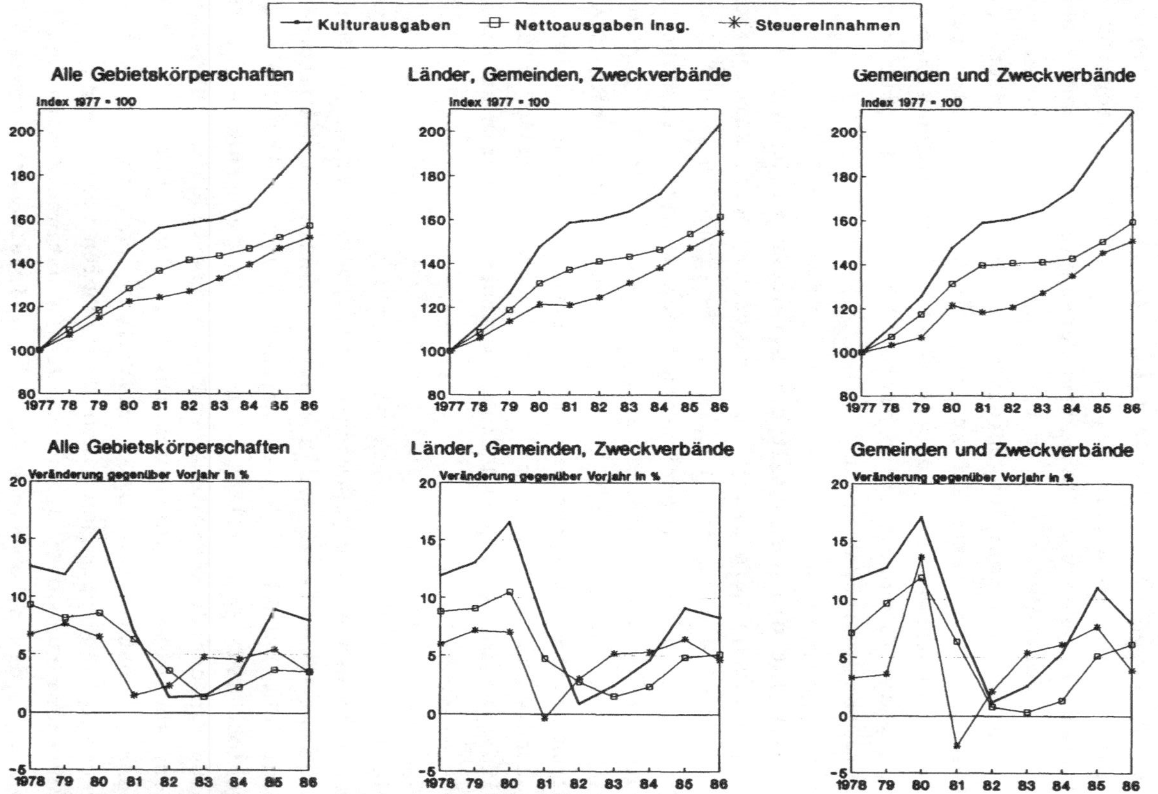

Quelle: Statistisches Bundesamt, Berechnungen des Ifo-Instituts

samter Einnahmenentwicklung reagieren die öffentlichen Haushalte wie die privaten Haushalte bei schwächerem Einkommenswachstum: Sie begrenzen die "stärker präferierten" Ausgabekategorien in höherem Maße als andere Ausgaben. Erinnert sei hier nur an den Fixkostenblock der öffentlichen Personalausgaben und - speziell im Fall der Gemeinden - an die Sozialhilfe, die in Rezessionsphasen den finanziellen Spielraum zusätzlich einengen. Bei den Gemeinden wird dieser Effekt durch die hohe Konjunkturreagibilität der Gewerbesteuer noch verstärkt. In der Folge einer Verbesserung der Finanzsituation treten dann aber wiederum beschleunigte "Nachholeffekte" auf.

Deshalb ist die Gesamtheit der Gemeinden in der Folge des kontinuierlichen Aufschwungs zur Triebfeder neuer kultureller Ausgabenimpulse geworden ist. Überdies drückt sie die Last der Zinsausgaben in weit geringerem Maße, da sich ihre Nettokreditaufnahme von der Neuverschuldung des Bundes und der Länder deutlich unterschieden hat. In denjenigen Kommunen aber, die durch Strukturanpassungsprobleme der Wirtschaft ihrer Region in Finanznöte geraten sind, zeigt sich ein völlig anderes Bild. Die Situation der Werft- und Montanregionen liefert hier anschauliche Beispiele.

Die konjunkturelle Entwicklung trifft nicht nur die Kulturausgaben im Rahmen der gesamten Ausgaben der öffentlichen Haushalte in besonderem Maße, sie hat auch innerhalb des Kulturbereichs deutliche Struktureffekte. Betrachtet man zunächst die längere Periode 1977/86, so läßt sich - in aufsteigender Reihenfolge - eine zunehmende Bedeutung der Erwachsenenbildung (Volkshochschulen, sonstige Erwachsenenbildung) und der Ausbildung von Künstlern (Kunst- und Musikhochschulen) beobachten; Museen und Denkmalpflege erlangen einen noch höheren Stellenwert und werden vorrangig nur übertroffen von der "sonstigen Kunst- und Kulturpflege", die neben einer Fülle von Einzelmaßnahmen wie z.B. der Förderung des Films, der Kulturfonds und einzelner Kulturinstitutionen, vor allem die Heimat- und Denkmalpflege der Kommunen enthält. Daß die Kulturverwaltung an der Aufgabenausweitung partizipiert, liegt auf der Hand.

Im Zuge der Erhöhung der Kulturausgaben 1977/86 sind die traditionellen Felder "Büchereien, Bibliotheken" und "Theater, Musik" zwar langsamer gewachsen, blieben aber hinter der Entwicklung der Nettoausgaben aller Gebietskörperschaften nicht zurück. Für die Förderung der kulturellen Beziehungen zum Ausland läßt sich dies ebensowenig behaupten wie für die Bundesrundfunkanstalten, die bis 1986 keine nennenswerte Expansion erfahren haben.

Wegen der Verschlechterung der Finanzsituation zu Beginn der achtziger Jahre suchten die öffentlichen Hände nach Lösungsmöglichkeiten: Die Gebührenanhebungen der Gemeinden auch im Bereich der kulturellen Leistungen, Einsparmaßnahmen bei allen variablen Positionen (z.B. Ankäufe von Büchern, Bildern), Beschränkungen bei Zuschüssen für kulturelle Einzelaktivitäten und der Aufschub von Baumaßnahmen waren die Folge.

Daher sind die öffentlichen Ausgaben für die (überwiegend gebührenfinanzierte) Erwachsenenbildung, für den Denkmalschutz und die Museen in dieser Zeit - trotz der hohen Priorität, die sie einnehmen - am deutlichsten gegenüber dem längerfristigen Trend zurückgenommen worden, während vertraglich festgeschriebene Verpflichtungen wie die Theaterfinanzierung, die Finanzierung der Kunst- und Musikhochschulen und die Verwaltung kultureller Angelegenheiten in geringerem Umfang betroffen waren.

12. Bestimmungsgründe der Nachfrage von Unternehmen nach kulturellen Leistungen

Marktorientierte Unternehmen des Kulturbereichs

Bei den marktorientierten Unternehmen des Kulturbereichs, z.B. den Verlagen, den privaten Theatern und Orchestern, der Filmwirtschaft und den Herstellern von Tonträgern ist die Nachfrage nach Leistungen von Angehörigen der Kulturberufe unmittelbar von der Nachfrage der privaten Haushalte abhängig: Der Absatz von Büchern, Zeitungen und Zeitschriften, der Verkauf von Eintrittskarten an Theater- und Konzertgastspielbesucher und Kinobesucher, der Absatz von Bild- und Tonträgern für den privaten Gebrauch sind wichtige Einflußgrößen für die Beschäftigung von

Publizisten, darstellenden Künstlern und Musikern und Angehörigen der künstlerisch-technischen Berufe der Bühnen-, Bild- und Tontechnik. Diese Abhängigkeit gilt auch für die Architekturbüros, sofern sie Planungsleistungen für den Wohnungsbau der Haushalte erbringen.

Neben diesem "geradlinigen" Einflüssen, die sich unmittelbar aus der Analyse des privaten Verbrauchs ableiten lassen, werden auch Substitutionseffekte wirksam. Sie beruhen auf einer Fülle von Wechselbeziehungen zwischen den Verteilerbereichen und beeinflussen ebenfalls die Nachfrage nach Leistungen von Angehörigen der Kulturberufe. Die Umschichtungen in den Zeitbudgets der privaten Haushalte vom Lesen von Büchern, von Kinobesuchen hin zum Fernsehkonsum haben die Beschäftigungsmöglichkeiten für publizistische und künstlerische Berufe verändert. Die Nachfrage der öffentlich-rechtlichen Fernsehanstalten nach Produktionen deutscher Filmhersteller beeinflußt z.B. die Beschäftigungsmöglichkeiten von künstlerischen und künstlerisch-technischen Berufen.

Die finanzielle Situation des öffentlich-rechtlichen Rundfunks ist langfristig eine entscheidende Größe für die Vergabe von Auftragsproduktionen. Sie ist aber nicht nur von den Gebühreneinnahmen, sondern in entscheidendem Maße auch von den Werbeeinnahmen ihrer Werbegesellschaften abhängig. Damit wird die Entwicklung eines weiteren Vermarkterbereichs, der Werbung, zu einer Einflußgröße, die es zu berücksichtigen gilt.

Werbung

Die Bereitschaft der Wirtschaft, ihren Produkten mit Hilfe der Werbung einen höheren Bekanntheitsgrad zu verleihen, ist somit eine der Ursachen für die Finanzierung von Leistungen der Verteilerbereiche. Erinnert sei hier an die Werbeeinnahmen nicht nur des Hörfunks oder des Fernsehens, sondern vor allem auch an die Anzeigenerlöse der Verlage.

Im längerfristigen Trend besteht eine enge Korrelation zwischen der Entwicklung des Sozialprodukts und der Entwicklung der Werbetätigkeit. Daß die Werbebereitschaft der Wirtschaft zunimmt, zeigt die Entwicklung einzelner Werbeträger, insbesondere des Fernsehens. Dort ist es den privaten Anstalten zum Teil gelungen, neue Werbekreise zu erschließen, ohne daß dies zu Lasten der traditionellen Werbeträger, vor allem auch der Printmedien gegangen wäre.

Design

Weitere Strategien, in dem enger gewordenen Markt eine Position zu sichern oder gar auszuweiten, bestanden und bestehen auch darin, neue bzw. qualitativ verbesserte Produkte einzuführen, die dem Geschmack anspruchsvollerer und ausgabefreudigerer Käuferschichten entsprechen. Innovationsaufwendungen der Unternehmen sind hierfür die Voraussetzung. Um die Bedeutung von Design anhand quantifizierbarer Größen darstellen zu können, wurden im jüngsten Innovationstest des Ifo-Instituts Sonderfragen zu den Designstrategien der Unternehmen des Berichtskreises gestellt.

Von den rund 1 500 antwortenden Unternehmen des Innovationstests haben sich 1 296 zu Fragen nach den Designstrategien geäußert. Bei etwa zwei Drittel der Unternehmen des Verbrauchsgütergewerbes und des - gesondert ausgewerteten - Nahrungs- und Genußmittelgewerbes hat Design große Bedeutung für die Vermarktung der Produkte.

Daß Design in Zukunft eine noch größere Bedeutung einnehmen wird, zeigten folgende Antworten: Fast 100 % aller Unternehmen (präzise: 98,3 %), die das Design derzeit für sehr wichtig halten, äußern diese Einschätzung auch für die Zukunft. Von denjenigen Unternehmen, die ihm heute nur geringes Gewicht beimessen, erwartet immerhin jedes sechste (16,2 %) einen höheren Stellenwert für Design. Und bei denjenigen Unternehmen, für die Design heute überhaupt keine Bedeutung hat, revidiert jeder achte sein Urteil für die nächsten Jahre.

Damit läßt sich für die Beschäftigungschancen von designorientierten Berufen eine positive Zukunftsperspektive ableiten. Daß die zunehmende Bedeutung auch Raum für die weitere Entwicklung von Designbüros und selbständigen Designern läßt, steht vor allem im Zuge des Bewußtseinswandels von Unternehmen zu erwarten, die das Design bisher als weniger bedeutend eingeschätzt haben. Ehe diese Unternehmen eigene Designabteilungen einrichten, werden sie die Leistungen extern beziehen.

D. Entwicklungspotentiale für Selbständige und abhängig Beschäftigte in Kulturberufen

13. Demographische und gesamtwirtschaftliche Zukunftsperspektiven

Zukunftsperspektiven für die Nachfrage nach kulturellen Leistungen müssen - wegen der Interdependenzen zwischen der wirtschaftlichen und der kulturellen Entwicklung - vor dem Hintergrund der gesamtwirtschaftlichen und demographischen Einflußgrößen entwickelt werden.

Nach der Jahrtausendwende dürfte sich der Bevölkerungsrückgang, der sich im derzeitigen Gebiet der Bundesrepublik Deutschland abzeichnet, beschleunigen. Zugleich kommt es aller Voraussicht nach zu einer drastischen Veränderung der Bevölkerungsstruktur: Der Anteil älterer Menschen an der gesamten Wohnbevölkerung wird sich stark erhöhen. Diese Aussage kann auch vor dem Hintergrund der Vereinigung Deutschlands und der etwas günstigeren Altersstruktur auf dem jetzigen Gebiet der DDR aufrechterhalten werden.

Hinsichtlich der gesamtwirtschaftlichen Entwicklung werden im Gutachten zwei Szenarien zugrunde gelegt.

- Szenario A geht von einer durchschnittlichen Veränderung des realen Bruttosozialprodukts von 3,1 % (in der ersten Hälfte der neunziger Jahre) und 2,0 % (ab der zweiten Hälfte der neunziger Jahre) aus, wobei der (reale) Staatsverbrauch um 2 % (bis 1995) bzw. 1,5 % (1995-2005) zunehmen wird. Auf dem Staatsgebiet der jetzigen DDR wird der Anpassungsprozeß bis 1995 voll im Gange sein, so daß ab der zweiten Hälfte der neunziger Jahre mit realen Zuwachsraten von fast 5 % pro Jahr gerechnet werden kann.

- Szenario B rechnet für das Gebiet der alten Bundesländer mit durchschnittlichen Wachstumsraten des realen Bruttosozialprodukts von 3,5 % bis 4 % pro Jahr (bis 1995), die ab der zweiten Hälfte der neunziger Jahre auf durchschnittlich gut 2,5 % zurückgehen. Wegen der größeren Strukturanpassungsprobleme auf dem ehemaligen Gebiet der DDR werden dort erst ab der zweiten Hälfte der neunziger Jahre die durchschnittlichen Wachstumsraten eine Größenordnung erreichen, wie sie im Prognosezeitraum bis 1995 für die Bundesrepublik Deutschland realisierbar sein können.

Für die Einflußfaktoren, die von der Einkommensentwicklung und von der Entwicklung des privaten Verbrauchs ausgehen, sind somit die Chancen für den marktorientierten Kulturbereich auf weitere Expansion gestellt. Dies bedeutet jedoch nicht, daß alle ökonomischen Zwänge für die staatlichen Kulturausgaben aufgehoben werden. Zumindest für einen befristeten Zeitraum muß mit einer Budgetumschichtung zugunsten von dringenden Sozial- und Infrastrukturmaßnahmen auf dem ehemaligen Gebiet der DDR und zugunsten von Programmen zur Stimulierung privater Investitionen gerechnet werden. Vor diesem Hintergrund ist es entscheidend, welchen Stellenwert die Politiker der Kulturpolitik in Zukunft einräumen werden.

Im Gutachten wird angenommen, daß Kultur weiterhin eine vorrangige Stellung einnehmen wird. Dies setzt eine verstärkte Förderung der freien Entfaltung künstlerischer und kultureller Initiativen voraus. So kann der Grundstein dafür gelegt werden, daß Künstler und Publizisten, aber auch Kunstpädagogen dazu beitragen, die Risiken zu mindern, die in Zukunft von einer überalterten Bevölkerung ausgehen können, die sich nicht mehr mit neuen Ideen auseinandersetzt. Diese Überlegung gewinnt Gewicht vor dem Hintergrund der Entwicklung in den Medien.

14. Entwicklungstrends in den Medien

Die Änderungen in der Informationstechnik mit beschleunigten Übertragungs- und nahezu unbegrenzten Speicher- und Vervielfältigungsmöglichkeiten sind Rahmenbedingungen, die nicht nur den Wandel in den Medien, sondern auch im täglichen Leben alle Bürger betreffen. Hinzu kommen spezielle Änderungen der medienpolitischen Rahmenbedingungen. Die Öffnung des Rundfunks für private Anbieter, die Vollendung des europäischen Binnenmarkts, in die auch die audiovisuellen Medien einbezogen werden, eröffnen neue Perspektiven.

Im Gutachten wird unterstellt, daß die Entwicklung auf dem Rundfunksektor zu Finanzierungsengpässen bei öffentlichen und privaten Anbietern führen. Diese rufen Anpassungsreaktionen hervor. Bei den privaten Anbietern werden billige Studioproduktionen bei Informations- und Unterhaltungssendungen und zahlreiche Wiederholungen von Kaufproduktionen vorherrschen. Der Import von US-Serien wird aber - weil nur bedingt für den europäischen Geschmack tauglich - als strukturell eher rückläufig eingeschätzt.

Der Hypothese vom generell nach unten abrutschenden Niveau wird die Überlegung entgegengehalten, daß gerade qualitativ hochwertige (Kontrast-)Programme der öffentlich-rechtlichen Anstalten hier gegensteuern könnten, obwohl auch sie vermehrt Wiederholungen anbieten werden. Der Fortbestand von eigenproduzierten Nachrichten- und Informationsprogrammen wird in den Szenarien deshalb ebenso unterstellt wie die - prestigeträchtige - Eigenproduktion von Unterhaltungssendungen, die wegen des Kostendrucks jedoch zu verstärkten internationalen Koproduktionen führen wird. Außerdem werden kostengünstigere Auftragsproduktionen freier Filmproduzenten an Gewicht gewinnen. Dies ist für die Filmproduktion umso wichtiger, als dem Kinofilm durch die Möglichkeiten des hochauflösenden Fernsehens (HDTV) eine noch ausgeprägtere Konkurrenz erwachsen wird. In Verbindung mit den geeigneten Vertriebswegen (Satelliten und breitbandige Kabelnetze) und den entsprechenden Empfangsgeräten (Fernseh- und Peripheriegeräte) wird schließlich im privaten Wohnzimmer eine Wirkung erzielt werden, wie sie vom Kino her bekannt ist.

Eine deutliche Hinwendung zu den Printmedien wird nicht erwartet. Schon heute hören Jugendliche und junge Erwachsene in ihrer Freizeit mehr Radio, als sie fernsehen und widmen den tagesaktuellen Medien unterdurchschnittliche Zeit, auch das Lesen von Büchern ist nicht vorrangig, selbst wenn sich in jüngerer Zeit eine gewisse Trendwende abzeichnet.

15. Entwicklungspotentiale für Kulturberufe

Entwicklungspotentiale in den Medien

Vor diesem Hintergrund ergeben sich für die Aktivitätsfelder der Kulturberufe verschiedene Szenarien. Die Journalisten und die Bild- und Tontechniker werden - angesichts des deutlich wachsenden Programmangebots in den Rundfunkanstalten weiterhin gute Beschäftigungschancen haben. Der Kostendruck wird sich jedoch bremsend auf die Zunahme der festen Arbeitsplätze für Journalisten auswirken, so daß der Trend zu einer verstärkten Einbindung von freien Mitarbeitern zunehmen wird.

Überdies werden sich die Anforderungen an das Berufsbild wandeln. Die zunehmende Fülle an Information schafft das Problem der Informationsbewältigung. Die Vermehrung von Information durch Öffentlichkeitsarbeit, Pressestellen und Werbung macht die Umwandlung von Quantität in Qualität notwendig. Hierfür ist Sach- und Fachkompetenz notwendig, die Fähigkeit zu gründlicher Recherche und sinnvoller Präsentation. Die weiterhin wachsenden Unterhaltungssendungen werden dem Unterhaltungsjournalismus weiteren Raum bieten. Hinzu kommt der Einsatz neuer Techniken auch im Verlagsgewerbe (z.B. Desk-Top-Publishing), die Fähigkeiten zum Umgang mit elektronischen Medien voraussetzen.

Höhere Anforderungen an die Beherrschung neuer Techniken werden auch bei den technischen Berufen der Bühnen-, Bild- und Tontechniker gestellt werden. Je nach dem Umfang der Koproduktionen, die sich im Bereich Fernsehen und Filmproduktionen EG-weit und international durchsetzen, wird überdies eine stärkere gemeinsame Basis des Ausbildungsstandes notwendig werden. Im Zuge des

Wachstums der Auftragsproduktionen können überdies weitere Beschäftigungsmöglichkeiten für "neue Gesichter" geschaffen werden, wodurch sich die Arbeitsmarktsituation für darstellende Künstler verbessern kann.

Auch das künstlerische Schaffen der Schriftsteller ist von der Medienentwicklung betroffen. So eröffnen sich Möglichkeiten für mediale Formen visueller Poesie und vermehrte Chancen für Drehbuchautoren. Indirekt wirkt sich die technische Entwicklung über das Leseverhalten des Publikums und über die Entwicklung des Theaters aus.

In anderen künstlerischen Berufen können durch die neuen Techniken und Kommunikationsformen neues Experimentieren und kreatives Schaffen erprobt werden. Musiker, bildende Künstler und Filmkünstler können neue Ausdrucksformen versuchen, von denen die bekannteste die Videokunst ist, die sorgsam von (massenhaft gekauften oder verliehenen) Videofilmen oder z.B. Videoclips, die der Vermarktung von Pop-Musik dienen, zu trennen sind, obwohl sie sich wechselseitig beeinflussen.

Die neuen Gestaltungs- und Ausdrucksmöglichkeiten setzen voraus, daß die künstlerischen und künstlerisch-technischen Berufe Zugang zu den zugehörigen Techniken haben. Hier entstehen neue Aufgabenfelder im Ausbildungsbereich, wie sie derzeit an den Filmhochschulen und Kunsthochschulen und z.B. an der neugegründeten Hochschule für Medien in Köln erprobt werden.

Entwicklungspotentiale in den Kulturinstitutionen

Welche Möglichkeiten sich in den öffentlichen Kultureinrichtungen ergeben, wird im Gutachten anhand der konzeptionellen Überlegungen geprüft, die diese Institutionen derzeit für ihre zukünftigen Strategien anstellen. Dort gewinnen Tätigkeitsfelder an Gewicht, die eine stärkere Abstimmung der Aktivitäten auf die Benutzer der Einrichtungen und eine gezielte Einbindung neuer Bevölkerungskreise bezwecken, eine Zielsetzung, die auch die

Einrichtungen der Erwachsenenbildung, vor allem die Volkshochschulen verfolgen.

Vor dem Hintergrund der Bevölkerungsentwicklung und der Medienentwicklung gewinnen diese Aspekte besondere Bedeutung. Neugier und Entdeckerfreude zu wecken, Gegenpole zum passiven Medienkonsum zu schaffen sind Aufgaben dieser Institutionen. Theater- und Musikpädagogen, Museumspädagogen und Medienerzieher an Schulen oder Erwachsenenbildungseinrichtungen können deshalb mit erweiterten und neuen Tätigkeitsfeldern rechnen.

Angesichts der - nicht zuletzt durch den Beitritt der DDR zur Bundesrepublik Deutschland - zunehmenden Bedeutung des Denkmalschutzes ist auch damit zu rechnen, daß Restauratoren weitere Beschäftigungsfelder finden. Für die Architekten verspricht der neu entdeckte Baubedarf bessere Zukunftschancen, deren volle Ausschöpfung allerdings von der Umsetzung der Architektenrichtlinie und von der zukünftigen öffentlichen Auftragsvergabe im Gemeinsamen Markt abhängen wird.

Eine Ausweitung der Chancen ist auch für die Designer zu erwarten, da - nach den Ergebnissen einer Umfrage des Ifo-Instituts vom Sommer 1989 - das Design in der Wertschätzung der Unternehmen, vor allem des Verbrauchsgütergewerbes weiter zunehmen wird. Wegen der unterstellten positiven Einkommensentwicklung und des engen Zusammenhangs zwischen den Werbeaufwendungen der Wirtschaft und der Entwicklung des Sozialprodukts ist auch für die Berufe im Bereich Werbung mit einer Ausweitung der Beschäftigungspotentiale zu rechnen.

16. Ansatzpunkte einer Politik für Kulturberufe - Verbesserung der Rahmenbedingungen

Eine Politik für die Kulturberufe sollte zunächst an einer Verbesserung der Rahmenbedingungen anknüpfen. Hierzu gehören vor allem kultur- und künstlerfreundliche Regelungen im Urheberrecht, Steuerrecht und im Arbeits- und Sozialrecht.

Die Untersuchung kommt zu dem Ergebnis, daß die jüngsten Verbesserungen im nationalen Urheberrecht positiv zu werten sind. Die erforderliche EG-weite Harmonisierung der Urheberrechtsgesetze sollte sich aber am hohen Standard des deutschen und auch französischen Urheberrechts orientieren und nicht zu Lasten der Publizisten und Künstler auf dem kleinsten gemeinsamen EG-Nenner stattfinden.

Hinsichtlich der Beurteilung der steuerrechtlichen Rahmenbedingungen werden sowohl die Steuerreform 1990 als auch die jüngsten Verbesserungen durch das Kultur- und Stiftungsförderungsgesetz der Bundesregierung begrüßt.

Bei den Bedingungen im Arbeits- und Sozialrecht werden die laufenden Verbesserungen bei der Künstlersozialversicherung als wichtige Schritte bewertet. Angesichts der unvollständigen Einbeziehung der Vermarkter in die Abgabepflicht bei der Künstlersozialkasse könnte auch geprüft werden, inwiefern sich bei der Erhebung der Abgaben z.B. durch die Zwischenschaltung von Verwertungsgesellschaften ein weiterer Vermarktungskreis erfassen ließe.

Weitere Fördermaßnahmen

Entscheidend für die Vielfalt des kulturellen Lebens sind die Freiräume und Entwicklungschancen für die Kulturschaffenden. Dies setzt bereits bei der Schaffung von günstigen Bedingungen für Angehörige der Kulturberufe an, die sich selbständig machen wollen. In diesem Zusammenhang plädiert die Untersuchung für eine verstärkte Öffentlichkeitsarbeit für das ERP-Existenzgründungsprogramm sowie die Eigenkapitalhilfe- und Bürgschaftsprogramme der Deutschen Ausgleichsbank, das Angehörige freier publizistischer und künstlerischer Berufe derzeit über ihre Hausbank in Anspruch nehmen können. Dabei sollte auch geprüft werden, wie diese Programme noch stärker auf die Belange der Künstler zugeschnitten werden können.

Neben Existenzgründungshilfen sind Maßnahmen notwendig, die es vor allem (jüngeren) Schriftstellern/innen und anderen Künstlern/innen gestatten, sich einer breiteren Öffentlichkeit vorzustellen. In diesem Sinne werden die Aktivitäten der Kulturfonds (Kunstfonds, Literaturfonds, der Fonds "Darstellende Künste und "Sozio-Kultur") und des Deutschen Musikrats (Musikförderprogramm) ebenso begrüßt wie die ergänzenden Maßnahmen der Kulturinstitutionen und Verbände. Inwiefern daneben neuere (und in der Produktion kostspielige) Ausdrucksformen, die die technische Weiterentwicklung reflektieren (z.B. die Videokunst), verstärkt gefördert werden können, sollte gesondert geprüft werden.

Wichtig sind auch diejenigen Maßnahmen, die zur Erweiterung des Auftragsmarktes führen, wie z.B. die "Kunst am Bau" und die Möglichkeiten, den Sachverstand von Künstlern in die Erfüllung von Ressortaufgaben einzubeziehen. Eine Erweiterung des Auftragsmarktes sollte aber auch durch eine verstärkte Privatisierung von Dienstleistungen der Kulturberufen angestrebt werden (z.B. verstärkte Einbindung von freiberuflichen Restauratoren im Denkmalschutz, Auftragsvergabe vor allem an Künstler, die nicht gleichzeitig Beamte sind).

Bei der Filmförderung regt die Studie eine Überprüfung derjenigen Vorschläge an, die eine Einbeziehung der privaten Rundfunkanstalten in die Filmförderung diskutieren. Einer gesonderten Prüfung bedürfen auch Überlegungen, die auf eine bessere Integration der Drehbuchförderung in die Filmförderung abzielen und für eine "Filmförderung aus einem Guß" plädieren.

Vor dem Hintergrund des gesellschaftlichen und wirtschaftlichen Wandels gewinnt die Förderung des Kulturaustauschs und die Gewährung von Stipendien für Aufenthalts- und Arbeitsmöglichkeiten von Künstlern/innen besonderes Gewicht und sollte über den gegenwärtigen Umfang hinaus ausgeweitet werden. Das gegenseitige Kennenlernen fremder Kulturen könnte darüber hinaus z.B. durch eine Förderung der Übersetzung von Literatur, vor allem aus Ländern mit zahlenmäßig kleinerer Bevölkerung erleichtert werden.

Eine weitere gesellschaftliche Herausforderung, die mit der zukünftigen Entwicklung der Altersstruktur in der Bundesrepublik Deutschland verbunden ist, ließe sich durch eine Ausweitung des

Arbeitsmarktes für (arbeitslose) Künstler/innen positiv bewältigen: Die verstärkte Einbindung von Künstlern/innen in die kulturelle Bildung, vor allem die Jugendkulturarbeit, wie sie derzeit in den Bundesakademien für kulturelle Bildung (Remscheid, Trossingen, Wolfenbüttel) in Pilotprojekten erprobt wird, wird langfristig das kulturelle Engagement der Jugendlichen von heute und der Erwachsenen von morgen stärken.

Daß diese Maßnahmen zusätzliche Mittel erfordern werden, steht außer Frage. Ein effizienter Mitteleinsatz bei einzelnen Kulturinstitutionen oder eine bessere Abstimmung einzelner Förderpakete, könnten indes zusätzlichen Freiraum schaffen. Größere finanzielle Spielräume sind auch durch eine weitere Aktivierung privater Mittel zu erreichen. Daß sich im Zusammenhang mit der (ökonomischen) Effizienzsteigerung, die nur durch eine betriebswirtschaftliche Durchleuchtung der einzelnen Institutionen erreicht werden kann, weitere Berufsfelder für Selbständige eröffnen, zeigen US-amerikanische Erfahrungen mit Berufsgruppen, die dem Kulturmanagement (einschl. Fundraising) zuzurechnen sind.

17. Schlußfolgerungen

Eine Politik für die Kulturberufe sollte zunächst an einer Verbesserung der Rahmenbedingungen anknüpfen. Hierzu gehören vor allem kultur- und künstlerfreundliche Regelungen im Urheberrecht, Steuerrecht und im Arbeits- und Sozialrecht. Daneben sind Maßnahmen notwendig, die den Weg in die Selbständigkeit erleichtern. Diese Maßnahmen sind so anzulegen, daß sie der Kreativität der Kulturschaffenden dienen. Nur auf diese Weise können sie zu den gesellschaftlichen Zielen der Informations- und Meinungsvielfalt sowie der kulturellen Vielfalt beitragen.

Eine Erweiterung des Arbeits- und Auftragsmarktes, eine Privatisierung von öffentlichen Leistungen und eine verstärkte Auftragsvergabe an Freie Berufe ist gesondert zu prüfen. Die Unterstützung von Kulturinstitutionen und Fonds wird positiv bewertet.

Abschließend bleibt festzuhalten, daß über die spezifischen Initiativen für die Kulturberufe hinaus, letztlich alle Maßnahmen, die der Förderung und Bewahrung der Informations- und Meinungsvielfalt, der künstlerischen und kulturellen Vielfalt dienen, relevant sind. Daß in diesem Rahmen auch Wirtschaftlichkeitsüberprüfungen bei öffentlichen Kulturinstitutionen Mittel freisetzen können, die für ein Mehr an Leistung oder Qualität eingesetzt werden können, sei gesondert betont. Einer Überprüfung bedürfen ferner auch Regelungen wie der kommunale Finanzausgleich, der den Kommunen eine - entsprechend ihrer Aufgaben - verbesserte Finanzausstattung für Kulturausgaben gestatten könnte.

Alle Maßnahmen noch stärker auf die Belange der Kulturschaffenden und der Kulturberufe abzustimmen, sollte zu einer Daueraufgabe der Kulturpolitik werden.

1 Grundlagen

1.1 Problemstellung und Aufbau der Studie

1.1.1 Problemstellung

Zwischen der gesamtwirtschaftlichen Entwicklung und der Entwicklung des Kulturbereichs bestehen zahlreiche Wechselwirkungen. So hat die Verlangsamung des wirtschaftlichen Wachstums mit all ihren Konsequenzen für die Finanzsituation der öffentlichen Haushalte in nahezu allen westeuropäischen Ländern dämpfende Auswirkungen auf die staatlichen Kulturausgaben und die hiermit verbundenen Arbeitsplätze. Andererseits wird die wirtschaftliche Entwicklung durch die wachsende Nachfrage der privaten Haushalte nach Bildung, Unterhaltung und Kommunikation gestützt. Gerade von diesen marktbestimmten Dienstleistungen, insbesondere von der Veränderung in der Medienlandschaft, gehen deutliche Beschäftigungsimpulse aus.

Welches beschäftigungspolitische Entwicklungspotential für Selbständige und für abhängig Beschäftigte im Gesamtbereich "Kultur" vorhanden ist, soll in dieser Studie untersucht werden. Dabei ist zu prüfen, welche längerfristigen Entwicklungschancen sich für neue Märkte und neue Formen publizistischer, künstlerischer und sonstiger kulturwirtschaftlicher Dienstleistungen abzeichnen. Nach einer Analyse der Einflußfaktoren auf der Nachfrageseite ist dabei auch den möglichen Auswirkungen neuer Medien und Kommunikationsformen auf das Angebot an kulturellen Dienstleistungen nachzugehen. Welche Gestaltungsspielräume die Politik zur Aktivierung des Entwicklungspotentials für die Erbringung kultureller bzw. künstlerischer Leistungen nutzen könnte, ist gesondert auszuloten.

1.1.2 Aufbau der Studie

In einem ersten Schritt werden die für die Untersuchung relevanten Dienstleistungen des Kulturbereichs abgegrenzt, wobei jeweils zwischen den Ebenen "Schaffung" und "Verbreitung" kultureller Leistungen unterschieden wird. Dabei werden überdies die Aktivitäten der Ausbildung in den Kulturberufen und in der Erwachsenenbildung einbezogen.

Dann schließt sich in einem zweiten Schritt ein Überblick über die Struktur und Entwicklung des Kulturbereichs und die Entwicklung der Erwerbstätigkeit in publizistischen, künstlerischen und sonstigen kulturwirtschaftlichen Berufen an. Sie wird in einem dritten Schritt ergänzt durch eine Analyse des Einflusses der privaten Nachfrageentwicklung und der staatlichen Kulturförderung.

In einem vierten Schritt gilt es, Entwicklungspotentiale für Selbständige und abhängig Beschäftigte im Gesamtbereich Kultur aufzuzeigen. Hierzu müssen zunächst Szenarien hinsichtlich der zukünftigen Höhe und Struktur staatlicher Kulturausgaben und hinsichtlich einer möglichen Entwicklung der Medienlandschaft in der Bundesrepublik Deutschland entwickelt werden. Vor diesem Hintergrund werden dann die längerfristigen Entwicklungschancen und -risiken für neue Märkte und neue Formen künstlerischer, publizistischer und sonstiger kulturwirtschaftlicher Dienstleistungen erörtert.

Welche Bedeutung eine Verbesserung der Rahmenbedingungen (Privatisierung, Deregulierung, Förderung von Existenzgründungen und Sicherung der Existenzgrundlagen) hierbei hat, ist in einem letzten Schritt zu untersuchen. Ziel dieses Untersuchungsabschnittes soll es sein, Empfehlungen für die Wirtschaftspolitik abzuleiten, die es gestatten, die Beschäftigungspotentiale des Kulturbereichs zu aktivieren.

1.2 Abgrenzungs- und Methodenfragen

1.2.1 Abgrenzung des Untersuchungsbereichs

In einem ersten Schritt sind diejenigen kulturellen Leistungen zu bestimmen, die für die Untersuchung relevant sind. Dies ist umso wichtiger, als der Begriff "Kultur" in einzelnen Fachdisziplinen unterschiedliche Inhalte hat.

In anthropologischen und soziologischen Schriften werden in den Begriff "Kultur" alle typischen Lebensformen, Werteinstellungen und Verhaltensweisen innerhalb der Gesellschaft einbezogen.[1] Im Sinne einer ganzheitlichen Vorstellung wäre Kultur "ein Ganzes .., wozu Technik und Wirtschaft, Staat und Religion, Gesellschaftsordnung und Geschäftsmoral, Gesundheitspflege und Anstandsregeln ebensogut gehören wie die Wissenschaften und Künste."[2] Eine derart weite Abgrenzung ist für die vorliegende Untersuchung nicht praktikabel.

In einer engeren Grenzziehung wird in der juristischen Literatur unter Kultur die Freiheit "Bildung - Wissenschaft - Kunst" verstanden,[3] wobei gelegentlich auch die Religion gesondert aufgeführt wird.[4]

Für die vorliegende Untersuchung steht ein spezieller Teilbereich dieser Freiheit im Vordergrund: die Kunst. Die Wissenschaft und das allgemeine Bildungssystem bleiben aus der Untersuchung ausgeklammert. Damit folgt die Studie zunächst dem Vorgehen, das in der wirtschaftswissenschaftlichen Literatur i.d.R. gewählt wird. Vor allem empirische Studien orientieren sich dabei am pragmatischen Vorschlag der UNESCO zur Abgrenzung von Kultur, präziser: öffentlicher Kulturausgaben.[5] Diesen Weg hat das Ifo-Institut bereits in der Studie "Die volkswirtschaftliche

---

1 Vgl. z.B. Arndt, A. (1965), Kulturelle Politik, in: Geist der Politik, Reden, Berlin 1965, S. 70 ff.
2 De Man, H. (1970), Vermassung und Kulturverfall, Bern, S. 9.
3 Vgl. Oppermann, Th. (1969), Kulturverwaltungsrecht. Bildung - Wissenschaft - Kunst, Tübingen.
4 Vgl. z.B. Maihofer, W., Kulturelle Aufgaben des modernen Staates, in: Benda, E., W. Maihofer und H.J. Vogel (Hrsg.), (1983), Handbuch des Verfassungsrechts, Berlin/New York, S. 951 ff.
5 Vgl. UNESCO (1980), Recommendation Concerning the International Standardization of Statistics on the Public Financing of Cultural Activities, Belgrad.

Bedeutung von Kunst und Kultur" eingeschlagen.[1] Nach Abstimmung mit dem Auftraggeber werden gegenüber der zuletzt genannten Untersuchung jedoch verschiedene Erweiterungen vorgenommen. Nach welchen Kriterien die Bereichsabgrenzung erfolgt, wird im folgenden erläutert.

Im Zentrum der Untersuchung steht die Schöpfung oder Produktion von Kunstgütern. Damit diese ihr Publikum erreichen, müssen sie verbreitet werden. Diese Verbreitung kann Vervielfältigung (z.B. durch Druckmedien), Ausstellung (durch Museen oder Galerien), Ausstrahlung (durch elektromagnetische Medien) oder öffentliche Wiedergabe (durch Aufführung) bedeuten. Kunstwerke, die produziert sind, müssen außerdem erhalten werden. Nur so können sie als Quelle für neue Reproduktionen oder Verbreitungsformen dienen. Die Ausbildung von Künstlern ist überdies die Voraussetzung für die Kunstproduktion. Für die Kunstrezeption ist die kunstpädagogische Bildung des Publikums notwendig. Daß hierfür der Grundstein im allgemeinen Bildungssystem gelegt werden muß, steht außer Frage. Im Rahmen dieses Gutachtens wird die kunstpädagogische Ausbildung des Publikums jedoch nur im Rahmen von Weiterbildungsaktivitäten berücksichtigt. Damit zählen

- die Schaffung,
- die Verbreitung,
- die Erhaltung von künstlerischen Werken und
- die Ausbildung von Künstlern und
- die kunstpädagogische (Weiter-)Bildung des Publikums

zu den Kernbereichen der Untersuchung.

Im Zentrum der Studie stehen die Berufsgruppen der Kulturschaffenden:

- die Schriftsteller und Journalisten,
- die Dolmetscher und Übersetzer,
- die Musiker,
- die darstellenden Künstler,
- die bildenden Künstler,

---

1 Vgl. Hummel,M. und M. Berger, unter Mitarbeit von F. Müller (1988), Die volkswirtschaftliche Bedeutung von Kunst und Kultur. Gutachten im Auftrag des Bundesministers des Innern, Schriftenreihe des Ifo-Instituts für Wirtschaftsforschung Nr. 122, Berlin/München.- Zur Problematik der Definition von Kultur bzw. Kunst vgl. ebenda, S. 21 ff.

- die künstlerischen Berufe der Bühnen-, Bild- und Tontechnik (einschließlich der Dekorationsmaler),
- die Fotografen
- die Architekten, sowie

die kulturvermittelnden Berufe,

- die Lehrer für musische Fächer,
- die Bibliothekare, Archivare und Museumsfachleute,
- die Geisteswissenschaftler.

Die Studie folgt der Abgrenzung des Statistischen Bundesamts und bezieht neben den erwähnten Berufsgruppen alle anderen Gruppen ein, die das Statistische Bundesamt und die Bundesanstalt für Arbeit unter der Bezeichnung "Schriftwerkschaffende und -ordnende sowie künstlerische und zugeordnete Berufe" zusammenfassen (für Einzelheiten der Abgrenzung vgl. Anhang I).

Auch die Betrachtung der Wirtschaftszweige ist so angelegt, daß alle Teilbereiche der Literatur, Musik, bildenden Kunst und der Baukunst (Architektur) sowie der darstellenden Kunst einbezogen werden. Darüber hinaus werden zwei Bereiche, deren Aktivitätsschwerpunkte weit über den Kunstbereich hinausreichen, in vollem Umfang berücksichtigt: das Presse- und Verlagswesen sowie der Hörfunk und das Fernsehen (für Einzelheiten vgl. Übersicht 1).

1.2.2 Methodische Vorgehensweise

Die Zielsetzung der Studie erfordert die Anwendung einer mehrgleisigen Vorgehensweise. Soweit sich die Untersuchung auf eine ex-post Analyse der Entwicklung des Kulturbereichs erstreckt, sind die üblichen deskriptiven und analytischen Methoden der empirischen Wirtschaftsforschung anwendbar. Welches Datenmaterial in die Untersuchung einbezogen wird, ist in Übersicht 2 zusammengestellt.

Die Prognose zukünftiger Entwicklungsmöglichkeiten erlaubt indes keine reine Trendextrapolation. Als zusätzliche Informationsquellen können hier neben Erfahrungen aus inländischen Pilotprojekten die Erfahrungen des Auslands herangezogen werden, die allerdings streng auf ihre Übertragbarkeit überprüft werden müssen.

Übersicht 1

Abgrenzung der untersuchten Wirtschaftzweige
(in Klammern: Nummern der Systematik der Wirtschaftszweige)

Kulturschaffende, -verteilende und -vermarktende Bereiche
Selbständige Schriftsteller (755 47), Selbständige Journalisten (789 45), Dolmetscher- und Übersetzerbüros (789 73), Korrespondenz- und Nachrichtenbüros (789 41), Verlagsgewerbe (76), darunter: Buchverlage (760 1), Zeitschriftenverlage (760 5), Zeitungsverlage (760 7), Sonstiges Verlagsgewerbe (760 9).
Selbständige Komponisten und Musikbearbeiter (755 45), Orchester, Kapellen, Chöre, Ballette (755 43, 813 82, 9482), Herstellung von Schallplatten, bespielten Tonträgern (250 75), Musikverlage (760 3), Selbständige Lehrer für Musik- und Kunstunterricht (751 91).
Selbständige Bühnen-, Film- und Rundfunkkünstler (755 46), Theater, Opernhäuser (755 41, 813 81, 9481), Varietés, Kleinkunstbühnen (755 42), Filmherstellung (755 2), Filmverleih und -vertrieb (755 3), Filmtheater (755 1), Filmtechnische Betriebe (257 71, 794 91), Rundfunk- und Fernsehanstalten (755 5).
Selbständige bildende Künstler (755 44), Museen, Kunstausstellungen (755 6, 813 83, 9483), Handel mit Kunstgegenständen, Bildern (433 54), Fotografisches Gewerbe (Teil aus 739 1), Werbung (787).
Architekturbüros (784 1), Denkmalschutz (ex 908).

Übersicht 1 (Fortsetzung)

Kulturschaffende, -verteilende und -vermarktende Bereiche (Fortsetzung)
Büchereien, Bibliotheken (755 7, 751 2, 813 85, 9485), Volkshochschulen (9484), Kunsthochschulen (ex 908).
Weitere wichtige Bereiche[a])
Handel mit Büchern, Zeitschriften und Musikalien darunter: Großhandel (419 4), Handelsvermittlung (428 57), Versandhandelsvertretung (429 81), Einzelhandel (435 4).
Hersteller von Rundfunk-, Fernseh- und phonotechnischen Geräten (250 7), Handel mit Rundfunk-, Fernseh- und phonotechnischen Geräten (413 7, 434 4), Hersteller von Musikinstrumenten (258 1), Handel mit Musikinstrumenten (413 75, 434 5), Bars, Tanz- und Vergnügungslokale (713 93).
nachrichtlich: Zulieferbereiche für Vorleistungen Druckerei, Vervielfältigung (268), Buchbinderei (265 6).
a) Anmerkung zur Einbeziehung der weiteren Bereiche Diese Bereiche werden keiner detaillierten Analyse unterzogen. Wegen ihrer Bedeutung für die kulturvermarktenden und -verteilenden Bereiche wird ihnen aber besondere Aufmerksamkeit gewidmet.

Übersicht 2 **Ausgewertete wichtige statistische Quellen**

Sachbereich	Titel/Quelle	Herausgeber
Globalzahlen		
Arbeitsstätten und Beschäftigte 1. Arbeitsstättenzählung vom 25. Mai 1987	Arbeitsstätten und Beschäftigte nach Beschäftigtengrößenklassen (Fachserie 2, Heft 3) Beschäftigte in Arbeitsstätten nach der Stellung im Betrieb (Fachserie 2, Heft 4)	Statistisches Bundesamt, Wiesbaden Statistisches Bundesamt, Wiesbaden
2. Arbeitsstättenzählung vom 27. Mai 1970	Nichtlandwirtschaftliche Arbeitsstätten (örtliche Einheiten) nach Beschäftigtengrößenklassen, Beschäftigte nach der Stellung im Betrieb (Fachserie C, Heft 3)	Statistisches Bundesamt, Wiesbaden
Erwerbstätige	Beruf, Ausbildung und Arbeitsbedingungen der Erwerbstätigen (Fachserie 1, Reihe 4.1.2)	Statistisches Bundesamt, Wiesbaden
Sozialversicherungspflichtig Beschäftigte, Arbeitslose und offene Stellen	Sozialversicherungspflichtig beschäftigte Arbeitnehmer (Fachserie 1, Reihe 4.2) Amtliche Nachrichten der Bundesanstalt für Arbeit, Arbeitsstatistik - Jahreszahlen und Sonderauswertungen dieser Statistik	Statistisches Bundesamt, Wiesbaden und Bundesanstalt für Arbeit, Nürnberg Institut für Arbeitsmarkt- und Berufsforschung, Nürnberg
Produktionswerte, Wertschöpfung	Volkswirtschaftliche Gesamtrechnungen -- Konten und Standardtabellen (Fachserie 18, Reihe 1) -- Ergebnisse nach Wirtschaftsbereichen (Kreuztabellen) (Fachserie 18, Reihe S. 11) -- Input-Output-Tabellen (Fachserie 18, Reihe 2)	Statistisches Bundesamt, Wiesbaden
Personal und Ausgaben der öffentlichen Haushalte	Personal des öffentlichen Dienstes (Fachserie 14, Reihe 6) und Sonderauswertungen dieser Statistik Rechnungsergebnisse der öffentlichen Haushalte für Bildung, Wissenschaft und Kultur (Fachserie 14, Reihe 4) und Sonderauswertungen dieser Statistik Dokumentationsdienst Bildung und Kultur Statistisches Jahrbuch deutscher Gemeinden Städte in Zahlen	Statistisches Bundesamt, Wiesbaden Statistisches Bundesamt, Wiesbaden Sekretariat der Ständigen Konferenz der Kultusminister der Länder, Bonn Deutscher Städtetag, Köln Verband Deutscher Städtestatistiker, Nürnberg

Übersicht 2 (Fortsetzung)

Sachbereich	Titel/Quelle	Herausgeber
Hörfunk und Fernsehen	ARD-Jahrbuch	ARD-Büro, Frankfurt
	ZDF Jahrbuch	Zweites Deutsches Fernsehen, Mainz
	DLM-Jahrbuch	Direktorenkonferenz der Landesmedienanstalten, München
	Medienspiegel	Institut der Deutschen Wirtschaft, Köln
	Privatfunk in der Bundesrepublik Deutschland	Institut der Deutschen Wirtschaft, Köln
Bibliotheken, Archive	Deutsche Bibliotheksstatistik	Deutsches Bibliotheksinstitut, Berlin
Museen, Kunstausstellungen	Materialien aus dem Institut für Museumskunde	Institut für Museumskunde, Berlin
Kunsthandel	Handels- und Gaststättenzählung (Fachserie 6, Heft 1)	Statistisches Bundesamt, Wiesbaden
	Beschäftigung, Umsatz, Wareneingang, Lagerbestand und Investitionen im Einzelhandel (Fachserie 2, Reihe 1.3)	Statistisches Bundesamt, Wiesbaden
Fotografie und Werbung	BFF-Betriebsvergleich	Bund Freischaffender Foto-Designer, Hamburg
	Werbung	Zentralausschuß der Werbewirtschaft, Bonn
	Geschäftsberichte der ARW-Gesellschaften	Arbeitsgemeinschaft Rundfunkwerbung, München
Architektur	Kostenstruktur bei Rechtsanwälten und Anwaltsnotaren, bei Wirtschaftsprüfern, Steuerbevollmächtigten, bei Architekten und Beratenden Ingenieuren (Fachserie 2, Reihe 1.6.2)	Statistisches Bundesamt, Wiesbaden
Weitere Zusatzquellen	Kostenstruktur der Unternehmen im Bergbau und im Verarbeitenden Gewerbe (Fachserie 4, Reihen 4.3.1 bis 4.3.3)	Statistisches Bundesamt, Wiesbaden
	Beschäftigte, Umsatz und Investitionen der Unternehmen und Betriebe im Bergbau und im Verarbeitenden Gewerbe (Fachserie 4, Reihen 4.2.1 bis 4.2.3)	Statistisches Bundesamt, Wiesbaden
	Kostenstruktur im Handel und Gastgewerbe (Fachserie 2, Reihen 1.2.1, 1.2.2, 1.2, 1.4)	Statistisches Bundesamt, Wiesbaden
	Handel, Gastgewerbe, Reiseverkehr (Fachserie 6, Reihen 1-4)	Statistisches Bundesamt, Wiesbaden

Übersicht 2 (Fortsetzung)

Sachbereich	Titel/Quelle	Herausgeber
Umsätze	Umsatzsteuer (Fachserie 14, Reihe 8)	Statistisches Bundesamt, Wiesbaden
<u>Zusatzquellen für einzelne Bereiche</u>		
Selbständige Künstler und Publizisten	Einkommensteuer (Fachserie 14, Reihe 7.1)	Statistisches Bundesamt, Wiesbaden
	Bericht der Bundesregierung über die Lage der Freien Berufe in der Bundesrepublik Deutschland	Deutscher Bundestag, Bonn
	Sonderauswertungen der Künstlersozialkasse	Landesversicherungsanstalt Oldenburg-Bremen
Presse- und Verlagswesen	Presse (Fachserie 11, Reihe 5)	Statistisches Bundesamt, Wiesbaden
	Kostenstruktur im Großhandel, bei Buch- u.ä. Verlagen (Fachserie 2, Reihe 1.2.1)	
	Buch- und Buchhandel in Zahlen	Börsenverein des Deutschen Buchhandels, Frankfurt
	Bericht der Bundesregierung über die Lage der Medien in der Bundesrepublik Deutschland	Deutscher Bundestag, Bonn
Theater und Orchester, Musik	Theaterstatistik	Deutscher Bühnenverein, Köln
	Deutsches Bühnenjahrbuch	Genossenschaft Deutscher Bühnenangehöriger, Hamburg
	Musikstatistik, Musikleben und Kulturpolitik	Deutscher Musikrat, Bonn
	Musikalmanach	Deutscher Musikrat, Bonn
	Finanzierung der Theater und Orchester in der Bundesrepublik Deutschland	Kultusministerium Rheinland-Pfalz (H. Ludwig), Mainz
	Das Orchester	Deutsche Orchestervereinigung, Hamburg
	Phono Press	Bundesverband der Phonographischen Wirtschaft e.V., Hamburg
Film- und Videowirtschaft	Filmwirtschaft (Fachserie 11, Reihe 6)	Statistisches Bundesamt, Wiesbaden
	Filmstatistisches Taschenbuch	Spitzenorganisation der Filmwirtschaft e.V., Wiesbaden
	Geschäftsberichte der Filmförderungsanstalt	Filmförderungsanstalt, Berlin
	Medienstatistik	Deutsches Video-Institut, Berlin
	IVD - in eigener Sache	Interessengemeinschaft der Videothekare Deutschlands e.V., Düsseldorf

2 Struktur und Entwicklung des Kulturbereichs in der Bundesrepublik Deutschland

In seiner Untersuchung zur volkswirtschaftlichen Bedeutung von Kunst und Kultur hat das Ifo-Institut erstmalig für die Bundesrepublik Deutschland eine Beschreibung der Struktur des Kunst- und Kulturbereichs in der Bundesrepublik Deutschland für das Jahr 1984 vorgelegt. Wegen der schwierigen Datenlage wurde in jener Untersuchung eine engere Abgrenzung gewählt, als in der vorliegenden Studie, in der zusätzlich die Architektur und der Ausbildungsbereich einbezogen sind. Trotz dieser Ergänzungen sind die wesentlichen Strukturmerkmale unverändert: Im Kulturbereich leben staatliche und private Institutionen in einer Symbiose.

Die öffentlichen Institutionen scheinen - gemessen an den wirtschaftlichen Indikatoren des gesamten Kulturbereichs - zunächst weniger einflußreich als häufig assoziiert wird. Gemessen am Produktionswert, einer Größe, die bei marktorientierten Wirtschaftsbereichen hauptsächlich durch die Umsätze bestimmt wird, bei nicht-erwerbswirtschaftlichen Institutionen aber im wesentlichen durch die laufenden Ausgaben, errechnete die Studie für die öffentlichen Haushalte nur einen geringen Anteil:

- Die wirtschaftliche Leistung, der "Produktionswert" des Kunst- und Kulturbereichs belief sich im Jahr 1984 auf 120 Mrd. DM.

- Die öffentlichen Hände hatten hierzu mit Kulturausgaben in Höhe von 7 Mrd. DM beigetragen.

Gemessen am Umfang des gesamten Kulturbereichs ist der staatliche Anteil somit außerordentlich gering. Das Bild modifiziert sich aber, wenn man die öffentlich-rechtlichen Rundfunkanstalten (Produktionswert 1984: 7 Mrd. DM) ebenfalls gesondert betrachtet und als Bezugsgröße nur die Kernbereiche einbezieht. Dann sind etwa 30 % der Produktionswerte durch die öffentlichen Hände beeinflußt, das "Steuerungspotential" für die Beeinflussung von Beschäftigungsmöglichkeiten ist damit größer.

Da in dieser Studie ebenfalls ein - allerdings erweiterter Kernbereich - im Vordergrund der Analyse steht, dessen Beschäftigungspotentiale aktiviert werden könnten, werden zunächst einige Strukturmerkmale des Sektors vorgestellt.

2.1 Umsätze und staatliche Ausgaben in Bereichen künstlerischer und kultureller Dienstleistungen

2.1.1 Vorbemerkungen

Aufschlüsse über die Umsätze, die in den kulturellen Kernbereichen dieser Untersuchung erzielt werden, gibt die Umsatzsteuerstatistik, die sowohl die Anzahl der Steuerpflichtigen als auch die steuerbaren Umsätze nach Wirtschaftszweigen ausweist. Hierbei ist folgendes zu beachten:

1. Steuerpflichtige sind Unternehmer im Sinne des § 2 Abs. 1 UStG. Die Umsatzsteuer umfaßt die gesamte berufliche Tätigkeit des Unternehmers, die "selbständig und nachhaltig zur Erzielung von Einkommen ausgeübt wird, auch wenn die Gewinnabsicht fehlt". Bei der Zuordnung der Steuerpflichtigen auf einzelne Wirtschaftszweige geht das Statistische Bundesamt nach dem Schwerpunkt der wirtschaftlichen Aktivität vor. So können z.B. in den steuerbaren Umsätzen aus publizistischer oder künstlerischer Tätigkeit auch Umsätze aus gewerblicher Vermietung enthalten sein. Insofern dürfen die steuerbaren Umsätze nicht ausschließlich der künstlerischen oder publizistischen Tätigkeit zugerechnet werden.

2. Der steuerbare Umsatz schließt im wesentlichen die Lieferungen und sonstigen Leistungen, die ein Unternehmer im Erhebungsgebiet gegen Entgelt im Rahmen seines Unternehmens ausführt, den Eigenverbrauch im Erhebungsgebiet und die Einfuhr von Gegenständen in das Zollgebiet ein. Letztere sind jedoch nicht Gegenstand der Umsatzsteuerstatistik. Bei der Interpretation der Statistik sind einige Besonderheiten zu berück-

sichtigen:[1] So werden z.B. Unternehmer mit einem steuerbaren Jahresumsatz von weniger als 20 000 DM, Kleinunternehmer (im Sinne von § 19 Abs. 1 UStG) sowie Steuerpflichtige, die keine Umsatzsteuervoranmeldung abzugeben haben, weil ihre Jahressteuer im Vorjahr weniger als 600 DM betragen hat, in der Umsatzsteuerstatistik nicht erfaßt.

Das Statistische Bundesamt weist auf diese Einschränkungen hin: "Durch ihre Bindung an die Vorschriften des Steuerrechts und die Technik des Besteuerungsverfahrens kann die Umsatzsteuerstatistik weder die Gesamtzahl der Unternehmen noch den gesamtwirtschaftlichen Umsatz umfassen."[2] Die Umsatzsteuerstatistik ist jedoch die einzige Quelle, die Aussagen über die Umsätze von Dienstleistungen künstlerischer und kultureller Bereiche zuläßt. Bedingt durch eine Umstellung in der Systematik der Wirtschaftszweige und durch andere Differenzierungen ist die Statistik außerdem nur geeignet, Vergleiche innerhalb der Zeiträume von 1970 bis 1978 und von 1980 bis 1986 anzustellen.

Die Ausgaben der öffentlichen Haushalte sind in den Rechnungsergebnissen dokumentiert, die das Statistische Bundesamt herausgibt. Wegen Umstellungen in der Haushaltssystematik ist eine - um Strukturbrüche bereinigte - Analyse erst ab Ende der siebziger Jahre möglich.

2.1.2 Umsätze im Jahr 1986

Für das Jahr 1986 weist die Umsatzsteuerstatistik mehr als 88 500 Steuerpflichtige in den Kernbereichen der Untersuchung aus, die insgesamt rund 77,2 Mrd. DM an steuerbaren Umsätzen erwirtschaftet haben (vgl. Tab. 1).

Mehr als die Hälfte der Steuerpflichtigen (45 600), aber nur 15 % der steuerbaren Umsätze entfallen auf die Gruppe der Selb-

---

1 Statistisches Bundesamt (1989), Umsatzsteuer 1986, S. 16 f.
2 Ebenda, S. 16.

Tabelle 1 Steuerpflichtige und steuerbare Umsätze des Kulturbereichs

Bereiche	Steuerpflichtige 1986 Anzahl	Umsätze 1986 in Mill.	Steuerpflichtige 1970/78 Veränderung in %[a)]	Umsätze 1970/78 Veränderung in %[a)]	Steuerpflichtige 1980/86 Veränderung in %[a)]	Umsätze 1980/86 Veränderung in %[a)]
Selbständige Künstler	7 935	1 177,516	2,0	10,9	4,7	4,2
Selbst. Schriftsteller und Journalisten	5 128	621,842	1,0	8,6	7,5	6,5
Dolmetscher u. Übersetzungsbüros	1 763	250,849	9,1	12,6	11,5	10,5
Korrespondenz- u. Nachrichtenbüros	281	525,537	3,7	9,2	3,5	14,6
Architekturbüros	25 105	6 725,074	2,3	8,9	1,4	-1,9
Fotografisches Gewerbe	4 483	1 747,550	1,7	14,8	4,5	5,1
Lehrer für Musik	930	71,148	•	•	14,9	10,1
Bereiche Selbständiger in Kulturberufen	45 625	11 119,516	2,2	9,7	3,4	0,8
Verlagsgewerbe	6 424	32 012,165	4,5	10,6	5,6	6,6
darunter:						
Buchverlag	1 825	7 468,736	2,2	9,0	1,7	4,4
Zeitschriftenverlag	1 675	12 146,412	•	•	6,1	9,1
Zeitungsverlag	409	7 442,611	5,4	11,0	2,4	1,1
Theater, Opernhäuser	185	189,841	5,0	4,4	4,3	6,4
Orchester, Chöre	1 197	318,459	7,7	14,5	8,7	7,1
Varietès, Kleinkunstbühnen	137	71,410	10,7	6,3	2,8	0,6
Rundfunk- u. Fernsehanstalten	51	1 875,792	7,2	-13,5	33,5	15,2
Filmherstellung	1 857	3 025,728	6,8	8,5	9,4	14,5
Filmverleih und -vertrieb	2 608	1 238,170	8,1	8,1	36,3	12,6
Filmtheater	1 222	905,079	-3,9	5,1	-3,5	-2,3
Werbung	23 996	19 870,471	4,6	9,4	6,7	5,8
Vermarkterbereiche	37 677	59 507,115	4,0	9,4	7,1	6,8
Wissenschaftl. Bibliotheken und Archive	1 964	343,775	5,5	10,1	16,0	5,7
Private Museen	378	292,993	•	•	5,1	5,4
Kunsthandel	2 072	755,261	6,9	11,5	5,5	5,6
Allgemeinbild. u. Unterhaltung, Büchereien	811	222,153	-8,3	4,6	6,1	3,0
Vermittlerbereiche	5 225	1 614,182	1,4	8,9	8,7	5,2
Insgesamt	88 527	72 240,813	2,7	8,8	5,1	5,7

a) Veränderung im Durchschnitt der Jahre.
b) Einschl. filmtechnische Betriebe und Vermietung von Ateliers.

Quelle: Statistisches Bundesamt, Berechnungen des Ifo-Instituts.

ständigen in Kulturberufen. Wie sich die Steuerpflichtigen und die Umsätze im einzelnen verteilen, zeigt Tabelle 1. Dort ist auch die Zusammensetzung der Steuerpflichtigen und der Umsätze in den Verteilerbereichen dargestellt. Daß die Rolle der Rundfunk- und Fernsehanstalten unterzeichnet ist, da hier bei den öffentlich-rechtlichen Anstalten nur die Werbeumsätze des ZDF berücksichtigt sind, die übrigen ARW-Werbegesellschaften aber im Bereich Werbung, sei nachdrücklich betont.

Würde man die verschiedenen Handelssparten (Buchhandel, Handel mit Zeitungen, Zeitschriften und Musikalien, Herstellung und Handel mit Musikinstrumenten sowie die Herstellung und den Handel mit Rundfunk-, Fernseh- und phonotechnischen Geräten zusätzlich berücksichtigen, so würden sich die Gesamtumsätze des Kulturbereichs vervielfachen, eine klare Aussage über die eigene wirtschaftliche Leistung dieser Sparten wäre aber nicht gewonnen. Deshalb wird von einer ausführlichen Darstellung an dieser Stelle Abstand genommen.

2.1.3 Entwicklung der Umsätze

Im Zeitraum 1980 bis 1986 hat sich die Anzahl der Steuerpflichtigen in den Gruppen der Selbständigen in Kulturberufen von über 37 400 auf über 45 600 erhöht; die Umsätze sind jedoch - anders als in den siebziger Jahren - vor allem wegen der (auch baukonjunkturell bedingten) Entwicklung bei den Architekten nur geringfügig gewachsen.

Die Änderungen in der Medienlandschaft und die zunehmende Internationalisierung des gesellschaftlichen und wirtschaftlichen Lebens verhelfen allen anderen Gruppen zu mehr Dynamik. Dies gilt in besonderem Maße für die selbständigen Schriftsteller und Journalisten (durchschnittliche Veränderungsrate der Umsätze 1980/86: 6,5 % pro Jahr), für die Korrespondenz- und Nachrichtenbüros (14,6 %), für die Dolmetscher- und Übersetzerbüros (10,5 %) sowie für die - in der Tabelle nicht gesondert ausgewiesenen - selbständigen Bühnen-, Film- und Rundfunkkünstler

(7,4 %). Die Ursachen für die Entwicklung der Medienberufe lassen sich aus der Umsatzentwicklung der Verlage und - mit Einschränkungen wegen der begrenzten Aussagefähigkeit der Statistik - aus der Entwicklung der Rundfunk- und Fernsehanstalten ableiten (vgl. oben Tab. 1); die Kenngrößen beim Film (Herstellung und vor allem Vertrieb) sind mit Vorsicht zu interpretieren, sind aber eindeutige Indikatoren für die Dynamik des Bereichs.[1]

Die zunehmende Beliebtheit der Musik und des Musikunterrichts schlägt sich bei den privaten Orchestern, die auch die Konzertdirektionen enthalten, und bei den selbständigen Lehrern für Musik und Kunstunterricht nieder. Daß bildende Kunst sich großer Beliebtheit erfreut, läßt sich an der Umsatzentwicklung des Kunsthandels und der privaten Museen ablesen; an der Veränderung der Umsätze der selbständigen Musikbearbeiter und Komponisten ist es aber nicht zu erkennen.

Generell sind die Umsätze in den künstlerischen Bereichen in den vergangenen Jahren tendenziell langsamer gewachsen:

- Von 1980 bis 1986 erreichten sie durchschnittliche Veränderungsraten von 3,5 % (bildende Künstler, Grafiker) bzw. 3,0 % (bei den selbständigen Komponisten und Musikbearbeitern). Dies gilt besonders im Vergleich mit den kommerziellen Vermarktern wie der Werbung (Ateliers für Gebrauchsgrafik oder bei der Film- und Lichtbildwerbung) oder dem fotografischen Gewerbe. So sind z.B. die Umsätze in der Werbung im Zeitraum 1980/86 mit 5,8 % im Durchschnitt der Jahre angestiegen. Die Ateliers für Gebrauchsgrafik erreichten Veränderungsraten von 9,1 % pro Jahr, die Film- und Lichtbildwerbung 7,4 %. Das fotografische Gewerbe, in dem so heterogene Gruppen wie Bildreporter, Fotodesigner und Fotofachgeschäfte enthalten sind, konnte seine steuerbaren Umsätze um 5,1 % pro Jahr erhöhen.[2]

1 Vgl. Hummel, M. (1989), Die volkswirtschaftliche Bedeutung des Urheberrechts. Gutachten im Auftrag des Bundesministers der Justiz, Schriftenreihe des Ifo-Instituts für Wirtschaftsforschung Nr. 125, Berlin/München, Kapitel B 2.1.5.
2 Vgl. ebenda, Kapitel B 2.1.9.

- Varietés und Kleinkunstbühnen stagnierten weitgehend. Die Entwicklung bei den (in privater Rechtsform geführten) Theatern darf nicht fehlinterpretiert werden. Sie ist zwar auch ein Indikator für das zunehmende Interesse an Festspielen und für den Erfolg einiger Gastspieldirektionen; zum Großteil dürfte sie aber auf die Umwandlung von Regiebetrieben in Unternehmen mit privater Rechtsform zurückzuführen sein.

2.1.4 Staatliche Kulturausgaben 1986

Neben den Umsätzen der Marktteilnehmer bestimmen die staatlichen Ausgaben für kulturelle Zwecke die Struktur des Kulturbereichs. Im Jahr 1986 haben die öffentlichen Haushalte rund 10 Mrd. DM hierfür aufgewendet (vgl. Tab. 2). Die Gemeinden und Zweckverbände bewirkten den größten Anteil an den Kulturausgaben (über 50 %), gefolgt von den Ländern (37,4 %) und vom Bund (12,3 %).

Dabei lassen sich eindeutige Schwerpunktbildungen feststellen: Die größte Einzelposition der Ausgaben (insgesamt fast 10 Mrd. DM) erhalten die Theater und Orchester (einschließlich der sonstigen Musikförderung). 1986 wurden 3,3 Mrd. DM aufgewendet, damit Opern, Operetten, Musicals, Ballette, Schauspiele und Konzerte aufgeführt werden konnten und die Musikschulen ihren Betrieb aufrechterhalten konnten.

Die Museen (einschl. der wissenschaftlichen Museen) sind der zweitgrößte Zahlungsempfänger: 1,4 Mrd. DM wurden für den laufenden Unterhalt, für Käufe von Bildern und anderen Kunstgegenständen und für Museumsneubauten eingesetzt. Sie machten es möglich, daß sich die Besucher von Kunstmuseen, von Schloß- und Burgmuseen und von Heimatmuseen mit alter und moderner Kunst und mit dem kulturellen historischen Erbe auseinandersetzen konnten. Die Bedeutung des historischen Erbes zeigt sich auch an den Ausgaben der Länder für Denkmalschutz (über 430 Mill. DM).

Die Bibliotheken und Büchereien, die eine entscheidende Rolle bei der Verbreitung des geschriebenen Wortes wahrnehmen und der

Öffentlichkeit den Zugang zu belletristischer sowie zu Sach- und Fachliteratur erleichtern, erforderten 1986 öffentliche Ausgaben in Höhe von annähernd 1,4 Mrd. DM.[1] Da die Zuwendungen an die Stiftung Preussischer Kulturbesitz ebenfalls unter den wissenschaftlichen Bibliotheken und Archiven erfaßt werden, dürfte die oben dargestellte Bedeutung der Museumsförderung allerdings unterzeichnet sein.

Der Rang, der den Volkshochschulen (einschließlich der sonstigen Erwachsenenbildung) eingeräumt wird, läßt sich an den Ausgaben in Höhe von fast 1 Mrd. DM ablesen.

Neben diesen Mitteln, die eindeutig einzelnen Kernbereichen zugeordnet werden konnten, gibt es eine Fülle weiterer Fördermaßnahmen und kulturbezogener Ausgaben, die vor allem in der Position "sonstige Kulturpflege" enthalten sind. Sie umfaßt so heterogene Maßnahmen wie Stipendien und Kulturpreise, die Denkmal- und Heimatpflege sowie die Filmförderung der Kommunen. Die Gesamtsumme beläuft sich auf fast 1 Mrd. DM. Eine Zusammenstellung der Einzelmaßnahmen zeigt Tabelle 2.

---

1 Ohne den auf die Forschung entfallenden Anteil der wissenschaftlichen Bibliotheken und Archive (Schätzung des Statistischen Bundesamts: 10 %).

Tabelle 2

Nettoausgaben öffentlicher Haushalte im Kulturbereich[a] nach Aufgabenbereichen 1986

Aufgabenbereich	Ausgaben Mill. DM	Ausgaben %	nachr. Veränderung 1977/86 %[b]
Verwaltung kultureller Angelegenheiten	306	3,1	8,2
Theater und Musik	3 332	33,7	6,8
Museen insgesamt	1 375	13,9	10,1
- Museen, Sammlungen, Ausstellungen	(1 109)	(11,2)	(10,0)
- Wissenschaftliche Museen	(266)	(2,7)	(10,1)
Denkmalschutz und Denkmalpflege	434	4,4	11,3
Sonstige Kunst- und Kulturpflege	983	9,9	11,9
Bibliotheken, Büchereien insgesamt	1 360	13,8	7,0
- Wissenschaftliche Bibliotheken, Archive, Dokumentation	(608)	(6,2)	(7,3)
- Sonstiges Bibliothekswesen, Büchereien	(752)	(7,6)	(6,7)
Volkshochschulen, Erwachsenenbildung	947	9,6	7,8
- Volkshochschulen	(697)	(7,0)	.
- Sonstige Erwachsenenbildung	(250)	(2,5)	.
Kunst- und Musikhochschulen	346	3,5	8,1
Kulturelle Angelegenheiten im Ausland	444	4,5	4,3
Rundfunkanstalten und Fernsehen	361	3,7	2,9
ingesamt	9 888	100,0	7,7
davon:			
Bund	1 219	12,3	4,7
Länder	3 696	37,4	7,7
Gemeinden	4 921	49,8	8,5
Zweckverbände	52	0,5	7,6

a) Abgrenzung nach den Rechnungsergebnissen der öffentlichen Haushalte für Bildung, Wissenschaft, Kultur, Statistisches Bundesamt, Fachserie 14, Reihe 3.4, vgl. insbes. die dort angegebenen Anmerkungen.
b) Veränderung im Durchschnitt der Jahre.

Quelle: Statistisches Bundesamt, Berechnungen des Ifo-Instituts.

2.1.5 Entwicklung der Kulturausgaben

Seit 1977 haben sich die gesamten Kulturausgaben mit einer durchschnittlichen Rate von 7,7 % pro Jahr erhöht, eine Entwicklung zu der vor allem die Gemeinden (Veränderungsrate 1977/86: 8,5 %) beigetragen haben. Dieses Wachstum ist vor allem in den auslaufenden siebziger Jahren sehr ausgeprägt. Zu Beginn der achtziger Jahre hat es sich verlangsamt, so daß im Durchschnitt der Jahre 1980/86 nur Steigerungsraten von 4,9 % (Gemeinden: 6 %) realisiert werden konnten. Langfristige Einbrüche sind aber nicht zu erkennen. Gemessen an den öffentlichen Haushalten konnte der Kulturbereich in der Abgrenzung dieses Gutachtens sogar leichte Anteilsgewinne verzeichnen. Dennoch lassen sich eindeutige Schwerpunktverschiebungen, vor allem zugunsten der Museen feststellen, während Theater und Musik sich leicht unterdurchschnittlich entwickelt haben.

Im Vergleich mit der Umsatzentwicklung im marktbestimmten Bereich läßt sich feststellen, daß die staatlichen Ausgaben sich durchweg in die Entwicklung des gesamten Kernuntersuchungsbereichs (Veränderung der Umsätze: 5,7 % im Durchschnitt der Jahre) einfügen. Das öffentliche Engagement im Bereich der Museen ist sogar deutlicher ausgeprägt, als das Engagement privater Käufer, sofern man dies aus den Umsätzen der privaten Museen, Kunstausstellungen und des Kunsthandels ablesen kann. Die privaten Theater und Orchester, vor allem die Gastspieldirektionen scheinen andererseits in gewissem Umfang von der Zurückhaltung der öffentlichen Haushalte profitiert zu haben.

2.2 Erwerbstätigkeit nach Wirtschaftszweigen

2.2.1 Vorbemerkungen

Um ein möglichst aktuelles Bild der Erwerbstätigkeit nach Wirtschaftszweigen geben zu können, wurde für dieses Gutachten die Arbeitsstättenzählung vom 25. Mai 1987 ausgewertet. Sie lag bei Abschluß des Gutachtens nur für Arbeitsstätten, nicht aber für

Unternehmen vor und ist insofern mit den Angaben,[1] die in den Vorläuferuntersuchungen des Ifo-Instituts teilweise den amtlichen Statistiken unmittelbar entnommen und teilweise auf der Basis dieser Statistiken geschätzt wurden, nur bedingt vergleichbar.[2] Dies sei an drei Beispielen erläutert:

- Auf der Basis des Unternehmenskonzepts werden bei den Beschäftigten der Verlage neben dem Personal der verlagseigenen Druckereien auch z.B. die Angestellten in Auslieferungslagern der Verlage berücksichtigt. Wenn diese Auslieferungslager als eigene Arbeitsstätte geführt werden, sind sie in den Beschäftigen der Verlage nach dem Arbeitsstättenkonzept nicht berücksichtigt. Die Anzahl der Beschäftigten des Wirtschaftsbereichs Verlage auf der Basis der Arbeitsstätten ist dann geringer als auf der Basis des Unternehmenskonzepts.

- Daneben kann es jedoch auch zu Doppelzählungen kommen: Teilzeitbeschäftigte, die in zwei Unternehmen der gleichen Branche, aber in unterschiedlichen Arbeitsstätten geringfügig beschäftigt sind, werden in jeder Arbeitsstätte erfaßt. Die Aussagen, die über Erwerbstätige in Arbeitsstätten getroffen werden, lassen sich somit eher als Aussagen über "Arbeitsplätze" interpretieren.

- Außerdem können Abweichungen zu anderen Statistiken auftreten, die sich auf einen anderen Stichtag beziehen. In Bereichen, in denen - neben Dauerarbeitsplätzen - viele kurzfristige Arbeitsverhältnisse geführt werden, wie z.B. in der Filmherstellung ist eine Vergleichbarkeit mit Angaben an anderen Stichtagen nicht gegeben.

---

1 Vgl. Hummel, M. und M. Berger (1988), Die volkswirtschaftliche Bedeutung von Kunst und Kultur, a.a.O.; Hummel, M. (1989), Die volkswirtschaftliche Bedeutung des Urheberrechts, a.a.O.

2 Für eine ausführliche Darstellung der Methodik der Arbeitsstättenzählung vgl. Statistisches Bundesamt (1989), Unternehmen und Arbeitsstätten, Arbeitsstättenzählung vom 25. Mai 1987, Fachserie 2, Heft 1, Einführung in die methodischen und systematischen Grundlagen der nicht-landwirtschaftlichen Arbeitsstättenzählung, Stuttgart.

2.2.2 Erwerbstätigkeit im Jahr 1987

Konzentriert man sich zunächst auf die Wirtschaftsbereiche, die von den Selbständigen geprägt werden: Selbständige Künstler (bildende Künstler, Musiker und selbständige Bühnen-, Film- und Rundfunkkünstler), selbständige Schriftsteller und Journalisten, Dolmetscher- und Übersetzerbüros, Korrespondenz- und Nachrichtenbüros, Architekturbüros, selbständige Fotografen und selbständige Lehrer für musische Fächer, so lassen sich diesem Bereich 131 300 Arbeitsplätze zurechnen, darunter allein 84 400 bei den Architekturbüros (vgl. Tabelle 3).

Die Bedeutung der Selbständigkeit läßt sich an den hohen Anteilen erkennen, die die tätigen Inhaber an den Erwerbstätigen haben: Die Arbeitsplätze bei den selbständigen Künstlern und Publizisten, den Dolmetschern und Übersetzern sowie bei den Musikpädagogen sind bis zu 80 % durch tätige Inhaber besetzt. Vergleichsweise hohe Anteile an Arbeitnehmern finden sich dagegen bei den arbeitsteilig organisierten Korrespondenz- und Nachrichtenbüros, bei den Architekturbüros und auch bei den Fotografen.

Verlage, Theater und Orchester, Varietés und Kleinkunstbühnen, Hörfunk und Fernsehen (ohne Werbefunk und -fernsehen), die Filmwirtschaft (Filmherstellung, Filmverleih und -vertrieb, Filmtheater), einschließlich der filmtechnischen Betriebe, sind wichtige Verteilerbereiche für die Publizisten und Künstler. Sie bieten 237 500 Arbeitsplätze. Addiert man die Werbung dazu, die gerade für die Berufsgruppe "Bildende Künstler, Grafiker" den wesentlichen Vermarkterbereich bildet, so errechnen sich aus den Vermarkterbereichen 105 500 weitere Arbeitsplätze. Charakteristisch für diese Verteilerbereiche ist der hohe Anteil an abhängig Beschäftigten und vor allem an Teilzeitarbeitskräften (fast ein Drittel der Beschäftigten). Letzteres signalisiert die Flexibilität, die in diesen Wirtschaftszweigen möglich und erforderlich ist.

Tabelle 3

Beschäftigte in Arbeitsstätten des Kulturbereichs 1987

Bereiche	Beschäftigte insgesamt	Tätige Inhaber in %	Unbezahlt mithelfende Familienangehörige in %	Arbeitnehmer in %	nachr.: Teilzeitbeschäftigte in %
Selbständige Künstler	18 450	74,5	6,2	19,3	10,6
Selbst. Schriftsteller und Journalisten	6 725	77,8	6,5	15,7	15,2
Dolmetscher u. Übersetzungsbüros	4 785	70,7	6,1	23,2	21,7
Korrespondenz- u. Nachrichtenbüros	3 420	12,2	2,0	85,7	13,4
Architekturbüros	84 409	34,8	6,0	59,3	19,3
Fotografisches Gewerbe	11 407	37,0	5,5	57,4	14,6
Lehrer für Musik	2 138	80,5	3,9	15,6	20,9
Bereiche Selbständiger in Kulturberufen	131 334	44,2	5,9	49,9	17,4
Verlagsgewerbe	141 425	3,5	0,6	95,8	35,9
darunter:					
Buchverlag	27 142	7,4	1,5	91,1	18,6
Zeitschriftenverlag	29 610	3,4	0,6	96,0	26,8
Zeitungsverlag	76 070	0,5	0,1	96,4	47,4
Theater, Opernhäuser	31 602	0,7	0,2	99,1	13,5
Orchester, Chöre	5 915	45,6	2,5	52,0	17,8
Varietés, Kleinkunstbühnen	572	18,0	4,4	77,6	21,5
Rundfunk- u. Fernsehanstalten	30 530	0,1	0,0	99,8	5,2
Filmherstellung[a)]	12 875	14,9	2,1	82,9	14,9
Filmverleih und -vertrieb	2 679	22,2	6,9	70,9	25,2
Filmtheater	11 912	9,6	4,0	86,4	55,6
Werbung	105 493	24,9	3,3	71,8	30,0
Vermarkterbereiche	343 003	11,1	1,6	87,3	28,7
Wissenschaftl. Bibliotheken und Archive	10 450	16,8	1,6	81,7	22,9
Museen	17 490	3,6	0,9	95,5	26,7
Kunsthandel	5 198	52,4	12,0	35,6	22,0
Allgemeinbild. u. Unterhaltung, Büchereien	30 559	17,4	6,0	76,6	37,4
Volkshochschulen	14 920	0,0	0,0	100,0	40,6
Kunsthochschulen	3 119	0,0	0,0	100,0	13,4
Vermittlerbereiche	81 736	12,7	3,4	83,9	31,8
Insgesamt	556 073	78,0	19,1	2,9	26,5

a) Einschl. filmtechnische Betriebe und Filmateliers.

Quelle: Statistisches Bundesamt, Berechnungen des Ifo-Instituts.

Ohne die kulturvermittelnden Museen, Kunstausstellungen und den Kunsthandel, die Bibliotheken und Büchereien[1], den Buchhandel und den Zeitschriftenhandel, die Herstellung und den Vertrieb von Musikinstrumenten, Rundfunk-, Fernseh- und phonotechnischen Geräten, die in der Statistik auch die Herstellung und den Vertrieb von Tonträgern enthalten, könnten die Erzeugnisse der "Kulturindustrie" den Endverbraucher nicht erreichen.

Entsprechend der Abgrenzung des Gutachtens werden zunächst die Teilbereiche der - überwiegend nicht kommerziell organisierten - kulturvermittelnden und -bewahrenden Institutionen sowie die Ausbildungseinrichtungen[2] vorgestellt: Museen, Kunstausstellungen und Kunsthandel, Bibliotheken und Büchereien, Kunsthochschulen und Volkshochschulen schaffen weitere 81 700 Arbeitsplätze, von denen ebenfalls fast jeder dritte durch eine Teilzeitkraft besetzt ist. Daß gerade bei den Volkshochschulen die Teilzeitarbeitsplätze überwiegen, ist angesichts der Tatsache, daß hier überwiegend nebenamtliche Kräfte engagiert sind, nicht weiter verwunderlich. Ein ähnliches Bild würden die Musikschulen zeigen, für die in der Arbeitsstättenzählung jedoch kein gesonderter Ausweis vorgesehen ist.[3]

Alle übrigen (kommerziellen) Bereiche, wie der Buchhandel und der Zeitschriftenhandel, die Herstellung und der Vertrieb von Musikinstrumenten, Rundfunk-, Fernseh- und phonotechnischen Geräten, die in der Statistik auch die Herstellung und den Vertrieb von Tonträgern enthalten, sowie die Diskotheken, die ebenfalls "Musikvermarkter" sind, stellen insgesamt 281 600 Arbeitsplätze. Wenn man überdies noch die Druckereien und Binde-

---

1 Anmerkung: Das Statistische Bundesamt ordnet den privaten Leihbüchereien auch die Videotheken zu.

2 Informationen über Weiterbildungsinstitutionen wie die Volkshochschulen lassen sich ebenfalls aus der Arbeitsstättenzählung entnehmen bzw. aus einer Sonderauswertung der Personalstandsstatistik der öffentlichen Haushalte, die auch Angaben über Bildungseinrichtungen für Künstler (Kunsthochschulen) enthalten.

3 Für eine Charakterisierung der Musikschulen vgl. Kosack, K.-P. (1987), Musikschulen, in: Verband Deutscher Städtestatistiker, Städte in Zahlen. Ein Strukturbericht zum Thema Kultur und Bildung, Nürnberg, S. 167 ff.

reien einbezieht, die in hohem Maße von der Verlagsentwicklung und von der Entwicklung der Werbung abhängen, so lassen sich insgesamt 551 274 Arbeitsplätze in weiteren kulturbezogenen Wirtschaftsbereichen errechnen.

Betrachtet man in dieser Gesamtschau alle Wirtschaftszweige, die mit der Schaffung, Verbreitung, und Erhaltung von künstlerischen Werken, mit der Ausbildung von Künstlern und mit der kunstpädagogischen (Weiter-)Bildung des Publikums befaßt sind und fügt man alle weiteren Verteiler- und Vermarkterbereiche einschließlich der Herstellung und des Vertriebs von Geräten, die die Rezeption von Bild- und Tonmedien gestatten, sowie die wichtigsten Vorleistungsbereiche für die Verlage (die Druckereien und Bindereien) hinzu, so erweist sich der Kulturbereich als außerordentlich beschäftigungsstark und - im Vergleich zur Gesamtwirtschaft - reicher an flexiblen Teilzeitarbeitsplätzen (vgl. Tab. 4): In diesen Arbeitsstätten wurden 1987 über eine Million Arbeitsplätze gezählt, jeder fünfte davon war für Teilzeitkräfte (zum Vergleich: in allen Arbeitsstätten in der Bundesrepublik Deutschland war nur jeder 6. Arbeitsplatz für eine Teilzeitbeschäftigung reserviert).

Die Größenordnung der Arbeitsplätze des Gesamtbereichs gibt einen Eindruck von der Ausstrahlungskraft der künstlerischen und sonstigen kulturellen Leistungen auf die Beschäftigung der Gesamtwirtschaft. Gleichzeitig lassen sich aus einer Zusammenstellung der Erwerbstätigen in Arbeitsstätten kulturbezogener Wirtschaftsbereiche erste Anhaltspunkte für das unmittelbar vom Staat beeinflußte Angebotspotential an Arbeitsplätzen ableiten: In staatlichen Kulturinstitutionen wie bei den Theatern und Orchestern, in den Museen, Bibliotheken und Archiven, in den Büchereien, in den Volkshochschulen und in den Kunsthochschulen sind rund 78 000 Arbeitsplätze vorhanden. Dies entspricht 65,4 % aller Arbeitsplätze in diesen Institutionen und gleichzeitig 14,0 % der Arbeitsplätze des gesamten Kernbereichs.

Tabelle 4

Beschäftigte in Arbeitsstätten weiterer Bereiche 1987

Bereiche	Beschäftigte insgesamt	Tätige Inhaber in %	Unbezahlt mithelfende Familienangehörige in %	Arbeitnehmer in %	nachr.: Teilzeitbeschäftigte in %
Großhandel mit Büchern, Zeitschriften und Musikalien	20 313	2,4	0,3	97,3	45,5
Einzelhandel mit Büchern, Zeitschriften, Zeitungen	46 222	19,8	4,6	75,6	31,1
Großhandel mit Musikinstrumenten, Musikalien	1 102	9,9	1,5	88,7	14,8
Einzelhandel mit Musikinstrumenten, Musikalien	7 563	29,2	6,7	64,1	22,2
Herst. v. Musikinstrumenten	9 783	8,5	1,4	90,1	9,9
Einzelhandel mit Rundfunk-, Fernseh- und Phonotechnischen Geräten	55 655	18,9	4,5	76,6	14,1
Großhandel mit Rundfunk-, Fernseh- und Phonotechnischen Geräten	16 645	4,5	0,9	94,6	9,7
Herst. v. Rundfunk-, Fernseh- und Phonotechn. Geräten	75 345	2,0	0,3	97,6	6,6
Herst. v. Foto-, Projektions- und Kinogeräten	14 523	1,0	0,1	98,8	0,0
Tanzlokale	34 496	14,8	4,2	81,0	51,6
Druckerei, Vervielfältigung	257 268	5,1	1,0	93,9	13,7
Buchbinderei	12 359	7,5	1,1	91,4	14,6
Weitere Bereiche	551 274	8,1	1,8	90,1	17,4
Kulturbereiche und weitere Bereiche	1 107 347	13,7	2,3	84,0	22,0
nachr.: alle Berufsgruppen	28 972 933	7,6	1,8	90,7	16,3

Quelle: Statistisches Bundesamt, Berechnungen des Ifo-Instituts.

2.2.3 Entwicklung der Erwerbstätigkeit

Bedingt durch Umstellungen in der Systematik der Wirtschaftszweige des Statistischen Bundesamts läßt sich ein vollständiger Vergleich der Entwicklung der Erwerbstätigkeit seit der Volkszählung im Jahr 1970 nicht für alle Bereiche anstellen. Für wichtige Bereiche Selbständiger und einzelner Vermarkter- und Vermittlerbereiche lassen sich jedoch Aussagen treffen. Sie werden durch Aussagen zu den sozialversicherungspflichtig Beschäftigten ergänzt.

Spitzenreiter in der Zunahme der Arbeitsplätze bei den Selbständigen in Kulturberufen sind die selbständigen Künstler und die selbständigen Journalisten, die überdies verstärkt Arbeitsplätze für Arbeitnehmer bereitstellen: Diese Beschäftigtengruppe hat bei ihnen mit 4,4 % bzw. 4,3 % im Durchschnitt der Jahre zugenommen. Noch deutlicher ausgeprägt ist die Dynamik bei den privaten Orchestern, deren Arbeitsplätze sich mit einer durchschnittlichen Rate von 5,4 % pro Jahr erhöht hat, eine Größenordnung, die die privaten Theater bzw. die Varietés und Kleinkunstbühnen nicht annähernd erreichen.

Die Entwicklung bei Verlagen (2,9 %) und Rundfunk- und Fernsehanstalten (2,7 %) zusammen mit der allgemeinen Tendenz zu einer ständigen Verbesserung der Berichterstattung "vor Ort" stimulierte im übrigen auch die Beschäftigung in den Nachrichtenbüros. Gemessen an der Expansion des Hörfunks und des Fernsehens entwickelte sich die Filmwirtschaft - wenn man von den schwindenden Arbeitsplätzen bei den Filmtheatern absieht - äußerst moderat. Eine der Ursachen kann in der zunehmenden Bedeutung der (überwiegend importierten) Videos zu suchen sein, die vor allem bei den Videotheken, die unter der Rubrik "Leihbüchereien" verbucht werden, Arbeitsplätze geschaffen haben.

Bei den Kulturinstitutionen der Theater machte sich die zurückhaltende Einstellungspolitik der nicht-privaten Häuser bemerkbar, die Orchester waren hingegen auf Wachstumskurs, erreichten jedoch nicht die Zuwachsraten der Büchereien, die einzige Vermittlerinstitution, für die vergleichbare Angaben vorliegen.

Die Entwicklung der sozialversicherungspflichtig Beschäftigten über den Zeitraum der letzten zehn Jahre setzt noch deutlichere Akzente: Die selbständigen Künstler (vor allem Grafiker) haben - im Aufwind der Entwicklung der Werbung und des Designs - zunehmend Arbeitsplätze geschaffen. Fernseh- und Rundfunkanstalten sowie die Filmwirtschaft haben sich dynamischer entwickelt als die Verlage, die offensichtlich zunehmend Leistungen von Nachrichtenbüros oder freien Mitarbeitern in Anspruch nehmen.

2.3 Erwerbstätigkeit nach Berufsgruppen

Da es Aufgabe der Studie ist, Beschäftigungspotentiale für die künstlerischen und sonstigen kulturellen Berufe aufzuzeigen, ist vor allem die Erwerbstätigkeit der Berufsgruppen von Interesse. Sie wird im folgenden näher beschrieben.

2.3.1 Problematik der statistischen Datenbasis

Wichtige Grundlagen für die Erfassung der Anzahl der Erwerbstätigen in künstlerischen und sonstigen Kulturberufen sind die Volks-, Berufs- und Arbeitsstättenzählungen, die in langen Zeitabständen durchgeführt werden (1950, 1961, 1970, 1987). Wegen der langen Aufbereitungsdauer stehen für diese Untersuchung jedoch noch nicht alle Datensätze aus den Berufszählungen bereit. Lediglich die Arbeitsstättenzählung kann in ersten Auswertungen herangezogen werden.

Deshalb müssen ergänzend die Daten des Mikrozensus herangezogen werden. Dies ist eine Repräsentativerhebung, die von 1976 bis 1982 in zweijährigem Turnus herausgegeben wurde und - nach zweijähriger Pause - seit 1985 wiederum in zweijährigem Turnus erscheint. Sie erlaubt - solange die Volks-, Berufs- und Arbeitsstättenzählungen nicht vollständig ausgewertet sind - eine zeitnähere Betrachtung einzelner Berufsgruppen als es mit den Informationen der Zählungen von 1970 möglich wäre. Für die vorliegende Studie hat das Statistische Bundesamt dem Ifo-Institut Sonderauswertungen des Mikrozensus - unter Berücksichtigung erster Ergebnisse der Arbeitsstätten- und Berufszählung - zur Verfügung gestellt.

Darüber hinaus sind die Statistiken der Bundesanstalt für Arbeit über sozialversicherungspflichtig Beschäftigte, Arbeitslose und offene Stellen von großer Bedeutung für Aussagen über die Arbeitsmarktsituation der künstlerischen und sonstigen Kulturberufe.

2.3.2 Erwerbstätige und Selbständige im Jahr 1987

Angaben über die Erwerbstätigkeit in künstlerischen und sonstigen Kulturberufen liegen derzeit beim Statistischen Bundesamt in Form einer Sonderauswertung des Mikrozensus 1987 und einer ergänzenden Einbeziehung der Volks- und Berufszählung 1987 vor. Die Anzahl der Erwerbstätigen in den Kulturberufen beläuft sich den amtlichen Schätzungen zufolge im Jahr 1987 auf 454 400 Personen (vgl. Tab. 5). Dies entspricht 1,7 % aller Erwerbstätigen in der Bundesrepublik Deutschland.

Die Künstler (Musiker, darstellende Künstler und bildende Künstler) und die ihnen zugeordneten Berufe (Dekorationen- und Schildermaler, künstlerische und zugeordnete Berufe der Bühnen-, Bild- und Tontechnik, die Raum- und Schauwerbegestalter, die Fotografen und die Artisten) sind mit 174 800 Personen die größte Gruppe dieser Erwerbstätigen (für Einzelheiten vgl. Tab. 5). Am zweitstärksten sind die Architekten und Bauingenieure (145 700 Personen) vertreten, gefolgt von den schriftwerkschaffenden und -ordnenden Berufen (48 500 Publizisten, Dolmetscher, Übersetzer und Bibliothekare, Archivare und Museumsfachleute). Die zahlenmäßig kleinste Gruppe, als "sonstige Kulturberufe" zusammengefaßt, sind die Geisteswissenschaftler und die Lehrer für musische Fächer (30 300 Personen).

Tabelle 5

Erwerbstätige und Selbständige in Kulturberufen 1987

Nr. der Systematik[a]	Berufsgruppen	Erwerbstätige in 1000	Selbständige in 1000	Erwerbstätige in %	Selbständige in %	Selbständige in %[b]
603	Architekten, Bauingenieure	145,7	44,0	32,1	36,0	30,2
82	Publizisten, Dolmetscher, Bibliothekare	103,6	16,9	22,8	13,8	16,3
821	Publizisten	(48,5)	(11,7)	(10,7)	(9,6)	(24,1)
822	Dolmetscher, Übersetzer	(17,0)	(5,2)	(3,7)	(4,3)	(30,6)
823	Bibliothekare, Archivare, Museumsfachleute	(38,1)	-	(8,4)	-	-
83	Künstler u. zugeordnete Berufe	174,8	55,1	38,5	45,1	31,5
831	Musiker	(25,5)	(7,0)	(5,6)	(5,7)	(27,5)
832	Darstellende Künstler	(20,9)	(5,5)	(4,6)	(4,5)	(26,3)
833	Bildende Künstler, Grafiker	(49,1)	(24,8)	(10,8)	(20,3)	(50,5)
834	Dekorationen-, Schildermaler	(4,3)	(0,5)	(0,9)	(0,4)	(11,6)
835	Künstlerische u. zugeordnete Berufe der Bühnen-, Bild- und Tontechnik	(17,2)	(2,0)	(3,8)	(1,6)	(11,6)
836	Raum-, Schauwerbegestalter	(29,8)	(6,6)	(6,6)	(5,4)	(22,1)
837	Fotografen	(23,3)	(7,7)	(5,1)	(6,3)	(33,0)
838	Artisten, Berufssportler, künstler. Hilfsberufe	(4,7)	(1,0)	(1,0)	(0,8)	(21,3)
875 + 882	Sonstige	30,3	6,2	6,7	5,1	20,5
875	Lehrer f. musische Fächer a.n.g.	(18,9)	(5,7)	(4,2)	(4,7)	(30,2)
882	Geisteswissenschaftler a.n.g	(11,4)	(0,5)	(2,5)	(0,4)	(4,4)
	insgesamt	454,4	122,2	100,0	100,0	26,9
	nachr.: alle Berufsgruppen	27 083,1	2 426,4	100,0	100,0	9,0

a) Systematik der Klassifizierung der Berufe, Ausgabe 1975. b) Anteil an allen Erwerbstätigen.

Quelle: Bundesanstalt für Arbeit, Berechnungen des Ifo-Instituts.

Für das Jahr 1987 schätzt das Statistische Bundesamt nach seiner Revision der Ergebnisse des Mikrozensus 122 200 Selbständige in den künstlerischen und sonstigen Kulturberufen. In der Mehrzahl sind hier die Künstler und die zugeordneten Berufe vertreten (45,1 % aller Selbständigen). Besonders ausgeprägt ist der Hang zur Selbständigkeit bei den bildenden Künstlern und bei den Fotografen, von denen jeder zweite bzw. dritte eine selbständige Existenz hat. Hohe Selbständigenanteile von über 30 % haben außerdem die Architekten und Tabelle 5 Bauingenieure, die Dolmetscher und Übersetzer sowie die Lehrer für musische Fächer.

2.3.3 Entwicklung seit 1978

Die Entwicklung der Erwerbstätigkeit seit 1978 läßt sich durch einen Vergleich der Ergebnisse des Mikrozensus des Jahres 1978 und der (revidierten) Ergebnisse des Mikrozensus 1987 beschreiben.

In diesem Zeitraum hat sich die Erwerbstätigkeit in der Gesamtwirtschaft nur langsam erhöht. Die Zahl aller Erwerbstätigen ist von 26,0 Millionen Personen auf 27,1 Millionen Personen gestiegen. Im Durchschnitt der Jahre bedeutet dies eine Veränderungsrate von 0,4 %. Vor diesem Hintergrund gewinnt die Entwicklung bei den Kulturberufen besonderes Gewicht. In diesen Berufen hat die Erwerbstätigkeit schneller zugenommen (2,2 % im Durchschnitt der Jahre). Die Dynamik ist im wesentlichen auf die Künstler, und hier vor allem auf die bildenden Künstler und Grafiker, die Lehrer für musische Fächer sowie die Publizisten, Dolmetscher und Bibliothekare, Archivare und Museumsfachleute zurückzuführen. Wie sich die einzelnen Berufsgruppen entwickelt haben, zeigt Abbildung 1 im Detail.

Bemerkenswert ist auch die Entwicklung der Selbständigen in den Kulturberufen. Sie haben sich seit 1978 um fast 30 % erhöht. Dies entspricht einer durchschnittlichen Veränderung von 2,8 % pro Jahr. Besonders ausgeprägt war der Trend zur Selbständigkeit bei den Dolmetschern und Übersetzern sowie bei den Künstlern,

Abb. 1

Entwicklung der Erwerbstätigkeit in Kulturberufen 1978/87

Veränderung im Durchschnitt der Jahre in %

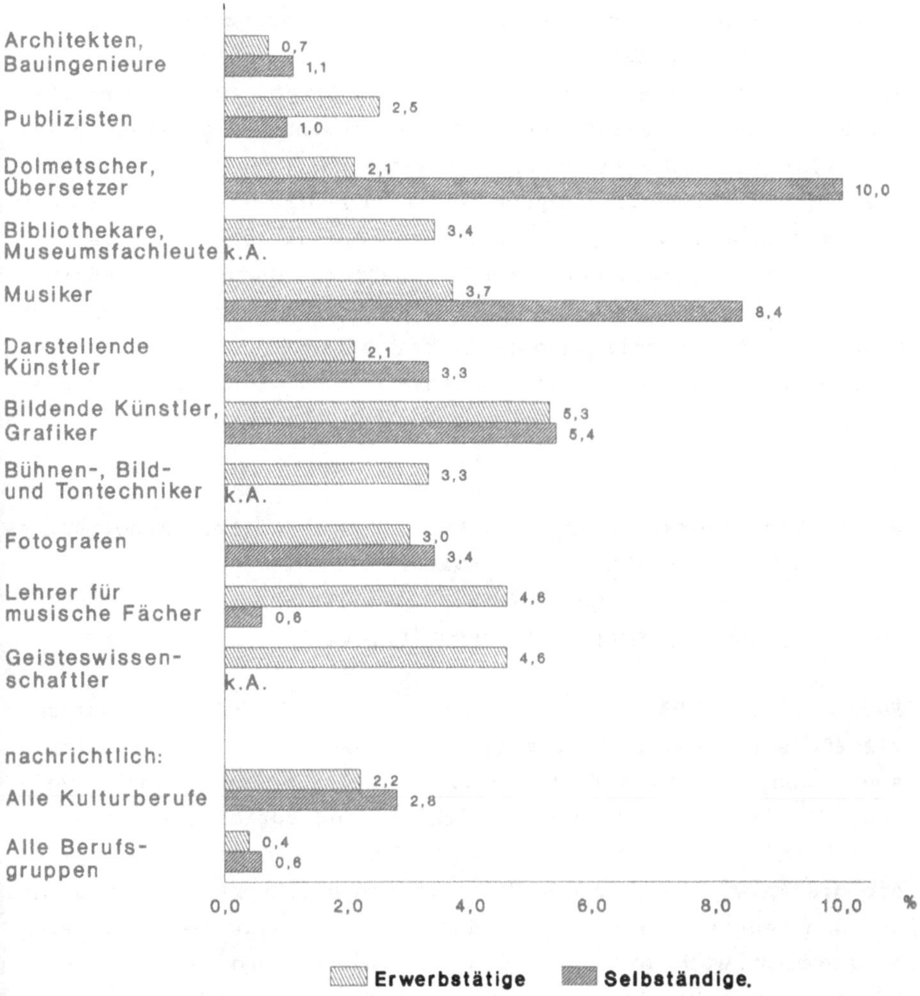

Quelle: Bundesanstalt für Arbeit, Berechnungen des Ifo-Instituts

und hier vor allem bei den Musikern und bei den bildenden Künstlern.

Die Ursachen dieser raschen Entwicklung der Erwerbstätigkeit sind vielfältiger Art. Zum einen reflektieren sie, wie oben bereits die Beschreibung der Umsatzentwicklung gezeigt hat, die Trends zu einer zunehmenden Internationalisierung der Wirtschaft und zu einer Informations- und Freizeitgesellschaft, in der die Kultur einen zunehmenden Stellenwert einnimmt, zum anderen sind sie auch angebotsbedingt: Die Angebotsschwemme im geisteswissenschaftlichen Akademikerbereich erzwingt den Schritt in die Selbständigkeit. Diese Überlegung läßt sich zumindest angesichts der geringen Zunahme von sozialversicherungspflichtigen Arbeitsplätzen bei den Dolmetschern und Übersetzern anstellen. Außerdem dürfte sich gerade bei den darstellenden Künstlern auch die zurückhaltende Einstellungspolitik der öffentlichen Theater auswirken. Diese haben stattdessen ihre Gastspiel-Engagements ausgeweitet.

2.3.4 Sozialversicherungspflichtig Beschäftigte, Arbeitslose und offene Stellen für Kulturberufe

Sozialversicherungspflichtig Beschäftigte

Für das Jahr 1988 weist die Bundesanstalt für Arbeit insgesamt 282 200 sozialversicherungspflichtig Beschäftigte in künstlerischen und sonstigen Kulturberufen aus (für Einzelheiten vgl. Tab. 6). Verfolgt man die Entwicklung der sozialversicherungspflichtig Beschäftigten, so zeigt sich auch hier eine Dynamik, die die Entwicklung in der Gesamtwirtschaft übertrifft. Sie ist bei den Lehrern für musische Fächer besonders ausgeprägt. Bewegung zeigt sich auch bei den Publizisten und den bildenden Künstlern und Grafikern, für die im Aufwind der Medien- und Werbeentwicklung neue Arbeitsplätze entstanden sind. Der Ausbau der Bibliotheken und Museen hat zu einer verstärkten Nachfrage nach Bibliothekaren, Archivaren und Museumsfachleuten geführt. Darüber hinaus ist die Entwicklung bei den künstlerischen und tech-

Nr. der Systematik[a)]	Berufsgruppen	in 1 000			Veränderung in %[b)]	
		1978	1987	1988	1978/87	1978/88
603	Architekten, Bauingenieure	85,4	90,8	92,0	0,7	0,7
82	Publizisten, Dolmetscher, Bibliothekare	50,9	66,9	69,1	3,1	3,1
821	Publizisten	(20,9)	(30,1)	(31,6)	(4,1)	(4,2)
822	Dolmetscher, Übersetzer	(6,3)	(6,3)	(6,4)	(0,0)	(0,1)
823	Bibliothekare, Archivare, Museumsfachleute	(23,7)	(30,4)	(31,1)	(2,8)	(2,8)
83	Künstler u. zugeordnete Berufe	96,9	101,9	104,4	0,6	0,7
831	Musiker	(12,9)	(13,8)	(14,0)	(0,7)	(0,8)
832	Darstellende Künstler	(12,1)	(12,7)	(13,0)	(0,5)	(0,7)
833	Bildende Künstler, Grafiker	(15,3)	(18,4)	(19,2)	(2,1)	(2,3)
834	Dekorationen-, Schildermaler	(4,9)	(5,1)	(5,2)	(0,4)	(0,6)
835	Künstlerische u. zugeordnete Berufe der Bühnen-, Bild- und Tontechnik	(11,5)	(14,3)	(14,9)	(2,4)	(2,6)
836	Raum-, Schauwerbegestalter	(23,0)	(19,8)	(19,9)	(-1,6)	(-1,4)
837	Fotografen	(14,5)	(15,5)	(15,6)	(0,8)	(0,8)
838	Artisten, Berufssportler, künstler. Hilfsberufe	(2,8)	(2,3)	(2,5)	(-2,1)	(-0,9)
875 + 882	Sonstige	9,6	15,7	16,7	5,6	5,7
875	Lehrer f. musische Fächer a.n.g.	(8,3)	(14,0)	(14,9)	(5,9)	(6,0)
882	Geisteswissenschaftler a.n.g	(1,3)	(1,7)	(1,8)	(3,0)	(3,3)
	insgesamt	243,0	275,3	282,2	1,4	1,5
	nachr.: alle Berufsgruppen	2 088,4	2 1045,2	21 265,1	0,5	0,6

a) Systematik der Klassifizierung der Berufe, Ausgabe 1975.
b) Veränderung im Durchschnitt der Jahre.

Quelle: Bundesanstalt für Arbeit, Berechnungen des Ifo-Instituts.

nischen Berufen der Bühnen-, Bild- und Tontechnik bemerkenswert: Die sozialversicherungspflichtig Beschäftigten dieser Berufsgruppe haben deutlich schneller zugenommen als z.B. die Musiker und die darstellenden Künstler.

Arbeitslose und offene Stellen

Die Entwicklung der sozialversicherungspflichtig Beschäftigten kann jedoch nicht losgelöst von der Arbeitsmarktsituation der Kulturberufe gesehen werden. Dabei muß man sich die allgemeine

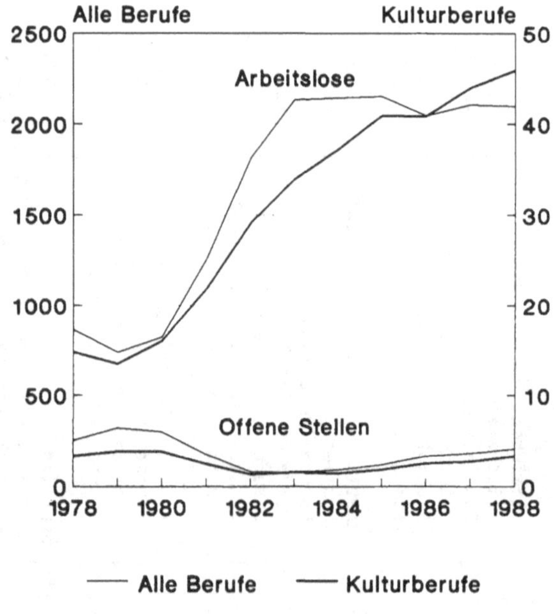

Abb. 2
Entwicklung der Arbeitslosen und der offenen Stellen 1978 - 1988
in 1000 Personen

Quelle: Bundesanstalt für Arbeit, Berechnungen des Ifo-Instituts

Entwicklung des Arbeitsmarkts vor Augen halten, der in der Folge der beiden Ölpreisschocks von 1973/74 und 1979/80 durch hohe Arbeitslosigkeit geprägt ist (vgl. Abb. 2). Die Entwicklung hat sich in der Periode ab 1978, in der sich die Gesamtzahl der Arbeitslosen von 860 000 auf 2,1 Millionen Personen mehr als verdoppelt hat, dramatisch verschlechtert (alle Angaben: Stand Ende September).

Auch an den Kulturberufen ist der Anstieg der Arbeitslosigkeit nicht vorbeigegangen: Die Gesamtzahl der Arbeitslosen hat sich im Zeitraum 1978 bis 1988 in den hier erfaßten Kulturberufen von 14 800 auf 45 000 erhöht. Diese Verdreifachung bedeutet für die Kulturberufe - gegenüber der Arbeitsmarktsituation aller Berufsgruppen - eine erschwerte Ausgangsposition für die Lösung zukünftiger Beschäftigungsprobleme.

Abb. 3

Entwicklung der Arbeitslosen und der offenen Stellen 1978-88
Veränderung gegenüber Vorjahr in %

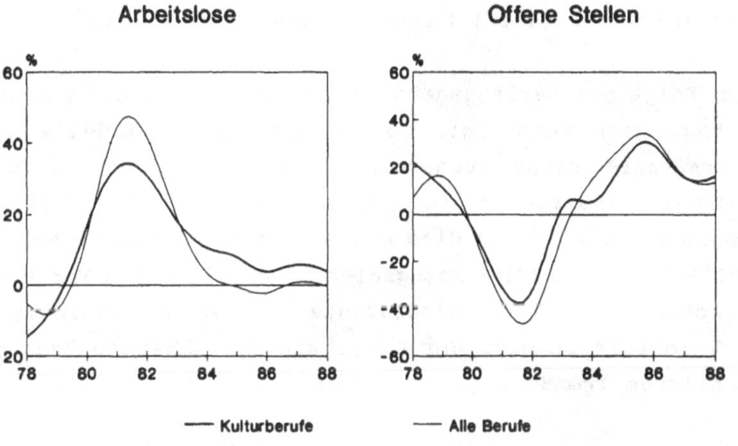

Quelle: Bundesanstalt für Arbeit, Berechnungen des Ifo-Instituts

Wenn man die Gesamtheit der Berufe betrachtet, so läßt sich zwar eine weitgehende Parallelität zwischen der gesamtwirtschaftlichen und der kulturberufsspezifischen Arbeitsmarktentwicklung beobachten (vgl. Abb. 3), die auf enge Wechselbeziehungen zwischen der Beschäftigung in der Gesamtwirtschaft und im Kulturbereich schließen läßt. Die - seit 1984 - höheren Zuwachsraten der Arbeitslosen in Kulturberufen deuten jedoch auf Strukturprobleme hin.

Eine Betrachtung nach einzelnen Berufsgruppen gibt hierfür Anhaltspunkte. So sind z.B. die Architekten (einschl. Bauingenieuren) in der Folge der schwachen Entwicklung im Baugewerbe, vor allem im Hochbau besonders betroffen gewesen (vgl. Tab. 7). Im Jahr 1988 waren 7 700 Personen dieser Berufsgruppe arbeitslos gemeldet, 1978 hingegen 2 900. Dies entspricht einer durchschnittlichen Veränderungsrate von 10,3 % pro Jahr und liegt damit über der gesamtwirtschaftlichen Zunahme der Arbeitslosigkeit (9,3 % pro Jahr).

Die Arbeitsmarktsituation für Publizisten zeigt - trotz der Bewegung in der Medienlandschaft - einen überdurchschnittlichen Zuwachs (11,4 % pro Jahr) der arbeitslos Gemeldeten, die von 900 (1978) auf 2 500 (1988) Personen angestiegen sind.

In der Folge des verlangsamten Wirtschaftswachstums hat auch die Nachfrage nach Leistungen der Berufsgruppe "Bildende Künstler und Grafiker" nicht ausgereicht, um einen überproportionalen Anstieg der Arbeitslosigkeit von 1 800 (1978) auf 5 600 (1988) Personen zu verhindern; dies entspricht einer jährlichen Zunahme von 11,9 %, während die Fotografen (einschließlich Werbefotografen, Foto-Designer und Kameraleute), deren Arbeitslosigkeit um 10,0 % im Durchschnitt der Jahre zunahm, näher am "gesamtwirtschaftlichen Trend" lagen.

Eine etwas weniger ausgeprägte Entwicklung der Arbeitslosigkeit zeigen dagegen diejenigen Gruppen, bei denen öffentliche Körperschaften die wichtigsten Arbeitgeber sind, bei denen aber gleichzeitig der Markt zahlreiche Beschäftigungsmöglichkeiten bietet, wie z.B. die Musiker (7,7 %) und die darstellenden Künstler (7,9 %). Bei den künstlerischen und künstlerisch-technischen Berufe der Bühnen-, Bild- und Tontechnik (10,6 %) und bei den Dekorationenmalern (12,1 %), die auch die Maler in Thea-

Nr. der Systematik[a]	Berufsgruppen	in 1 000			in %[b]	
		1978	1987	1988	1978/87	1978/88
603	Architekten, Bauingenieure	2,9	7,9	7,6	11,9	10,3
82	Publizisten, Dolmetscher, Bibliothekare	2,2	5,5	6,0	10,5	10,4
821	Publizisten	(0,9)	(2,3)	(2,5)	(11,4)	(11,4)
822	Dolmetscher, Übersetzer	(0,8)	(1,7)	(1,8)	(8,3)	(8,1)
823	Bibliothekare, Archivare, Museumsfachleute	(0,6)	(1,5)	(1,7)	(12,1)	(11,8)
83	Künstler u. zugeordnete Berufe	8,4	20,4	20,9	10,4	9,5
831	Musiker	(0,9)	(1,9)	(1,9)	(8,6)	(7,7)
832	Darstellende Künstler	(2,0)	(3,9)	(4,4)	(7,4)	(7,9)
833	Bildende Künstler, Grafiker	(1,8)	(5,4)	(5,6)	(12,7)	(11,9)
834	Dekorationen-, Schildermaler	(0,2)	(0,8)	(0,7)	(15,0)	(12,1)
835	Künstlerische u. zugeordnete Berufe der Bühnen-, Bild- und Tontechnik	(0,7)	(1,9)	(1,9)	(11,3)	(10,6)
836	Raum-, Schauwerbegestalter	(1,6)	(3,3)	(3,0)	(8,8)	(6,7)
837	Fotografen	(0,9)	(2,5)	(2,4)	(11,3)	(10,0)
838	Artisten, Berufssportler, künstler. Hilfsberufe	(0,2)	(0,9)	(0,9)	(17,2)	(15,5)
875 + 882	Sonstige	1,3	10,2	11,4	25,8	24,4
875	Lehrer f. musische Fächer a.n.g.	(0,3)	(1,0)	(1,1)	(14,6)	(14,5)
882	Geisteswissenschaftler a.n.g	(1,0)	(9,2)	(10,3)	(28,0)	(26,3)
	insgesamt	14,8	44,0	45,9	12,9	12,0
	nachr.: alle Berufsgruppen	864,2	2 107,0	2 099,6	10,4	9,3

a) Systematik der Klassifizierung der Berufe, Ausgabe 1975.
b) Veränderung im Durchschnitt der Jahre.

Quelle: Bundesanstalt für Arbeit, Berechnungen des Ifo-Instituts.

ter- und Bühnenwerkstätten einschließen, verlief die Entwicklung der Arbeitslosen im Durchschnitt der Jahre allerdings ungünstiger.

Faßt man die Bibliothekare, Archivare und Museumsfachleute, sowie die Lehrer für musische Fächer zu einer Gruppe "Kulturvermittelnde Berufe" zusammen, bei denen ebenfalls die öffentlichen Hände wichtige Arbeitgeber sind, der Markt jedoch nur in beschränktem Umfang Beschäftigungschancen bietet, so zeigt sich eine - gemessen an der Entwicklung der Arbeitslosigkeit der Gesamtwirtschaft - ausgeprägt negative Entwicklung: Die Zahl der arbeitslos Gemeldeten ist von 800 (1978) auf über 2 900 (1988) angestiegen (durchschnittliche Veränderung pro Jahr bei den Lehrern für musische Fächer: 14,5 %; bei den Bibliothekaren, Archivaren und Museumsfachleuten: 11,8 % pro Jahr). Fügt man die Gruppe der Geisteswissenschaftler (z.B. Musik- und Theaterwissenschaftler, Altertumsforscher, Philologen und Philosophen) hinzu (arbeitslos Gemeldete: 1 000 (1978) bzw. 10 300 (1988); durchschnittliche Zunahme der Arbeitslosigkeit: 26,3 % pro Jahr), so zeigt sich insgesamt eine dramatische Verschlechterung der Arbeitsmarktsituation für kulturvermittelnde Berufe.

Fügt man die Entwicklung der Arbeitslosigkeit und die Entwicklung der sozialversicherungspflichtig Beschäftigten zusammen (vgl. Abb. 4), so zeigt sich, daß für die Kulturberufe - abgesehen von den Artisten und den Raum- und Schauwerbegestaltern - zwar ein wachsender Arbeitsmarkt entstanden ist, der aber von deutlichen Strukturproblemen gekennzeichnet ist. Deren Verbesserung ist Aufgabe der Wirtschafts- und vor allem der Arbeitsmarktpolitik, die sich damit in den Dienst der Kulturpolitik stellen könnten.

2.4 Einkommen in Kulturberufen

Daß die Strukturprobleme auf dem Arbeitsmarkt nicht ohne Einfluß auf die Höhe und Entwicklung der Einkommen in Kulturberufen geblieben sind, wird im folgenden gezeigt. Da die Datenbasis für

Abb. 4

Entwicklung der Beschäftigung und der Arbeitslosigkeit in Kulturberufen 1978/88

Veränderung im Durchschnitt der Jahre in %

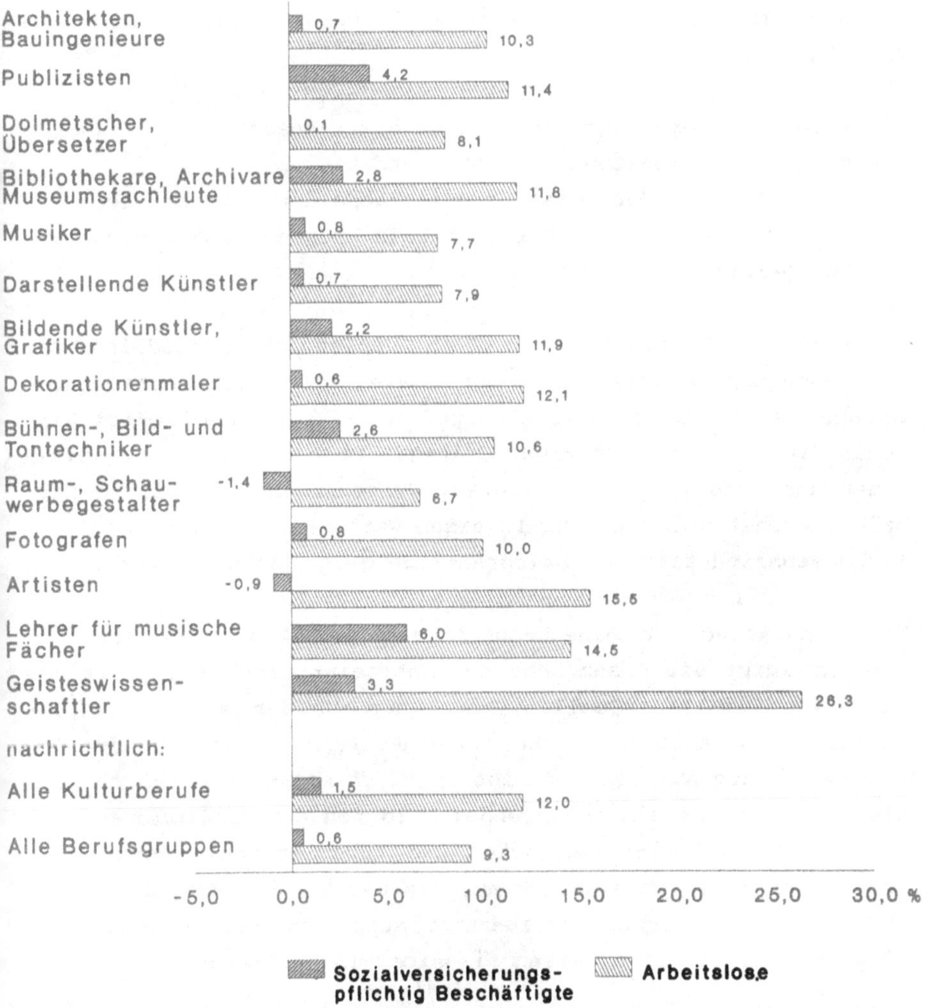

Quelle: Bundesanstalt für Arbeit, Berechnungen des Ifo-Instituts

derartige Aussagen sehr heterogen ist, werden zunächst einige Bemerkungen zur Interpretationsfähigkeit des statistischen Materials vorangestellt.

2.4.1 Vorbemerkungen

Aussagen über die Einkommen in Kulturberufen lassen sich aus drei Quellen ableiten:

- aus den Einkommensangaben aus dem Mikrozensus,
- aus der Einkommensteuerstatistik und
- aus den Angaben der Künstlersozialkasse über die bei ihr Pflichtversicherten in freien publizistischen und künstlerischen Berufen.

Der Kreis der Erfaßten ist in allen Quellen unterschiedlich. Die Einkommensteuerstatistik und die Angaben der Künstlersozialkasse beziehen sich nur auf Selbständige. Der Mikrozensus liefert hingegen Hinweise auf alle Erwerbstätigen in den freien publizistischen und künstlerischen Berufen. Seine Ergebnisse werden deshalb zunächst vorgestellt. In einem weiteren Abschnitt wird die Einkommenssituation der Selbständigen gesondert untersucht.

Vorab sei jedoch auf eine Besonderheit des Mikrozensus hingewiesen: Er weist die Gesamthöhe des Nettoeinkommens aus, also das Einkommen aus allen Quellen, nicht nur aus der beruflichen Tätigkeit. Die Angaben stammen aus einer Selbsteinstufung der Befragten.[1] Ihre Aussagekraft ist insofern begrenzt. Dennoch sind sie geeignet, um ein ergänzendes Bild von der Einkommenssituation in freien publizistischen und künstlerischen Berufen zu geben. Vor allem im Hinblick auf die Beurteilung der Ergebnisse der amtlichen Einkommensteuerstatistik und der Angaben der Künstlersozialkasse erweisen sie sich als hilfreich.

---

1 Zur Problematik des Aussagewerts von Einkommensangaben nach Selbsteinschätzung vgl. Gross, K. (1973), Zur Genauigkeit von Einkommensangaben in Interviews, in: Wirtschaft und Statistik 3, S. 193 ff. und Euler, M. (1983), Genauigkeit von Einkommensangaben in Abhängigkeit von der statistischen Erfassung, in: Wirtschaft und Statistik 10 S. 183 ff.

2.4.2 Monatsnettoeinkommen der Erwerbstätigen 1987

Für das Jahr 1987 hat das Statistische Bundesamt erstmalig in seiner Revision des Mikrozensus Ergebnisse über die Monatsnettoeinkommen von Vollzeiterwerbstätigen in freien publizistischen und künstlerischen Berufen errechnet. Sie beziehen sich auf die insgesamt 365 000 Erwerbstätigen, die mehr als 35 Stunden pro Woche arbeiten und Angaben über die Höhe ihrer Einkommen gemacht haben.

Faßt man alle Kulturberufe zusammen, so sind die Einkommensklassen mit einem monatlichen Nettoeinkommen zwischen 3 000 und 4 000 DM am stärksten besetzt (vgl. Tab. 8). Bei näherer Betrachtung zeigt sich eine weitgehende Differenzierung. Die Architekten und die Publizisten sind am häufigsten in der Einkommensklasse zwischen 3 000 und 4 000 DM vertreten, alle übrigen Berufsgruppen haben ihren Schwerpunkt in niedrigeren Einkommenskategorien. Wie sich die Einkommensverteilung gestaltet, verdeutlichen die Abbildungen 5 und 6 im Detail.

Innerhalb der künstlerischen und der ihnen zugeordneten Berufe treten deutliche Unterschiede zutage: Die Musiker, die künstlerisch-technischen Berufe der Bühnen-, Bild- und Tontechnik und die Fotografen sind in stärkerem Umfang in Einkommensklassen zwischen 1 800 DM bis 3 000 DM vertreten als die Angehörigen der anderen Künstlergruppen. Gerade bei den bildenden Künstlern, die am häufigsten in der (niedrigeren) Einkommensklasse zwischen 1 800 und 2 000 DM angesiedelt sind, bezieht darüber hinaus ein erschreckend hoher Anteil ein Einkommen, das auf Sozialhilfeniveau liegt: Fast 25 % der vollzeiterwerbstätigen bildenden Künstler schätzen ihr Monatsnettoeinkommen auf unter 1 400 DM, 14 % davon auf unter 1 000 DM. Bei den darstellenden Künstlern bezieht jeder fünfte nach eigenen Angaben ein Nettoeinkommen unter 1 500 DM, bei den Musikern jeder siebte.

Inwiefern sich die Veränderung der Arbeitsmarktsituation auf die Entwicklung der Einkommen ausgewirkt hat, läßt sich mit Hilfe der Angaben des Mikrozensus leider nicht untersuchen, da Ver-

Tabelle 8

Verteilung der Monatsnettoeinkommen von Vollzeiterwerbstätigen in Kulturberufen 1987

Nr. der Systematik	Berufsgruppe	Vollzeiterwerbstätige in Kulturberufen mit einem monatlichen Nettoeinkommen von ...... bis unter ...... DM									
		unter 1 000	1 000 – 1 400	1 400 – 1 800	1 800 – 2 200	2 200 – 3 000	3 000 – 4 000	4 000 – 5 000	5 000 – und mehr	ohne Angaben	mit Angaben
		Anzahl in 1 000 Personen									
603	Architekten, Bauingenieure	4,1	2,6	3,7	10,8	26,0	39,8	26,1	19,7	8,0	132,8
82	Publizisten, Dolmetscher Bibliothekare	3,7	3,1	9,9	17,0	17,0	16,1	7,4	6,4	3,3	80,6
821	Publizisten	(1,5)	(1,2)	(2,6)	(5,2)	(8,0)	(11,0)	(6,2)	(5,0)	(1,9)	(40,7)
822	Dolmetscher, Übersetzer	(1,1)	(0,6)	(1,1)	(2,6)	(2,8)	(2,3)	(0,7)	(0,6)	(0,6)	(11,8)
823	Bibliothekare, Archivare Museumsfachleute	(1,1)	(1,3)	(6,2)	(9,2)	(6,2)	(2,8)	(0,5)	(0,8)	(0,8)	(28,1)
83	Künstler u. zugeordnete Berufe	17,3	15,0	20,8	24,6	26,6	16,7	7,1	8,2	8,6	136,3
831	Musiker	(1,2)	(1,0)	(1,7)	(3,6)	(3,9)	(3,5)	(0,6)	(0,8)	(0,6)	(16,3)
832	Darstellende Künstler	(1,8)	(1,7)	(2,9)	(3,1)	(3,1)	(2,1)	(0,6)	(1,4)	(0,8)	(16,7)
833	Bildende Künstler, Grafiker	(5,3)	(4,0)	(4,4)	(6,9)	(6,4)	(5,3)	(2,6)	(2,9)	(2,7)	(37,8)
834	Dekorationen-, Schildermaler	(0,6)	(0,8)	(0,7)	(0,9)	(0,4)					(3,4)
835	Künstlerische u. zugeordnete Berufe der Bühnen-, Bild- und Tontechnik	(0,3)	(0,6)	(2,5)	(3,4)	(5,1)	(2,1)	(1,1)	(0,4)	(0,5)	(15,5)
836	Raum-, Schauwerbegestalter	(3,8)	(3,4)	(5,7)	(3,7)	(4,1)	(1,6)	(0,7)	(1,3)	(1,8)	(24,3)
837	Fotografen	(3,4	(2,9)	(2,2)	(2,8)	(3,1)	(1,9)	(1,5)	(1,3)	(1,8)	(19,1)
838	Artisten, Berufssportler, künstler. Hilfsberufe	(0,9)	(0,6)	(0,7)	•	(0,5)	•	•	•	•	(2,7)
875 + 882	Sonstige	0,8	•	1,0	2,8	4,4	3,4	1,3	(0,3)	(1,0)	(14,0)
875	Lehrer f. musische Fächer a.n.g.	(0,8)	•	(0,7)	(1,0)	(1,6)	(1,4)	(0,6)	•	(0,3)	(6,1)
882	Geisteswissenschaftler a.n.g	•	•	(0,3)	(1,8)	(2,8)	(2,0)	(0,7)	(0,3)	(0,7)	(7,9)
insgesamt		25,9	20,7	35,4	55,2	74,0	76,0	41,9	34,6	20,9	363,7
nachr.: alle Berufsgruppen		2 939,4	2 518,1	4 352,6	4 712,0	3 867,8	1 866,1	756,5	757,2	1 915,6	21 769,7

a) Erwerbstätige mit einer wöchentlichen Arbeitszeit von 35 Stunden und mehr.

Abb. 5 **Verteilung der Monatsnettoeinkommen in Kulturberufen 1987 (I)**

Einkommen Vollzeiterwerbstätiger von ... bis unter ... DM

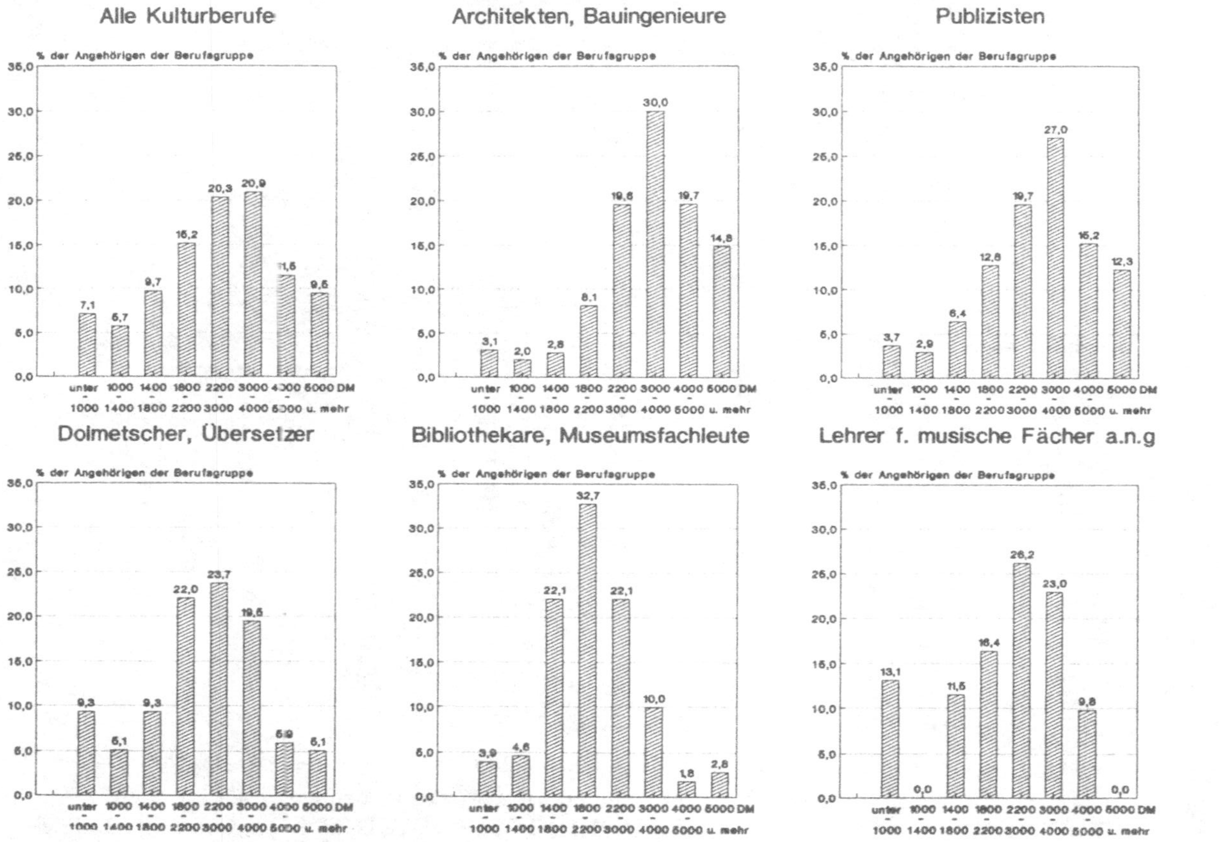

Quelle: Statistisches Bundesamt, Berechnungen des Ifo-Instituts.

Abb. 6 **Verteilung der Monatsnettoeinkommen in Kulturberufen 1987 (II)**

Einkommen Vollzeiterwerbstätiger von ... bis unter ... DM

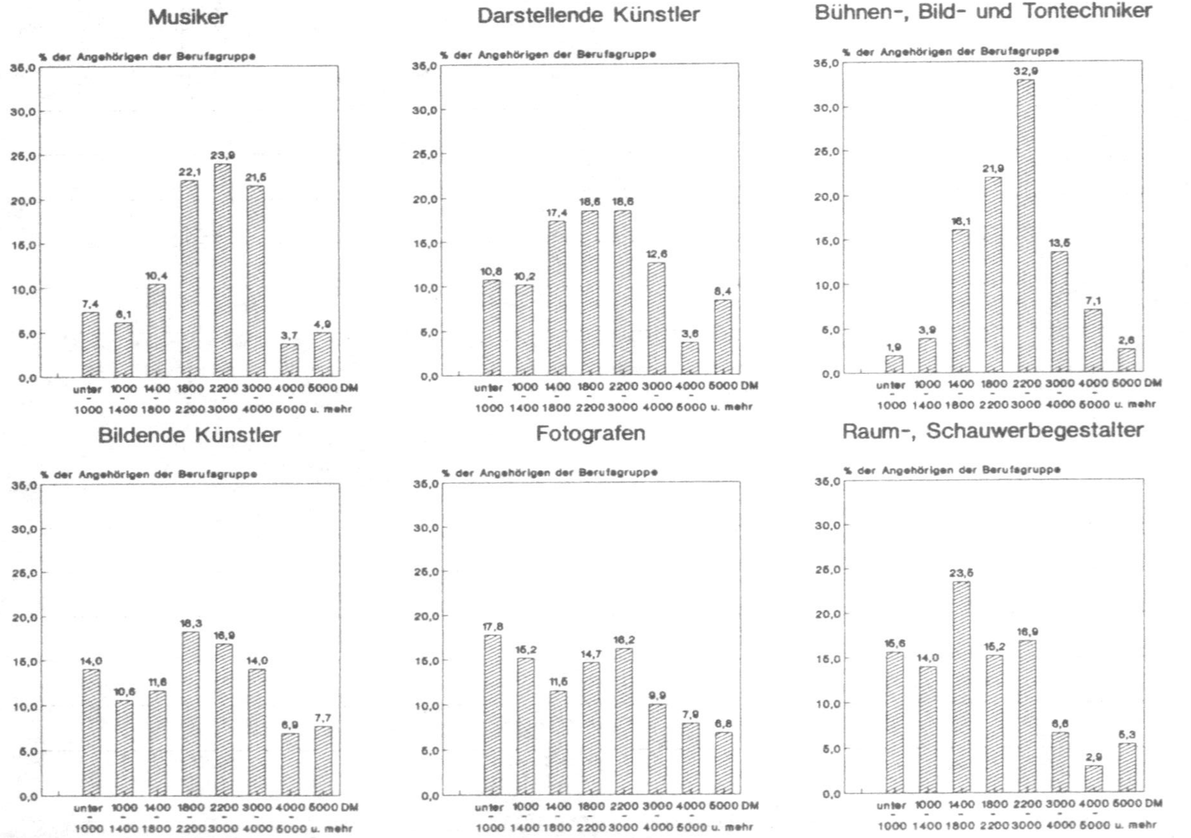

gleichsangaben für Vollzeiterwerbstätige in früheren Jahren nicht vorhanden sind.[1]

Da in der Auswertung des Mikrozensus auch die bei öffentlichen Institutionen wie z.B. Theatern und Orchestern angestellten Künstler enthalten sind, ist die Einkommenssituation der Selbständigen von besonderem Interesse. Sie wird im folgenden untersucht. Dabei werden sowohl die Einkommensteuerstatistik als auch die Angaben der Künstlersozialkasse berücksichtigt.

2.4.3 Einkünfte selbständiger Künstler und Architekten

Die Einkommensteuerstatistik zeigt in einem Sondernachweis die Einkommensverhältnisse von Angehörigen freier Berufe, die den Freibetrag nach § 18 Abs. 4 EStG erhalten haben. 1980 hat das Statistische Bundesamt eine Verbesserung der Statistik durchgeführt und weist seither auch die künstlerischen Berufe gesondert aus, wenn ihre Gesamteinkünfte mindestens zur Hälfte aus freier Berufstätigkeit stammen. Hierbei gilt es folgendes zu beachten:

1. Die Einkommensteuerstatistik erfaßt nur Steuerpflichtige, die zur Einkommensteuer veranlagt werden. Sind bei Selbständigen im Gesamtbetrag der Einkünfte z.B. keine aus nichtselbständiger Arbeit enthalten, so erfolgt eine Veranlagung nur dann, wenn das zu versteuernde Einkommen bestimmte Höchstgrenzen übersteigt (1980: 7 440 DM (zusammenveranlagte Ehegatten) bzw. 3 720 DM (andere Steuerpflichtige), ab 1990: 11 340 DM bzw. 5 670 DM). Selbständige in künstlerischen Berufen mit niedrigerem zu versteuernden Einkommen sind deshalb in der Einkommensteuerstatistik nicht enthalten.

2. Der gesonderte Ausweis von steuerpflichtigen künstlerischen Berufen erfolgt sowohl für einzeln Veranlagte als auch für Zusammenveranlagte. Im zuletzt genannten Fall wird die Art der freiberuflichen Tätigkeit jedoch nur dann ausgewiesen,

1 Für einen Vergleich aller Erwerbstätigen in zusammengefaßten Gruppen vgl. Hummel, M. (1989), Die volkswirtschaftliche Bedeutung des Urheberrechts a.a.O.

wenn nur ein Ehegatte Einkünfte aus freiberuflicher Tätigkeit erzielt. Zusammenveranlagte Ehegatten, die beide Einkünfte aus freiberuflicher Tätigkeit beziehen, werden in einer Sonderrubrik zusammengefaßt, in der z.B. sowohl Künstlerehepaare als auch Zahnärzteehepaare enthalten sind. Wenn man, wie es im folgenden geschieht, nur die Architekten bzw. die künstlerischen Berufe in der Abgrenzung der Einkommensteuerstatistik betrachtet, so muß man sich vor Augen halten, daß damit nicht alle Angehörigen dieser Berufe erfaßt sind.

Im Jahr 1983, dem jüngsten Jahr, für das diese Statistik vorliegt, erhielten rund 11 000 Steuerpflichtige einen Freibetrag für freie künstlerische Berufe. Rund 29 200 Steuerpflichtige konnten den Freibetrag für Architekten[1] in Anspruch nehmen. Ihre Einkünfte aus selbständiger Tätigkeit beliefen sich auf über 390 Mill. DM (Künstler) bzw. auf über 2 650 Mill. DM (Architekten). Damit sind die Durchschnittseinkünfte der Künstler (35 480 DM je Steuerpflichtigen) wesentlich niedriger als die der Architekten (90 700 DM) und außerdem ungleichmäßiger verteilt (vgl. Abb. 7), vor allem wenn man sie mit allen unbeschränkt Steuerpflichtigen vergleicht, die in der Bundesrepublik Deutschland mit Einkommen veranlagt werden.

Bei beiden Gruppen, sowohl bei den Künstlern als auch bei den Architekten insgesamt haben die Steuerpflichtigen von 1980 bis 1983 zugenommen, wie es die Entwicklung der Selbständigen erwarten läßt: Der Zuwachs ist bei den künstlerischen Berufen besonders ausgeprägt (Zuwachs 1980/83: 28 % bei den Künstlern, 2,2 % bei den Architekten). Die Einkünfte aus selbständiger Tätigkeit je Steuerpflichtigen sind jedoch rückläufig (Künstler: von 37 100 DM (1980) auf 35 480 DM (1983); Architekten: von 91 630 DM (1980) auf 90 700 DM (1983). Damit hat sich gleichzeitig der Anteil der Bezieher niedriger Einkommen erhöht. Diese Entwicklung ist auf die konjunkturelle Verlangsamung und die damit verbundene Arbeitsmarktsituation zurückzuführen. Sie hat vor allem

1 Einschl. Garten- und Landschaftsarchitekten, Innenarchitekten, Vermessungs- und Bauingenieure, ohne Film- und Bühnenarchitekten.

Abb. 7

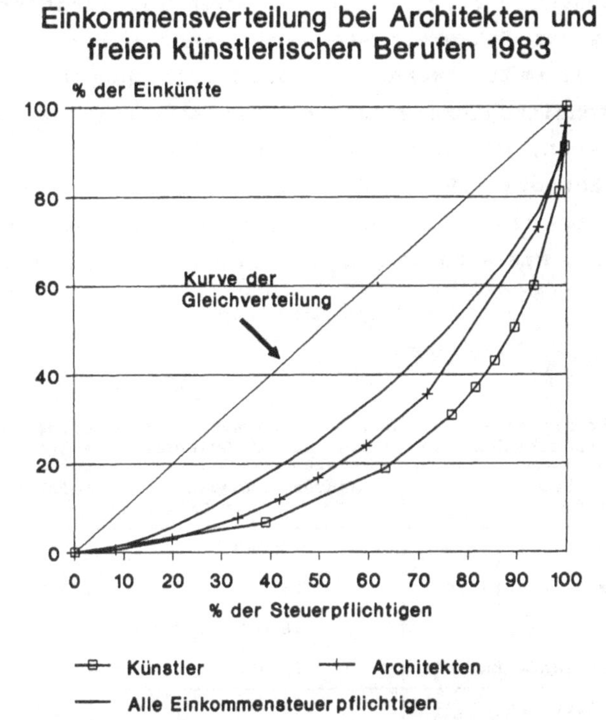

Quelle: Statistisches Bundesamt, Berechnungen des Ifo-Instituts

bei den künstlerischen Berufen, deren Einkommensverteilung ohnehin deutlich ungleichmäßiger ist als die Einkommensverteilung z.B. aller mit Einkommensteuer Veranlagten, zu einer Verstärkung der ungleichen Verteilung geführt.[1]

2.4.4 Nettoeinkommen aus freier publizistischer und künstlerischer Tätigkeit 1987

Aktuellere und tiefer gegliederte Angaben über die Einkommenssituation Selbständiger in freien publizistischen und künstlerischen Berufen liefert eine Sonderauswertung der Daten der Künst-

1 Dies wurde anhand eines Vergleichs der Lorenzkurven für die Jahre 1980 und 1983 geprüft: Die Kurve des Jahres 1980 liegt etwas näher an der Kurve der Gleichverteilung.

lersozialkasse, die hier für das Jahr 1987 vorgestellt wird. Sie geben Aufschluß über die Nettoeinkommen aus künstlerischer und publizistischer Tätigkeit und werden nach Abzug aller Ausgaben errechnet, die im Zusammenhang mit der beruflichen Tätigkeit stehen. Das Durchschnittsjahreseinkommen der Versicherten (nach Abzug aller Ausgaben, die durch ihre selbständige Tätigkeit bedingt sind) beträgt etwa 18 770 DM. Dies entspricht 1 560 DM pro Monat. Zwischen den einzelnen Gruppen bestehen jedoch deutliche Unterschiede, wie sich an den nachstehenden Durchschnittseinkommen ablesen läßt.

Tabelle 9

Nettoeinkommen der Künstler nach Aktivitätsbereichen 1987
(Durchschnittseinkommen auf 10 DM-Beträge gerundet)

Aktivitäts-bereich	Jahreseinkommen in DM (netto)	Monatseinkommen in DM (netto)
Wort	24 640	2 050
Bildende Kunst	18 770	1 560
Musik	16 090	1 340
Darstellende Kunst	13 980	1 170
Alle Bereiche	18 770	1 560

Quelle: Künstlersozialkasse, Berechnungen des Ifo-Instituts

Daß innerhalb der einzelnen Gruppen weitere Unterschiede bestehen, zeigt Übersicht 3. Beim Vergleich mit den Werten der Einkommensteuerstatistik sei nochmals gesondert darauf hingewiesen, daß die Künstlersozialkasse 1987 mehr als 30 000 selbständige Künstler und Publizisten versichert hat. Gegenüber dem Personenkreis der Künstler, der in der Einkommensteuerstatistik erfaßt wird (11 011 Personen), liegt somit eine breiter angelegte Abgrenzung vor: Während in der Einkommensteuerstatistik nur solche Personen erfaßt werden, deren Einkünfte zum überwiegenden Teil aus freiberuflicher Tätigkeit stammen, können die Versicherten der Künstlersozialkasse ihre Einkommen durchaus mit umfangreichen (aber nicht sozialversicherungspflichtigen) Nebeneinnahmen aufbessern. Die Möglichkeit zu Nebeneinnahmen erklärt auch Abweichungen gegenüber dem Mikrozensus, dessen Nettoeinkommen auch sonstige Einkünfte und Unterstützungen enthalten.

- in DM je Künstler -

Tätigkeitsbereich Wort	DM
Sonstige Tätigkeit	32 294
Bildjournalist, -berichterstatter, Pressefotograf	30 311
Vortragstätigkeit	27 150
Journalist, Redakteur	25 532
PR-Fachmann	25 485
Schriftsteller, Dichter, Belletrist	24 133
Autor für Bühne, Film, Funk, TV	22 710
Übersetzer	21 888
Lektor	19 702
Wissenschaftlicher Autor	17 323
Kritiker	15 210
Bereich Wort insgesamt	24 636

Tätigkeitsbereich Musik	
Texter, Librettist	44 529
Komponist	22 883
Sänger für Unterhaltung, Show, Folklore	19 180
Oper-, Operetten-, Musicalsänger	17 377
Kapellmeister, Dirigent	17 043
Chorleiter	15 370
Unterhaltungs- und Kurmusiker	14 635
Sonstiger künstlerisch-technischer Mitarbeiter	14 623
Orchestermusiker "Ernste Musik"	13 961
Tanz- und Popmusiker	13 879
Pädagoge, Ausbilder im Bereich Musik	12 384
Lied- und Oratoriensänger	12 213
Sonstige Tätigkeit im Bereich Musik	12 072
Musikbearbeiter (Arrangeur)	11 663
Instrumentalsolist "Ernste Musik"	11 575
Chorsänger "Ernste Musik"	8 645
Jazz-, Free- und Rockmusiker	7 050
Bereich Musik insgesamt	16 092

Tätigkeitsbereich Darstellende Kunst	DM
Sprecher, Moderator	38 887
Conférencier, Diskjockey, Quizmaster	29 715
Regisseur (Filmemacher), Choreograf	18 401
Bühnen-, Film-, Kostüm-, Maskenbildner	17 522
Sonstiger künstlerisch-technischer Mitarbeiter	17 359
Ballett-Tänzer, Ballett-Meister	12 421
Regieassistent	12 383
Pädagoge, Ausbilder im Bereich Darstellende Kunst	12 270
Unterhaltungskünstler/Artist	11 633
Sonstige Tätigkeit im Bereich Darstellende Kunst	10 989
Dramaturg	10 966
Schauspieler, Kabarettist	10 742
Figurenspieler (Puppen, Marionetten)	8 552
Theaterpädagoge	8 003
Bereich Darstellende Kunst insgesamt	13 983

Tätigkeitsbereich Bildende Kunst	DM
Grafik-, Industriedesigner, Layouter	34 142
Karikaturist, Trick-, Comicszeichner, Illustrator	33 846
Werbefotograf	32 738
Künstlerischer Fotograf, Lichtbildner	28 224
Sonstige Tätigkeit im Bereich Bildende Kunst	21 924
Videokünstler	19 495
Porträt-, Genre-, Landschaftsmaler	17 626
Graveur	16 461
Maler, Zeichner, künstlerischer Grafiker	16 024
Bildhauer	13 782
Pädagoge, Ausbilder im Bereich Bildende Kunst	13 076
Gold-, Silberschmied, Emailleur	10 311
Keramiker, Glasgestalter	8 325
Experimenteller Künstler	8 210
Textil-, Holz-, Metallgestalter	8 009
Performance/Aktionskünstler	7 723
Bereich Bildende Kunst insgesamt	18 768

Quelle: Künstlersozialkasse, Berechnungen des Ifo-Instituts.

3 Ursachen der wirtschaftlichen Entwicklung des Kulturbereichs

3.1 Globale Veränderungen in der Endnachfragestruktur

3.1.1 Entwicklung des privaten Verbrauchs

In den Jahren 1960-1988 hat sich das reale Bruttosozialprodukt[1] um mehr als das 2,3fache erhöht: Von 731,7 Mrd. DM auf 1 701,8 Mrd. DM. Im selben Zeitraum stieg der private Verbrauch real etwas mehr, um das 2,6fache: Von 370,6 auf 949,9 Mrd. DM. Die durchschnittliche Wachstumsrate des Bruttosozialproduktes lag in diesem Zeitraum bei 3,1 % pro Jahr, die des realen privaten Verbrauchs bei 3,4 %. In diesen Zahlen drückt sich ein langsamer, wenn auch keineswegs gleichmäßiger Anstieg der realen Quote des privaten Verbrauchs am Bruttosozialprodukt aus. Diese Quote lag im Jahre 1960 bei 50 %, stieg dann im Trend auf den bisherigen Höchstwert von knapp 57 % im Jahre 1978 und stagniert seither bei einem Wert zwischen 55 und 56 %.

Insgesamt sind die Zuwachsraten des realen privaten Verbrauchs seit dem Beginn der siebziger Jahre rückläufig. Diese Entwicklung spiegelt teilweise den Rückgang der Wachstumsraten des realen Sozialprodukts wider. In den sechziger Jahren lagen die jährlichen Zuwachsraten des realen privaten Verbrauchs im Durchschnitt bei 4,8 %, sanken in den siebziger Jahren auf 3,9 % und betrugen in den abgelaufenen Jahren des jüngsten Jahrzehnts 1,5 %.[2]

Der Anteil am Bruttosozialprodukt (reale Verbrauchsquote) hat sich in den siebziger Jahren leicht erhöht (jährlicher Zuwachs: von 0,4 % auf 0,8 %), ist aber in den achtziger Jahren rückläufig (- 0,4 %). Dieser Rückgang des privaten Verbrauchs (vgl. Abb. 8) ist nur zu einem geringen Teil durch eine Erhöhung der Ersparnis zu erklären. Die Hauptursache dürfte in der rückläufi-

1 Gemessen in Preisen von 1980.
2 Die entsprechenden Werte für das reale Bruttosozialprodukt lauten für die sechziger Jahre: 4,4 %, für die siebziger Jahre: 3,1 % und für den Zeitraum 1980-88: 1,5 %.

Abb. 8

Entwicklung des privaten Verbrauchs 1960 - 1988 als Anteil am Bruttosozialprodukt in Preisen von 1980

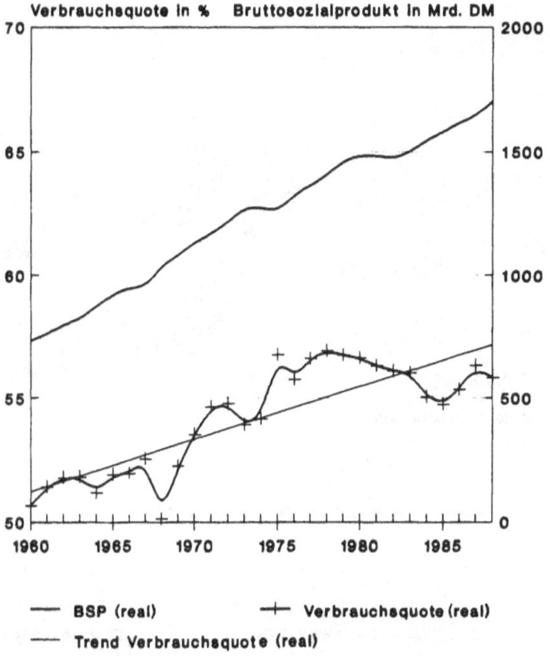

Quelle: Statistisches Bundesamt, Berechnungen des Ifo-Instituts

gen Einkommensentwicklung zu suchen sein: In den Jahren des stärksten Einbruchs beim privaten Verbrauch (1981 und 1982) blieb das reale Bruttosozialprodukt zunächst nahezu konstant und sank dann um 0,9 %. Erst in den Jahren 1986 und 1987 zeigt sich eine deutliche Erholung in der Entwicklung des privaten Verbrauchs.

Abbildung 9 weist die Struktur der Käufe der privaten Haushalte im Inland aus. Nahrungsmittel, Getränke und Tabakwaren nehmen 1988 den größten Teil dieser (realen) Verbrauchsausgaben in Anspruch (23 %), gefolgt von den nur knapp niedriger liegenden Ausgaben für Wohnungsmieten (20%). Mehr als ein Zehntel des ge-

Abb. 9 **Struktur der Käufe der privaten Haushalte im Inland 1988**
in Preisen von 1980

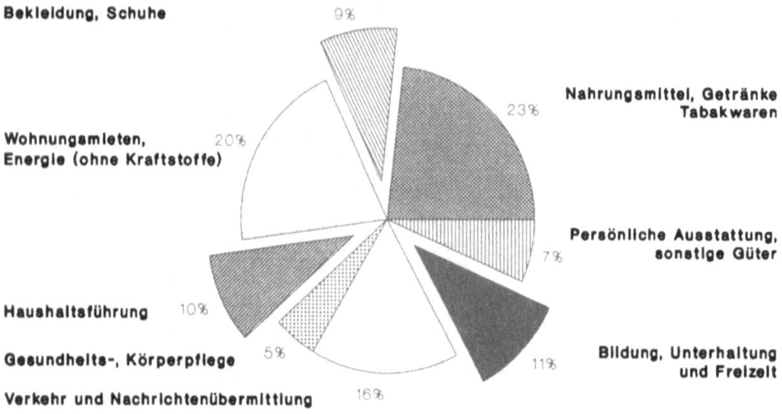

Quelle: Statistisches Bundesamt, Berechnungen des Ifo-Instituts

samten privaten Verbrauchs (einschließlich der Ausgaben z.B. für Auslandsreisen) entfallen in diesem Jahr auf Bildung, Unterhaltung und Freizeit. Der Anteil dieser Gruppe ist im Zeitraum 1960-1988 kontinuierlich gestiegen. Im Jahre 1960 wurden 7,9 %, zehn Jahre später 8,8 % und im Jahre 1988 10,4 % für diese Ausgabengruppe ausgegeben. Zum Vergleich: Der Anteil der (realen) Ausgaben für Nahrungsmittel, Getränke und Tabakwaren sank im Vergleichszeitraum von 32 % (1960) auf 26,1 % (1970), 23,7 % (1980) und 22,6 % (1988).

Der Anteil der Käufe von Inländern im Ausland für den privaten Verbrauch, vor allem für Urlaubsreisen erhöhte sich in der betrachteten Periode zunächst kontinuierlich, erlebte aber, wie der private Verbrauch insgesamt, in den Jahren 1981 und 1982 einen deutlichen Einbruch. Diese "Importe für private Konsumzwecke" bezogen auf den privaten Verbrauch stiegen von 1,6 % (1960) auf 2,9 % (1970) und 4,5 % (1980). Seit den erwähnten Jahren des konjunkturellen Einbruchs ist auch die Importquote beim privaten Verbrauch (in Preisen von 1980) leicht rückläufig. Sie hat sich in den Jahren 1985-1988 nahezu unverändert bei etwa 3,6 % stabilisiert.

3.1.2 Entwicklung der Nachfrage nach Gütern des Kulturbereichs

Die Nachfrage nach Gütern des Kulturbereichs wird in der vorliegenden Untersuchung im rein ökonomischen Sinn als Teil jener Ausgaben interpretiert, die der Gruppe "Bildung, Unterhaltung, Freizeit" in der Systematik des Statistischen Bundesamtes zugehören. Welche Überlegungen bei der Abgrenzung eine Rolle gespielt haben, wird im folgenden vorgestellt (vgl. hierzu Übersicht 4).

Übersicht 4

Zuordnung von Konsumzielen zu Waren und Dienstleistungen

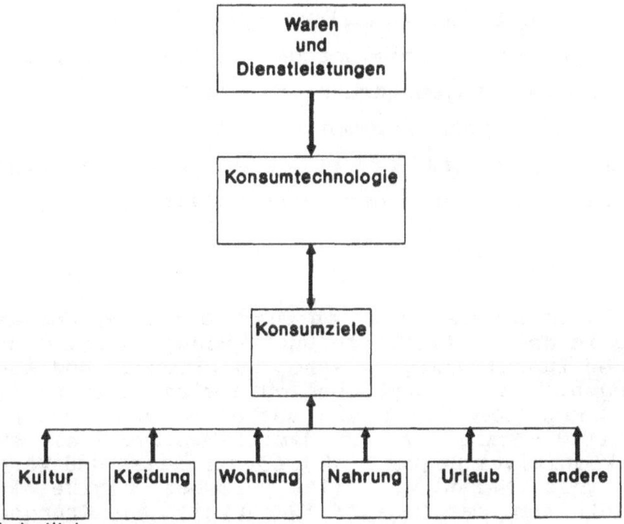

Quelle: Ifo-Institut

Bei der Ermittlung der privaten Nachfrage nach Gütern des Kulturbereichs ist davon auszugehen, daß die Haushalte ihre Entscheidungen über Konsumausgaben generell ihren spezifischen Bedürfnissen zuordnen. Die Bedürfnisse der Haushalte lassen sich in bestimmten Haushaltszielen ausdrücken. Um diese Ziele zu realisieren, werden auf dem Markt gekaufte Waren und Dienstleistungen - neben zusätzlichen, häuslich erbrachten Leistungen - auf individuelle Weise kombiniert und den Haushaltszielen zugeordnet. Aufgrund der Analogie dieses Vorgangs zur Produktion spricht man hierbei auch von "Konsumtechnologie". So kann z.B. das allgemeine Ziel "Musikgenuß" auf vielfältige Weise realisiert werden: Durch Musikinstrumente und Noten bei häuslichem Musizieren, durch den Besuch von Konzerten, durch Tonträger und zugehörige Geräte, durch Radio und Fernsehen oder durch Lesen von Musikliteratur.

Diese funktionale Trennung der Nachfrage nach Gütern und ihrem Einsatz zur Erreichung von Konsumzielen erlaubt es, trotz kontinuierlicher Neuerungen und Veränderungen der Eigenschaften von Konsumgütern gleichwohl von mittel- oder langfristig stabilen Präferenzen auszugehen.[1] "Präferenzen" sind in der vorliegenden Untersuchung nicht auf einzelne Güter, sondern auf abstrakte Haushalts- oder Konsumziele bezogen. Einzelne, marktgängige Waren und Dienstleistungen werden von den Verbrauchern auf unterschiedliche Weise wahrgenommen und in der "Konsumtechnologie" den Haushaltszielen zugeordnet. Hierbei spielen insbesondere Informations- und Lernprozesse eine herausragende Rolle.

---

1 Anders als in einigen Ansätzen zur Theorie der Konsumtechnologie wird in der vorliegenden Untersuchung nicht von einem mechanischen Zusammenhang zwischen Gütermengen und Konsumzielen ausgegangen. Die "Konsumtechnologie wird vielmehr individuell von den Haushalten durch die Beziehung von Gütern auf Ziele hergestellt. "Präferenz" ist damit ebensowohl ein subjektiver wie ein kognitiver Begriff, der Lernprozesse und Veränderungen zuläßt; vgl. Meran, J. (1987), Über einige methodische Schwierigkeiten, den Begriff 'Bedürfnis' als Grundbegriff der Kulturwissenschaften zu verwenden; in: Schöpf, A. (Hrsg.), (1987), Bedürfnis, Wunsch, Begehren, Würzburg; Graf Hoyos, C. et. al. (Hrsg.). (1980), Grundbegriffe der Wirtschaftspsychologie, München; S. 101 ff; S. 151 ff. und S. 328 ff. Dieser Ansatz erlaubt auch, eine Verbindung zwischen Haushaltszielen und der Einteilung der Bedürfnisse herzustellen, wie sie z.B. von A.H. Maslow formuliert wurde. Vgl. Maslow, A.H. (1954), Motivation and Personality, New York; deutsche Ausgabe (1981): Motivation und Persönlichkeit, Reinbek bei Hamburg.

Die Konsumziele können, neben direkten Verbraucherbefragungen, statistisch nicht anders erfaßt werden als durch tatsächliche Käufe der Konsumenten. Deshalb muß der Strom der monatlichen Verbrauchsausgaben zu geeigneten Gruppen zusammengefaßt werden, um zur Erklärung herangezogen werden zu können.

Kultur als Konsumgut[1] in diesem Sinne ist hierbei durch Größen definiert, die sich

(1) in Geldzahlungen und/oder
(2) in klar abgrenzbaren Klassifizierungen der Waren und Dienstleistungen niederschlagen.

Künstlerische Elemente in der Produktgestaltung, Design, Wohnraumgestaltung etc., der Bereich des öffentlichen Bildungssystems sowie kulturelle Elemente bei Dienstleistungen und Kommunikationsprozessen können in der Regel nicht berücksichtigt werden.[2]

Abgrenzung des Untersuchungsbereichs

Zur Bestimmung jener Güter, die meßbar dem Konsumziel "Kultur" zugeordnet werden können, bieten sich in der Systematik des Güterverzeichnisses folgende Kategorien an, die auch in der vorliegenden Untersuchung zugrundegelegt werden:

- Kunstgegenstände,
- Bücher, Zeitungen, Zeitschriften,

---

1 Die Gleichsetzung von "Konsum" und "Kultur" hat hierbei ausschließlich methodische Bedeutung und kann nicht als Werturteil über die Qualität kultureller Leistungen aufgefaßt werden. Vgl. Weber, M. (1973), Soziologie - Universalgeschichte, Analysen - Politik, Stuttgart, S. 222 ff.

2 In den Kulturwissenschaften wird der Kulturbegriff - mit guter Begründung - auch auf Bildung, Religion, Sprache, usw. ausgeweitet. Hierbei sind individuelle und soziale Komponenten untrennbar verknüpft. sie können einem Einzelhaushalt nur unter sehr willkürlichen Annahmen zugerechnet werden; für wirtschaftsempirische Untersuchungen müssen derartige Fragen deshalb ausgeklammert werden. Vgl. Meran, J. (1987), a.a.O., S. 23-28.

- Theater-, Kino-, Konzert- und andere Veranstaltungen,
- Fernseh-, Rundfunk-, Phono-, Foto-, Kinogeräte (einschließlich Video-, CD-Player u.a.),
- Zubehörteile (z.B. Kopfhörer, Tonträger etc.),
- langlebige, hochwertige Gebrauchsgüter, (Musikinstrumente, Schreib- und Rechenmaschinen etc.)
- Spielwaren,
- Sonstige Dienstleistungen.[1]

Andere Güterarten, die partiell "kulturelle Faktoren" mit enthalten, müssen aufgrund der Nichtzurechenbarkeit des künstlerischen Elements ausgeklammert werden.[2]

Eine Besonderheit sei betont: Der Nachfragebereich ist etwas weiter abgegrenzt, als er abzugrenzen wäre, wenn man ausschließlich das Konsumziel "Kunstgenuß" in den Vordergrund stellte. Er umfaßt wesentliche Komponenten der - vom Statistischen Bundesamt als Güter für "Bildung, Unterhaltung, Freizeit" - benannten Gruppe und wird in der Untersuchung auch alternativ als "Kultur, Information und Unterhaltung" bezeichnet.

Das auf diese Weise gewonnene Bündel aus Waren und Dienstleistungen kann aufgrund des verfügbaren Datenmaterials anhand zweier Quellen ermittelt werden, die vom Statistischen Bundesamt zur Verfügung gestellt werden:

---

1 Diese Waren und Dienstleistungen finden sich im Systematischen Verzeichnis der Einnahmen und Ausgaben privater Haushalte (SEA) unter der Nummer 7. Vgl. auch Statistisches Bundesamt (1983), Systematisches Verzeichnis, Ausgaben für die Einkommens- und Verbrauchsstichprobe 1983, III D 51. Gemäß dieser Systematik wird das Aggregat "Kultur" aus den Gütergruppen 71-76 der Gruppe "Güter für Bildung, Unterhaltung, Freizeit" entwickelt. Ausgeklammert sind z.B. die Gütergruppen 727 (Sport- und Campingartikel) und 77-78 (Pflanzen, Tiere etc.). Da im Betrachtungszeitraum 1965-1988 die Systematik des Güterverzeichnisses umgestellt wurde, um neue Güter zu berücksichtigen und andere Gruppierungen vorzunehmen, sind die aggregierten Größen nicht vollständig vergleichbar; das Gesamtergebnis beruht deshalb teilweise auf Berechnungen des Ifo-Instituts.

2 Neben den Daten des Statistischen Bundesamtes und der Datenbasis des Ifo-Instituts werden zur Analyse der Nachfrage die Quellen von Übersicht 2 ausgewertet.

I. "Laufende Wirtschaftsrechnungen",
II. "Einkommens- und Verbrauchsstichproben".

Die laufenden Wirtschaftsrechnungen geben für eine kleine Stichprobe aktuelle Daten, aufgegliedert für drei Haushaltstypen: Einen 2-Personen-Haushalt mit niedrigem, einen 4-Personen-Haushalt mit mittlerem und einen 4-Personen-Haushalt mit höherem Einkommen. Diese drei Gruppen liefern wichtige Indikatoren für die Entwicklung der laufenden Verbrauchsausgaben. Die Einkommens- und Verbrauchsstichproben werden im fünfjährigen Turnus erhoben; von der jüngsten Erhebung (1988) sind bislang nur sehr wenige Ergebnisse vorab veröffentlicht worden. Der Großteil der Untersuchung stark disaggregierter Daten muß sich deshalb auf den Zeitraum bis 1983 beschränken.

Entwicklung der Nachfrage nach Kultur, Information und Unterhaltung

Im Jahre 1983, dem jüngsten Jahr, für das Ergebnisse der Einkommens- und Verbrauchsstichproben vollständig verfügbar sind, hat ein Haushalt mit monatlichem Durchschnittseinkommen von 3 354 DM für kulturelle Ziele 162 DM aufgewendet. Dies sind 4,8 % des monatlichen Nettoeinkommens oder 5,9 % der Gesamtausgaben je Haushalt und Monat. Zum Vergleich: Dieser Betrag liegt unter den Aufwendungen eines Durchschnittshaushaltes für Energie (7,3 %) und über dem Ausgabenanteil für die Güter zur Körper- und Gesundheitspflege (4,3 %) oder den durchschnittlichen Ausgaben zum Kauf von Kraftfahrzeugen (3,5 %).

Es ist zweckmäßig, zur Beurteilung des längerfristigen Verlaufes die drei Haushaltstypen der laufenden Wirtschaftsrechnungen heranzuziehen. Als Vergleichsbasis bietet sich hier der Haushalt vom Typ 2 an: Die dem Konsumziel "Kultur, Information und Unterhaltung" zuzuordnenden Ausgaben erreichen mit etwa 270 DM im Monat bei einem 4-Personen-Haushalt mit mittlerem Einkommen und einem Alleinverdiener im Jahre 1987 rund 9 % der nominalen Gesamtausgaben. Dieses Konsumziel nimmt damit denselben Rang ein wie die vergleichbaren Konsumziele Bekleidung und Schuhe und übertrifft die Ausgaben für die Haushaltsführung.[1]

Tabelle 10

Realausgaben für kulturelle Haushaltsziele
DM pro Monat in Preisen von 1980

Jahr	Haushalt vom		
	Typ 1	Typ 2	Typ 3
1965	22,0	97,7	212,8
1970	33,2	115,9	229,4
1975	40,0	178,0	304,7
1980	53,9	210,8	375,0
1985	61,1	222,7	374,1
1987	66,6	227,8	385,1

Quelle: Statistisches Bundesamt; Berechnungen des Ifo-Instituts

Wenn man die vom Statistischen Bundesamt vorgenommenen laufenden Wirtschaftsrechnungen zugrundelegt, sind die Ausgaben für Kultur, Information und Unterhaltung für alle drei Haushaltstypen in der Beobachtungsperiode 1965-1987 - von kleinen Schwankungen abgesehen - kontinuierlich gestiegen: Die durchschnittlichen Wachstumsraten der nominalen Ausgaben betrugen 9,0 % (Haushalt vom Typ 1), 7,5 % (Typ 2) und 6,2 % (Typ 3) pro Jahr, wobei die Veränderung der Wachstumsraten der nominalen Ausgaben mit zunehmendem Einkommen abnimmt.

Die Änderungen der absoluten Werte sind für die Nachfrageentwicklung jedoch wenig aufschlußreich. Es ist notwendig, sowohl die Veränderung der relativen Preise als auch die Änderungen in der gesamten Ausgabenstruktur der Haushalte zu berücksichtigen. Zu diesem Zweck werden für alle Haushaltstypen reale Ausgaben-

1 Im selben Jahr 1987 wendet ein Haushalt mit niedrigem Einkommen (Typ 1) 5 %, ein Haushalt mit höherem Einkommen (Typ 3) 10 % seiner Ausgaben für Kultur, Information und Unterhaltung auf.

quoten gebildet, die als Indikator für die Nachfrage der Haushalte und die Veränderung ihrer Präferenzen dienen können.

Die Veränderungen in der Nachfrage nach Gütern für Kultur, Information und Unterhaltung weisen - wie der private Verbrauch insgesamt - eine auffällige Parallelität mit der konjunkturellen Entwicklung auf: Die realen Ausgaben für kulturelle Ziele bei den Haushaltstypen 2 und 3 sind teilweise rückläufig in den Jahren 1967/68, 1976 und 1981/83 (vgl. Abb. 10). Dies ist ein Hinweis darauf, daß die Konsumenten bei unsicheren Erwartungen offenbar vorrangig Einsparungen bei Konsumzielen vornehmen, die in der Präferenzhierarchie eine nachgeordnete Stellung einnehmen.[1]

Trotz des deutlichen Einflusses konjunktureller Faktoren und der hierdurch ausgelösten Schwankungen der realen Ausgaben und Ausgabenquoten der drei Haushaltstypen für kulturelle Konsumziele weist der Anstieg der realen Ausgabenquoten einen stabilen und hoch korrelierten Trendfaktor auf.[2] Dieser Trend zieht sich relativ gleichförmig durch die drei Haushaltsgruppen. Ferner zeigt Abbildung 10, daß nicht nur die absolute Höhe, sondern auch die entsprechende Quote der Ausgaben für Kultur, Information und Unterhaltung mit der Höhe des Haushaltseinkommens zunehmen.[3] Die

---

1 Es wurden in der Literatur Stimmen laut, die für den privaten Verbrauch einen signifikanten Einfluß konjunktureller Daten leugneten und starke autoregressive Tendenzen beobachteten; vgl. Praet, P. (1985), Endogenizing Consumers Expectations' in four major EC Countries, Journal of Economic Psychology, 6, S. 255-269. Dies kann für den vorliegenden Fall nicht bestätigt werden.

2 Sowohl die realen Ausgaben als auch die Ausgabenquoten sind sehr stark mit der Zeit korreliert, weisen also einen ausgeprägten Trend auf. Die realen Ausgaben für Kultur weisen hierbei eine noch geringere Schwankung auf als die entsprechenden Quoten. Die zugehörigen Korrelationskoeffizienten für die drei Haushaltstypen liegen zwischen 0,99 und 0,92.

3 Das zugrundegelegte Einkommen bewegt sich innerhalb eines Intervalls, dessen Grenzen der allgemeinen Einkommensentwicklung angepaßt werden. Die Obergrenze erhöhte sich für den Haushalt Typ 1 von 400 DM (1965) auf 1 850 DM (1987); für denselben Zeitraum wurde die Obergrenze für Typ 2 von 1 000 DM auf 4 250 DM und für Typ 3 von 2 000 DM auf 6 700 DM erhöht. Vgl. Statistisches Bundesamt (1988), Wirtschaftsrechnungen, Reihe 1, Einnahmen und Ausgaben ausgewählter privater Haushalte 1987, Fachserie 15, Stuttgart/Mainz, S. 9.

Abb. 10

Ausgabenquoten[a] für Kultur, Information und Unterhaltung nach Haushaltstypen 1965-1987

in Preisen von 1980

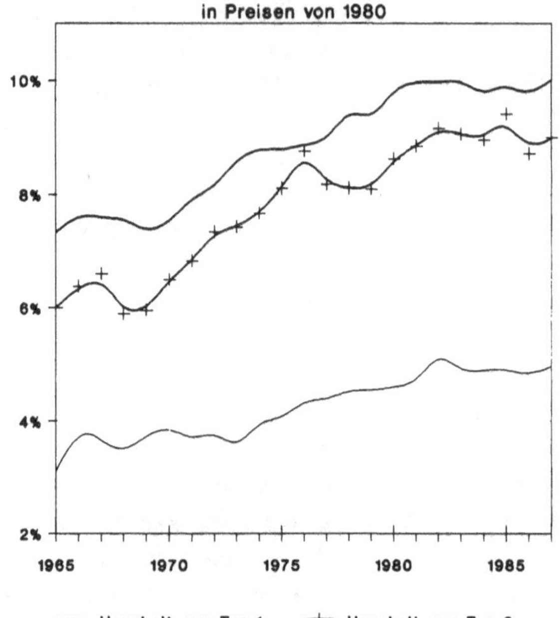

a) Gemessen als Anteil am Haushaltsnettoeinkommen

Quelle: Statistisches Bundesamt, Berechnungen des Ifo-Instituts

jährlichen Zuwachsraten der realen Ausgaben für die betrachtete Ausgabengruppe zeigen bei den drei Haushaltstypen im Durchschnitt der Jahre 1965-1987 folgendes Bild: Sie nehmen bei einem Haushalt vom Typ 1 mit 5,5 % zu (gegenüber einem durchschnittlichen Zuwachs des Realeinkommens von 2,9 %), bei einem Haushalt von Typ 2 mit 4,1 % (gegenüber 2,1 %) und bei einem Haushalt von Typ 3 mit 2,8 % (gegenüber 1,3 %).

Teilt man den Betrachtungszeitraum in zwei Dekaden, so zeigen sich folgende Tendenzen: Die **Ausgabenquoten** haben sich im Durchschnitt für alle drei Haushalte erhöht (vgl. Tab. 11). Die **Wachstumsraten** in den realen Ausgaben für Kultur, Information

Tabelle 11

Durchschnittliche reale Ausgabenquote für Kultur, Information und Unterhaltung 1966-1987 je Haushalt und Monat in %

Zeitraum	Haushalt vom		
	Typ 1	Typ 2	Typ 3
1966-1976	3,8	6,9	8,0
1977-1987	4,7	8,7	9,7

Quelle: Statistisches Bundesamt; Berechnungen des Ifo-Instituts

und Unterhaltung sind jedoch rückläufig. Für die Haushaltstypen 1 und 2 erreichte der Zuwachs der Realausgaben für kulturelle Ziele in der Dekade 1966-1976 etwa 7 % und sank in der nachfolgenden Dekade 1977-1987 auf 3,7 % (Haushalt vom Typ 1) bzw. 1,2 % (Haushalt vom Typ 2) ab. Diese Entwicklung war weitgehend ein Reflex auf die Verlangsamung des Einkommenszuwachses. Dennoch bleibt festzuhalten: In jeder Periode und für jeden Haushaltstyp sind die Ausgaben für kulturelle Konsumziele deutlich rascher gewachsen als die Gesamtausgaben.

Struktur der Ausgaben für Kultur, Information und Unterhaltung

Zerlegt man die Ausgaben für kulturelle Leistungen in ihre Hauptkomponenten, so ergibt sich für die drei Haushaltstypen im Jahre 1987 das folgende Bild: Die Güter der Gruppe elektronische Medien stellen, sofern man die Rundfunk- und Fernsehgebühren hinzurechnen würde, den Hauptanteil, knapp gefolgt von den Ausgaben für Bücher, Zeitungen und Zeitschriften. Auffallend ist der relativ hohe Grad an Homogenität der Ausgabenstruktur für unterschiedliche Einkommensgruppen bzw. Haushaltstypen (vgl. Abb. 11). Der Haushalt vom Typ 1, der in den laufenden Wirtschaftsrechnungen für die Jahre 1986/87 nur Rentnerhaushalte er-

Abb. 11

Ausgaben für Kultur, Information und Unterhaltung nach Arten und nach Haushaltstypen in DM/Monat 1987

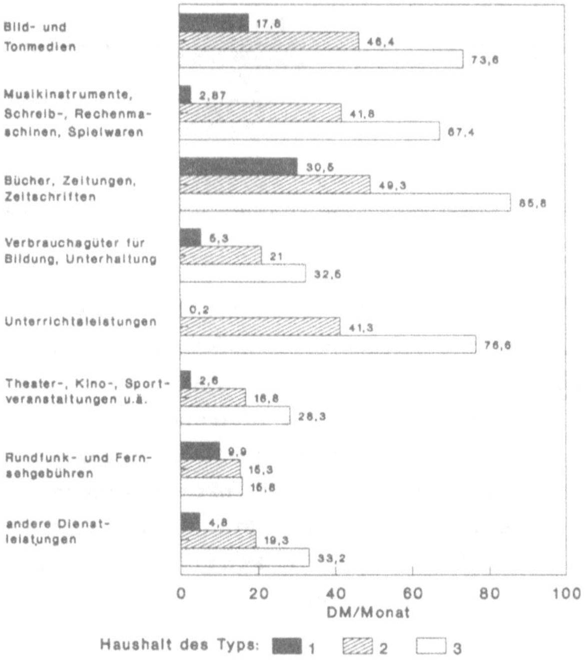

Quelle: Statistisches Bundesamt; Berechnungen des Ifo-Instituts

faßt,[1] stellt eine Ausnahme dar. Naturgemäß machen die Unterrichtsleistungen bei Rentnerhaushalten einen verschwindenden Anteil aus. Die Rundfunk- und Fernsehgebühren, die jeweils einen fixen Betrag darstellen, nehmen bei niedrigem Einkommen einen höheren Anteil ein, stellen also keinen Ausdruck der Präferenzen dieses Haushaltstyps dar. Als andere Präferenzstruktur kann dagegen der deutlich höhere Anteil für Bücher, Zeitungen und Zeit-

1 Im Jahre 1987 waren alle erfaßten Haushalte vom Typ 1 Rentner. Haushalte des Typs 2 gehören zu 48 % der Gruppe der Arbeiter und zu 52 % der Gruppe der Angestellten an. Der Haushaltstyp 3 umfaßt zu 68 % Angestellte und zu 32 % Beamte; Statistisches Bundesamt, Wirtschaftsrechnungen, Fachserie 15, a.a.O., S. 9, Tabelle 1.

schriften gewertet werden. Die anderen beiden Haushaltstypen weisen hingegen eine beinahe identische Struktur ihrer Ausgaben für das Konsumziel Kultur auf, obgleich das Durchschnittseinkommen beider Typen sich um den Faktor 1,5 - 2 unterscheidet. Die Präferenzen für kulturelle Konsumziele sind offenbar, unabhängig vom Einkommen, in derselben Rangfolge angeordnet; sie haben jeweils ein ähnliches Gewicht. Eine Zunahme der Gesamtausgaben verteilt sich demgemäß mehr oder minder gleichmäßig auf alle Untergruppen, die dem Konsumziel Kultur zugeordnet werden.

3.2 Bestimmungsgründe des privaten Verbrauchs marktbestimmter Güter des Kulturbereichs

3.2.1 Einkommens- und Preisentwicklung

Methodische Grundlagen

Für Konsumgüter im allgemeinen wird in der mikroökonomischen Theorie die These vertreten, daß die Haushalte über einen - für den statistischen Beobachter - gegebenen, wenn auch meist nicht bekannten Katalog von Güterwünschen (Präferenzen) verfügen. Die Verbraucher offenbaren diese Präferenzen in ihren Kaufentscheidungen. Von einer gegebenen monatlich verfügbaren Geldsumme, dem Nettoeinkommen,[1] wird ein Teil aus unterschiedlichen Motiven für Ersparnisse zurückgelegt; der verbleibende Teil steht für Ausgaben zum Kauf von Gütern zur Verfügung und stellt die wesentliche Komponenente der Budgetbeschränkung der privaten Konsumentscheidungen dar.

Stellt man die Ausgaben für eine Gütergruppe in Abhängigkeit vom Nettoeinkommen graphisch dar, so spricht man von Ausgaben- oder

---

1 Das Bruttoeinkommen der Haushalte setzt sich wie folgt zusammen: Einkommen aus selbständiger und unselbständiger Arbeit, Einnahmen aus Vermögen, Transferzahlungen und Kredite. Um das monatliche Nettoeinkommen zu erhalten, sind davon zu subtrahieren die Steuern auf Einkommen und Vermögen und die Pflichtbeiträge zur Sozialversicherung.

Engelkurven.[1] Diese Kurven sind geeignet, den jeweiligen Charakter eines Konsumgutes näher zu bestimmen. Steigt die konsumierte Menge eines Konsumgutes mit steigenden Einkommen, so spricht man von höherwertigen (superioren) Konsumgütern; im umgekehrten Fall, bei sinkender Konsummenge mit steigendem Einkommen, bezeichnet man die zugehörige Güterart als geringwertig (inferior). Ein typisches Beispiel für inferiore Güter sind in entwickelten Volkswirtschaften die Lebensmittel.[2]

Da sich langfristig sowohl das Einkommen als auch die relativen Preise der Konsumgüter ändern, muß bei der Analyse von Engelkurven das Einkommen mit dem Preisindex der zugehörigen Güterkategorie deflationiert werden. Zur empirischen Erfassung von Engelkurven muß auf eine Näherung zurückgegriffen werden. Da sich im Zeitverlauf Preise, Präferenzen und Einkommen zumeist simultan verändern, werden Engelkurven zu einem bestimmten Zeitpunkt durch Daten über den Querschnitt zahlreicher Haushalte mit unterschiedlichem Einkommen herangezogen. Vorausgesetzt ist hierbei, daß die Haushaltsziele bzw. die Präferenzen nicht stark streuen.[3]

Ausgabenkurven für die Nachfrage nach Gütern des Kulturbereichs

Das Nettoeinkommen stellt den mit Abstand wichtigsten Erklärungsfaktor für die Höhe der monatlichen Ausgaben der privaten Haushalte für Kultur, Information und Unterhaltung dar. Die entsprechende Ausgabenkurve aus der jüngsten verfügbaren Einkom-

---

1 Die theoretischen Prämissen zur Ableitung von Engelkurven sind: (1) konstante Präferenzordnung bzw. Konsumtechnologie; (2) konstante relative Preise; vgl. Green, H.A.J. (1971), Consumer Theory, Hardmondsworth, S. 134 f. Verändern sich die Angaben proportional zum Einkommen, so spricht man auch vom "Engelschen Gesetz".

2 Dies läßt sich anhand der im vorhergehenden Abschnitt genannten Zahlen des Ausgabenteils für Lebensmittel, Getränke und Tabakwaren am gesamten privaten Verbrauch empirisch belegen.

3 Die Verwendung von Querschnittsdaten zur Beurteilung von Engelkurven der Einzelhaushalte ist nicht unproblematisch: Eine Verschiebung dieser Kurven im Zeitablauf kann sowohl Präferenz- und Preisänderungen als auch eine Veränderung der Struktur der Nachfrage unterschiedlicher Haushalte zum Ausdruck bringen.

mens- und Verbrauchsstichprobe (1983) ist in Abbildung 12 dargestellt. Es zeigt sich eine kontinuierliche Zunahme der Ausgaben für Kultur mit steigendem Einkommen. Ein vergleichbarer Zusammenhang existiert im übrigen für alle Jahre, in denen Einkommens- und Verbrauchsstichproben erhoben wurden (1962, 1969, 1973, 1978 und 1983). Das Monatsnettoeinkommen und die Ausgaben für kulturelle Haushaltsziele sind in allen Erhebungsjahren sehr hoch positiv korreliert.[1] Güter des Bereichs Kultur, Information

Abb. 12 **Ausgaben und Ausgabenquoten für Kultur, Information und Unterhaltung 1983**

Querschnitt aller Haushalte

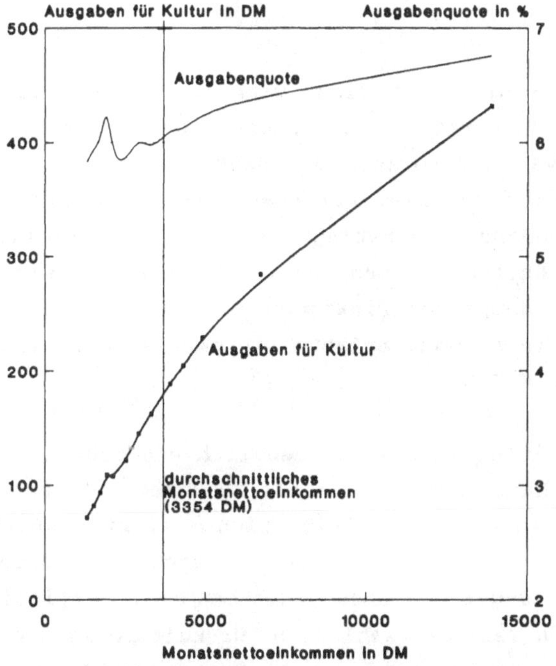

Quelle: Statistisches Bundesamt, Berechnungen des Ifo-Instituts

1 Die Korrelationskoeffizienten zwischen dem Nettoeinkommen und den Ausgaben für die definierte Gütergruppe liegen zwischen 0,997 und 0,965.

und Unterhaltung sind daher durchweg höherwertige (superiore) Güter.

Die Zunahme dieser Ausgaben ist zum Monatsnettoeinkommen allerdings nicht direkt proportional, sondern weist eine fallende Tendenz auf. Das entspricht dem in der Wirtschaftswissenschaft postulierten Zusammenhang: Die Konsumneigung sinkt mit steigendem Einkommen.[1] Diese Beziehung trifft generell für alle höherwertigen Konsumgüter zu. Der Grund für die Abflachung der Engelkurve (Ausgabenkurve) bei den Aufwendungen für Güter des Kulturbereichs mit steigendem Einkommen (vgl. oben Abb. 12) ist vor allem in einem Anstieg der **Sparneigung** bzw. einem Sinken der generellen Konsumneigung zu suchen, nicht in einer Minderschätzung kultureller Konsumziele durch Haushalte mit höherem Einkommen.

Ein anderes Bild ergibt sich, wenn man den Anteil der Ausgaben für Kultur, Information und Unterhaltung an den Gesamtausgaben für den privaten Verbrauch der Haushalte betrachtet (Ausgabenquote). Diese (nominale) **Ausgabenquote** zeigt eine deutlich ansteigende Tendenz. Sie beträgt 1983 bei einem Haushalt mit einem monatlichen Nettoeinkommen von 1 300 DM 5,8 %, steigt bei etwas mehr als dem doppelten Einkommen (2 900 DM) auf 6,0 % und erreicht für die höchste erfaßte Einkommensgruppe (14 000 DM) einen Wert von 6,7 %.

Die Quoten für Haushalte mit deutlich höheren Einkommen dürften eher unterschätzt sein: Für diese Einkommensklassen gewinnen die in der vorliegenden Definition nicht erfaßten kulturellen Elemente in anderen Ausgabengruppen an Bedeutung: Ausgaben für Wohnungseinrichtungen, Hausbau und hochwertige Freizeitgüter. Ferner tritt ein Teil der Zahlungen für kulturelle Zwecke nicht als Ausgaben für Güter, sondern als Transferzahlungen in Erschei-

---

1 Im Anschluß an Keynes spricht man hier vom "Sinkenden Grenzhang zum Verbrauch"; vgl. Keynes, J.M. (1936), The General Theory of Employment, Interest and Money, reprint: The Collected Writings of John Maynard Keynes, Royal Economic Society, Cambridge, Bd. 7.

nung: Private Unterstützungen für Künstler und kulturelle Veranstaltungen, Mäzenatentum usw.

Preis- und Präferenzeffekte

In dieser Gesamtentwicklung ist von dem erwähnten Einkommenseffekt (Anstieg der Ausgaben und Ausgabenquoten mit steigendem Nettoeinkommen) ein Preis- und Präferenzeffekt[1] zu unterscheiden. Hierbei ist die Veränderung der relativen Preise der Güter des Bereichs Kultur, Information und Unterhaltung im Verhältnis zum allgemeinen Preisniveau zu berücksichtigen. Die Änderung der Realausgaben für kulturelle Ziele kann durch drei Komponenten erklärt werden,

- den Einkommenseffekt
- den Preiseffekt und
- den Präferenzeffekt.

Neben dem Einkommen haben sich im Betrachtungszeitraum, nicht zuletzt unter dem Einfluß neuer Produkte, die Preise und Präferenzen im Bereich kultureller Leistungen deutlich verändert. Diese Veränderungen sind dafür verantwortlich, daß sich die Ausgabenkurven für kulturelle Haushaltsziele verschoben haben: Von 1973-1983 haben sich die jeweiligen Engelkurven deutlich nach oben verlagert (vgl. Abb. 13).

Dieser kombinierte Effekt läßt sich für die Einkommensklassen aller Haushalte beobachten. Gewichtet man die Ausgaben für Kultur, Information und Unterhaltung durch den jeweiligen relativen Preis so ergibt sich der in Abbildung 13 gezeichnete Zusammenhang zwischen den Realausgaben für Güter des Kulturbereichs und den Monatsnettoeinkommen. Nach Schätzungen des Ifo-Instituts sind ca. 21 % des Ausgabenzuwachses für kulturelle Haushaltsziele eines Durchschnittshaushaltes in der Dekade 1973-1983 durch

1 Unter "Preiseffekt" wird im vorliegenden Fall eine Veränderung der Ausgaben bei Variationen der relativen Preise verstanden. Änderungen der relativen Preise sind stets verbunden mit Substitutionseffekten.

Abb. 13 **Realausgaben für Kultur, Information und Unterhaltung in Abhängigkeit vom Nettoeinkommen der Haushalte 1973, 1978 und 1983**

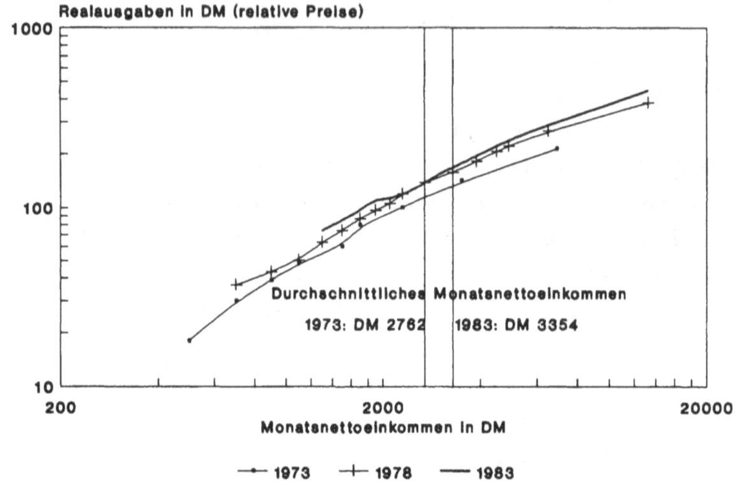

Quelle: Statistisches Bundesamt, Berechnungen des Ifo-Instituts

Preissenkungen und Änderungen in den Verbraucherpräferenzen zu erklären, 79 % werden durch den Anstieg des Einkommens erklärt.

Im Zeitraum 1965-1987 hat sich das monatliche Nettoeinkommen der Haushalte, parallel zur Entwicklung des Bruttosozialproduktes, kontinuierlich erhöht. Mit dem Anstieg der Haushaltseinkommen im Betrachtungszeitraum hat sich, wie bereits erwähnt, auch das relative Preisgefüge verschoben. Die Preise der Gütergruppe "Bildung, Unterhaltung, Freizeit", der die Güter der Kategorie "Kultur, Information und Unterhaltung" zugehören, haben sich gegenüber dem allgemeinen Preisniveau auf unterschiedliche Weise entwickelt.

Allgemeine Preisentwicklung

Im Trend sind die relativen Preise für Waren und Dienstleistungen zur Realisierung kultureller Haushaltsziele gegenüber der

Abb. 14

Preisindex der Lebenshaltung der Güter für Bildung, Unterhaltung und Freizeit 1962 - 1988 im Vergleich

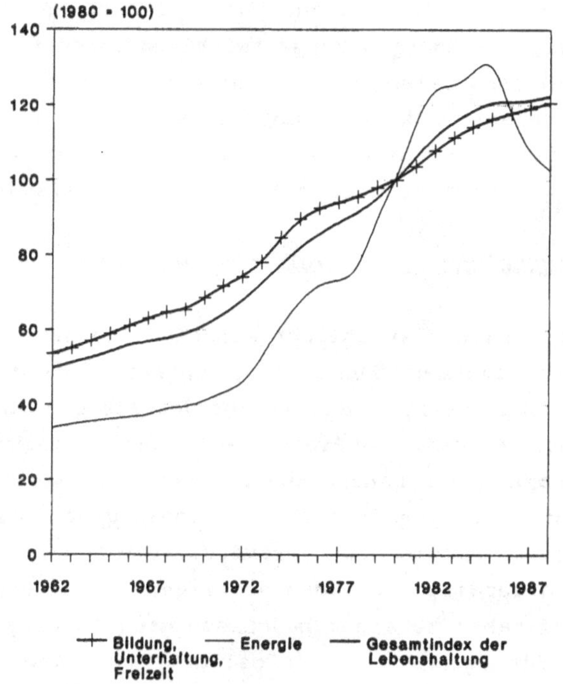

Quelle: Statistisches Bundesamt, Berechnungen des Ifo-Instituts

allgemeinen Kaufkraft (Preisindex der Lebenshaltung insgesamt) gesunken. Neben der Verbilligung eines Teiles der zu dieser Gruppe gehörigen Güter - vor allem der Unterhaltungselektronik - dürfte für das Sinken des relativen Preises vor allem die Verteuerung der Energiekosten und der dadurch hervorgerufene relative Anstieg des allgemeinen Preisniveaus verantwortlich sein. Die Lebenshaltungskosten wurden durch die steigenden Energiepreise seit dem drastischen Anstieg der Erdölpreise zu Beginn der siebziger Jahre erheblich verteuert. Dieser Trend scheint seit dem Jahre 1985 gebrochen zu sein.[1] Die daraus resultierende relative Verbilligung der gesamten Lebenshaltungskosten führte umgekehrt zu einer geringfügigen relativen Verteuerung der Gütergruppe "Kultur, Information, Unterhaltung". Sollte sich die Normalisierung der Energiepreisentwicklung fortsetzen, so ist zu erwarten, daß das Preisniveau der untersuchten Gütergruppe die allgemeine Preisentwicklung knapp überflügelt und sich in weitgehend konstanter Relation zum Gesamtindex der Lebenshaltung einpendelt, wie dies auch in den Jahren 1962-1978 der Fall war.

Zur Preisentwicklung bei einzelnen Gütergruppen

Die Preisentwicklung ist bei den einzelnen Untergruppen des Bereichs kultureller Leistungen sehr unterschiedlich verlaufen. Eine Aufspaltung in Einzelgruppen ist deshalb sinnvoll. In einigen Bereichen verlief die Preisentwicklung weitgehend parallel mit den allgemeinen Lebenshaltungskosten. So hat sich z.B. der Eintrittspreis für einen Filmtheaterbesuch gegenüber dem Preisindex der Lebenshaltung kaum verändert, die Preise für Theaterkarten sind allerdings seit den achtziger Jahren etwas rascher gestiegen und haben zu einem beschleunigten Anstieg des relativen Preises für Veranstaltungen geführt (vgl. Abb. 15). Im Bereich der Printmedien (Bücher, Zeitungen und Zeitschriften) zeigt sich vor allem in jüngster Zeit ebenfalls eine relative Verteuerung gegenüber den allgemeinen Lebenshaltungskosten.

Auffällig ist jedoch das Sinken der relativen Preise im Bereich der Bild- und Tonmedien (Fernseh-, Rundfunk- und Phonogeräte). Durch erhebliche Verbilligung in den Herstellungskosten, teilweise aber auch durch eine Ausweitung des Imports kostengünsti-

---

1 Man kann die Entwicklung der Energiepreise als Abweichung vom langfristigen Entwicklungspfad ("Hotelling-Pfad") interpretieren. Das beobachtbare Absinken der Energiepreise ist gemäß dieser Vorstellung beendet, wenn die Preisentwicklung den langfristigen Trend wieder erreicht hat. Nach der Hotelling-Regel steigen die Energiepreise langfristig mit einer Rate, die dem nominalen Durchschnittszinssatz entspricht. Vgl. Hotelling, H. (1931), The Economics of Exhaustible Resources, Journal of Political Economy, 39, S. 137-175.

ger produzierter Auslandsprodukte hat sich das Preisniveau in diesem Bereich beinahe dramatisch abgesenkt.

Während der Gesamtindex der Lebenshaltung im Zeitraum 1965-1987 um 123,6 % gestiegen ist, ist das Preisniveau bei Fernseh-, Rundfunk- und Phonogeräten um 24 % gesunken; d.h. der relative Preis[1] hat um 66 % abgenommen. Insgesamt ist nicht zuletzt diese Preisentwicklung ein Hauptgrund für die Bereitschaft der Verbraucher, neue Medien in die Haushaltspläne zu integrieren. Im übrigen haben sich auch bei den Musikinstrumenten - vorwiegend durch das Vordringen elektronischer Instrumente - preisdämpfende Effekte eingestellt.

Entwicklung der Ausgaben nach Einzelgruppen

... Printmedien

Die Ausgaben für Bücher, Zeitungen und Zeitschriften insgesamt sind mit der Einkommenshöhe positiv korreliert und können deshalb als höherwertige Güter interpretiert werden. Die entsprechenden Ausgaben**quoten** weisen jedoch im Betrachtungszeitraum eine uneinheitliche Entwicklung auf. Es lassen sich deutlich drei Phasen unterscheiden (vgl. Abb. 16):

- Phase 1: 1965-1973. Die Ausgabenquoten für Printmedien sinken bei 4-Personen-Haushalten mit mittlerem und höheren Einkommen (Typ 2 und 3); bei Haushalten mit niedrigem Einkommen (Typ 1) bleiben sie konstant.

- Phase 2: 1973-1983. In diesem Zeitraum nehmen die Ausgabenquoten aller drei Haushaltstypen zu.

- Phase 3: 1983-1988. In diesem Abschnitt des Beobachtungszeit raumes sinken die Ausgabenquoten für Bücher, Zeitungen und

---

1 Der relative Preis ist hier definiert als der Preisindex für Fernseh-, Rundfunk und Phonogeräte bezogen auf den Gesamtindex der Lebenshaltung.

Abb. 15

Preisentwicklung bei ausgewählten Gütergruppen für Bildung, Unterhaltung und Freizeit 1965 - 1987

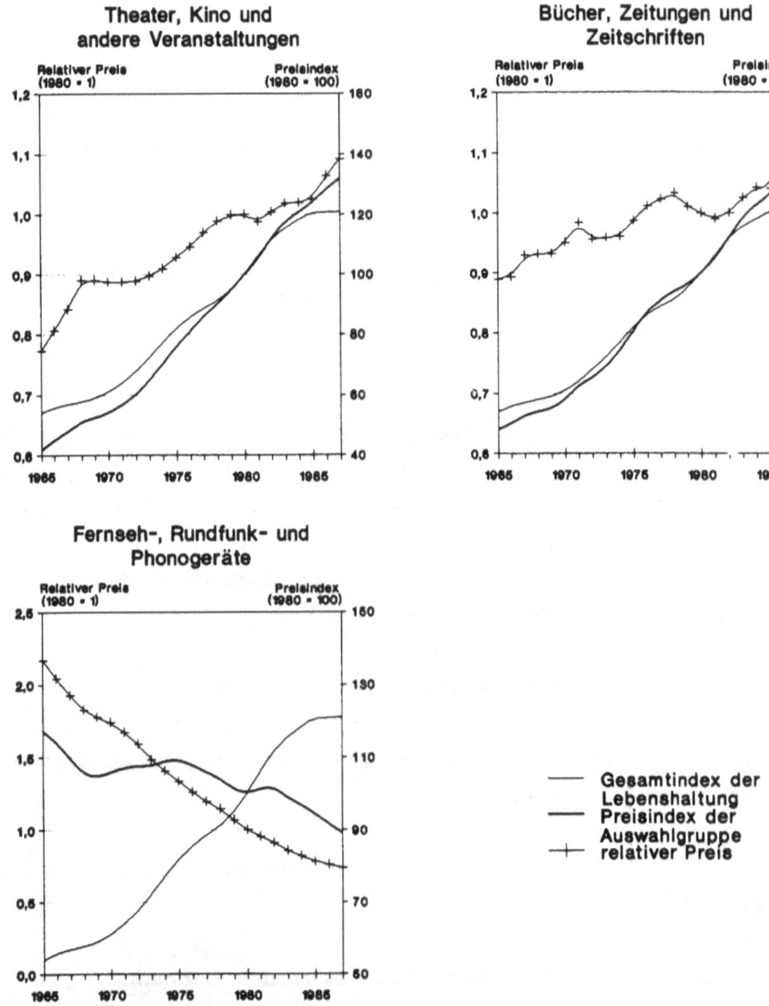

Quelle: Statistisches Bundesamt, Berechnungen des Ifo-Instituts

Abb. 16 **Reale Ausgabenquoten für Kultur, Information und Unterhaltung nach ausgewählten Gütergruppen und Haushaltstypen 1965 -1987**

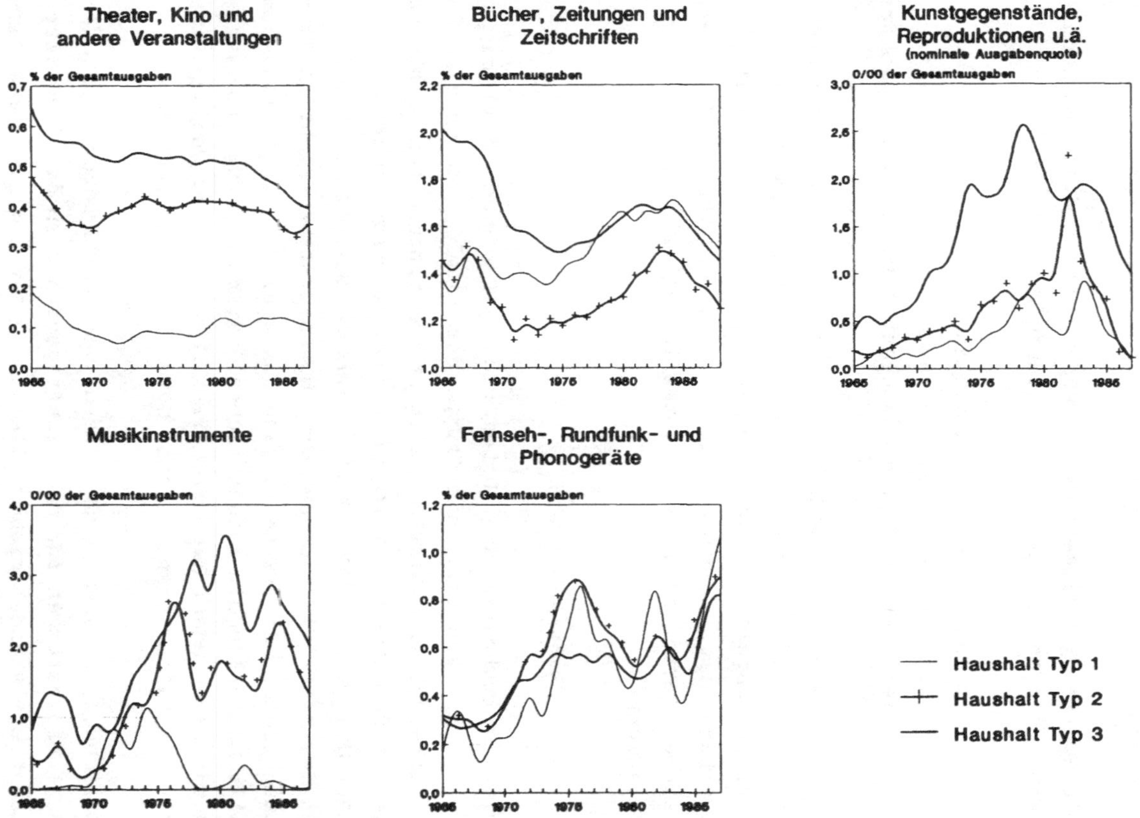

Quelle: Statistisches Bundesamt, Berechnungen des Ifo-Instituts

Zeitschriften erneut bei allen drei Haushaltstypen; allerdings deutet sich im Jahre 1988 für die Typen 1 und 3 eine Trendwende an.

Die Gründe für diese Entwicklung müssen in drei unterschiedlichen Faktoren gesucht werden. Hierzu zählen:

- Substitutionseffekte durch die neuen Medien,
- Änderungen der relativen Preise und
- Verschiebungen der Präferenzstruktur in der Gesamtnachfrage.

Der Rückgang des Anteils der Printmedien an den Gesamtausgaben in den sechziger Jahren dürfte vorwiegend durch Substitutionseffekte ausgelöst worden sein, die u.a. ihre Ursache in der Ausbreitung des Fernsehen hatten. Die Preisentwicklung - eine leichte Verteuerung der Printmedien - hat diese Tendenz noch verstärkt.

<u>... Kunstgegenstände</u>

Die durchschnittlichen Daten sind bei dieser Gütergruppe nur wenig repräsentativ; die Gruppe der Sammler von Originalen unterscheidet sich hier signifikant von Konsumenten, die Kunstgegenstände anderen Konsumzielen (z.B. Wohnungseinrichtung) zuordnen. Die meisten Sammler sind Einkommensgruppen zuzurechnen, die in der Klassifikation der drei Haushaltstypen nicht in Erscheinung treten. Andererseits kann der Kauf von Originalen kaum für alle Haushalte die tatsächlichen Präferenzen für Kunstwerke zum Ausdruck bringen. Reproduktionen sind bei einer weniger strengen Klassifikation ebenso dieser Gütergruppe zuzurechnen.

Gleichwohl lassen sich anhand der verfügbaren Daten einige Schlußfolgerungen für das Nachfrageverhalten der Haushalte nach Kunstgegenständen ziehen, die vereinzelt und nicht aus Sammlerinteressen gekauft werden. Wählt man die ausgewiesenen Ausgaben der drei Haushaltstypen als Indikatoren, so zeigt sich, daß die Ausgaben für Kunstwerke im Betrachtungszeitraum den maximalen Wert von 0,27 % der Gesamtausgaben erreichen (im Jahre 1978 beim

Haushaltstyp 3). Dies entspricht knapp 10 DM je Haushalt und Monat. Zum Vergleich: Ein Haushalt vom Typ 1 wendete im selben Jahr 0,9 DM, ein Haushalt vom Typ 2 hingegen 1,5 DM für dieselbe Gütergruppe auf. Insgesamt zeigt sich auch hier ein mit dem Haushaltseinkommen fast durchgängig größerer Anteil dieser Ausgabengruppe am Volumen der Gesamtausgaben.

Im Betrachtungszeitraum läßt sich, ausgeprägt beim Haushaltstyp 3, seit dem Ende der siebziger Jahre eine Trendumkehr beobachten, die zu einem Rückgang des in den laufenden Wirtschaftsrechnungen ermittelten Anteils der Ausgaben für Kunstgegenstände geführt hat. Die Gründe hierfür dürften nicht in der Einkommensentwicklung zu suchen sein: Die Ausgaben für Kunstgegenstände und Reproduktionen (gemessen in allgemeiner Kaufkraft mit Preisen von 1980) schwanken fast exakt im selben Ausmaß wie die entsprechenden Ausgabenquoten. Änderungen in den Ausgaben für Kunstgegenstände und Änderungen in den entsprechenden Quoten - Anteil an den Gesamtausgaben - verliefen fast völlig parallel im Betrachtungszeitraum 1965-1987.

<u>... Kino, Theater und andere Veranstaltungen</u>

Die Anteile der Ausgaben für Theater, Kino und andere, d.h. auch Sportveranstaltungen sind Ausdruck für das relative Gewicht in der Präferenzordnung der Haushalte. Sie sind im langfristigen, wenn auch nicht sehr stabilen Trend bei allen drei Haushaltstypen gesunken. Die realen Ausgabenquoten für die untersuchte Dienstleistungsgruppe sanken im Betrachtungszeitraum 1965-1987 am stärksten bei den Haushalten vom Typ 3 (- 2,1 %), gefolgt vom Typ 2 (- 1,1 %) und vom Typ 1 (- 0,7 %). Besonders auffällig ist der starke Rückgang in den sechziger Jahren.

Der Anteil für Theater, Kino und andere Veranstaltungen am gesamten Ausgabenbudget ist bei den Haushalten mit niedrigem Einkommen (Typ 1) sogar wieder angestiegen (auf knapp über 0,1 % der Gesamtausgaben) und hat sich bis zur Mitte der achtziger Jahre auch bei den anderen Haushalten bei 0,4 % (Typ 2) bzw. 0,5 % (Typ 2) stabilisiert. Da sich zugleich das Preisniveau für die untersuchte Gruppe von Dienstleistungen erhöht hat, kann dies als Verschiebung der Präferenzen zugunsten der Theater-, Kino- und anderer Veranstaltungen interpretiert werden.

... Musikinstrumente

Die realen Ausgaben für Musikinstrumente eines Haushalts (hier gemessen am Haushalt vom Typ 2 als Indikator) durchliefen im Betrachtungszeitraum eine von starken Schwankungen gekennzeichnete Entwicklung. Bezieht man die Ausgaben für Musikinstrumente, gewogen durch den jeweiligen Preisindex, auf die Gesamtausgaben, so ergibt sich für den fraglichen Haushaltstyp das in Abbildung 16 dargestellte Bild. Wie bei den Ausgaben für Kultur insgesamt ist auch hier eine Abschwächung des Trends zu beobachten: Besonders in der ersten Dekade 1966-1976 ergeben sich sehr hohe Zuwachsraten in der Nachfrage nach Musikinstrumenten - eine Entwicklung, die sich seit dem Beginn der achtziger Jahre verlangsamt hat.

Im Trend überstiegen die Zuwachsraten der realen Ausgabenquoten für Musikinstrumente im Zeitraum 1966-1976 den Zuwachs der Gesamtausgaben für kulturelle Konsumziele um den Faktor zwei bis drei (abhängig vom jeweils gewählten Haushaltstyp als Bezugsbasis). Auch in der Dekade 1977-1987 liegen die Zuwächse noch leicht über denen der Gesamtausgaben des Bereichs "Kultur, Information, Unterhaltung".

Vergleicht man die Ausweitung der Ausgaben für Musikinstrumente mit der Preisentwicklung, so dürfte in diesem Preiseffekt - neben den Änderungen in den Präferenzen und der Technik des Instrumentenbaus - ein weiterer Erklärungsfaktor für den erheblichen Nachfrageanstieg nach Musikinstrumenten bis zur Mitte der siebziger Jahre zu finden sein. Die Stabilisierung des Preisniveaus mit einer leichten relativen Verteuerung wirkte dämpfend auf die Nachfrage nach dieser Gütergruppe und erklärt u.a. eine Abschwächung des Nachfragetrends.

... Bild- und Tonmedien

Die Ausgaben für Radio-, Fernseh-, Tonband-, Kassetten- und andere Geräte der Unterhaltungselektronik, einschließlich der Ausgaben für Film und Fotografie lassen sich zu der Gruppe "Bild- und Tonmedien" zusammenfassen. Für die realen Ausgabenquoten (Ausgaben gewogen mit dem Preisindex dieser Gütergruppe bezogen auf das Realeinkommen in Preisen von 1980) der drei Haushaltstypen ergibt sich ein fast durchweg positiver Entwicklungstrend. Auch hier lassen sich, wie bei den Ausgabenquoten für den Kulturbereich insgesamt, zwei Phänomene beobachten:

(1) Die den Bild- und Tonmedien zugeordneten Haushaltsziele bzw. Güterklassen lassen sich als höherwertige Güter betrachten, die positiv mit dem Einkommen korreliert sind. Daraus ergibt sich für den zeitlichen Trend: Stagniert die Einkommensentwicklung, so passen die Haushalte ihre entsprechenden Ausgabenquoten bei den Bild- und Tonmedien direkt der Einkommensentwicklung an.

(2) Diese Anpassungen (Schwankungen) sind um so geringer, je höher das Haushaltseinkommen ist; d.h. mit zunehmendem Nettoeinkommen wird die Gütergruppe der Bild- und Tonmedien stärker präferiert; sie werden vermehrt als unentbehrlicher Bestandteil des privaten Verbrauchs angesehen. Anpassungen bei Einkommensschwankungen erfolgen verstärkt bei anderen Gütergruppen oder bei der Ersparnis. Zudem zeigt sich eine zunehmende Homogenisierung der Präferenzen mit zunehmendem Einkommen.

Die Zuwachsraten in den Realausgaben für Bild- und Tonmedien sind umso größer, je niedriger das Haushaltseinkommen ist, zugleich ist aber auch die Streuung in den Wachstumsraten größer. Dies verweist auf einen gewissen Nachholbedarf einerseits, andererseits auf eine stärkere Abhängigkeit vom Einkommen bei Haushalten mit relativ niedrigem Einkommen. Die Haushalte vom Typ 1 erhöhten im Zeitraum 1965-1987 ihren realen Ausgabenanteil für die untersuchte Gütergruppe um durchschnittlich 19,5 % pro Jahr, die Änderungsraten streuten hierbei aber um 51 %. Die beiden anderen erfaßten Haushaltstypen mit mittlerem und höherem Einkommen weisen deutlich niedrigere Zuwachsraten bei niedrigerer Streuung auf:

Tabelle 12

Veränderungen der realen Ausgabenquoten für Bild- und Tonmedien nach Haushaltstypen 1965-1987 in %

Haushalt	Veränderung[1)]	Streuung um den Mittelwert
Typ 1	19,5	51,0
Typ 2	8,0	14,6
Typ 3	7,8	12,6

1) Veränderung im Durchschnitt der Jahre.

Quelle: Statistisches Bundesamt; Berechnungen des Ifo-Instituts

Im Jahre 1987 erreichte der reale Ausgabenanteil für Bild- und Tonmedien an den Gesamtausgaben bei den zuletzt genannten Haushalten (Typ 2 und 3) 2,1 %, wobei sich vor allem seit 1984 auch bei der höheren Einkommensgruppe erhebliche Zuwachsraten zeigen. Sie lagen mit 16 % in den drei Jahren 1985-1987 deutlich über dem Trend, weisen also die Merkmale einer konjunkturell bedingten Zunahme auf. Doch selbst bei abflachender Einkommensentwicklung dürfte die reale Ausgabenquote die 2 %-Marke nicht mehr unterschreiten und Mitte der neunziger Jahre bei Haushalten mit mittlerem und höherem Einkommen 2 bis 3 % erreichen.

3.2.2 Der Einfluß neuer Produkte

Zahlreiche Güter der Gütergruppe "Bildung, Unterhaltung, Freizeit" sind nur im weiteren Sinne dem Bereich Kultur zuzurechnen. Hierzu zählen vor allem die Radio-, Fernseh-, Video- und anderen Geräte. Gleichwohl sind diese Güter komplementär zu Gütern, die im engeren Sinne dem kulturellen Bereich zuzurechnen sind. Es ist vorrangig diese Gütergruppe, die in besonders hohem Maße von technischen Änderungen revolutioniert wird. Eher traditionelle Bereiche, wie Bücher, Zeitungen und Zeitschriften sind von diesen Änderungen nicht ausgeschlossen.

Der technische Wandel generell ist im doppelten Sinne ein Prozeß der Informations**gewinnung**: Die zahlreichen neuen Produkte und Dienstleistungen, dem kreativen Potential der Volkswirtschaft entwachsen und im Marktprozeß jährlich angeboten, stellen sich der Verbrauchernachfrage und werden hierbei nach Art und Menge selektiert. Für diese neuen Güter existieren bei den Konsumenten in der Regel keine vorgegebenen Präferenzen; sie bilden sich erst durch Lern- und Informationsprozesse, d.h. durch die Einordnung dieser neuen Produkte in das System der Konsumziele. Das traditionelle Instrumentarium der Konsumtheorie (Nachfragefunktionen bei gegebenen Präferenzen) muß hier versagen. Der Prozeß des Angebots und der Selektion neuer Informationen, kristallisiert in neuen Waren und Dienstleistungen, ist zudem besonders stark durch Unsicherheit geprägt - eine Unsicherheit, die sich notwendig in jeder Prognose widerspiegeln muß.

Konsumentenverhalten bei der Diffusion neuer Produkte

Zur Erklärung des Konsumentenverhaltens bei der Einführung neuer Konsumgüter bieten sich fünf Hypothesen an, die eng miteinander verknüpft sind.[1]

- **Erstens** läßt sich vor dem Kauf- und Konsumakt ein **Informationsprozeß** unterscheiden, in dem durch Werbung und Verbrauchsinformationen Eigenschaften neuer Produkte bekannt und nach einer gewissen Anpassungsphase in die Konsumpläne der Haushalte übernommen werden.[2]

---

1 Vgl. Brodbeck, K.H. (1981) Produktion, Arbeitsteilung und technischer Wandel, Volkswirtschaftliche Schriften Bd. 10, Düsseldorf, Kapitel 3.1; Oppenländer, K.H. (1988), Wachstumstheorie und Wachstumspolitik, München, S. 106-111.

2 Schumpeter, der diesen neuen Gedanken betont hat, sieht in der Einführung neuer Konsumgüter eine "Bildungsfunktion". Er sagt, daß die Konsumenten zum Konsum wirklich neuer Güter "erst erzogen werden mußten"; Schumpeter, J. (1961), Konjunkturzyklen, Bd. 1, Göttingen, S. 80.

- **Zweitens** kann man von einem **Imitationsverhalten** ausgehen.[1] Einige Haushalte spielen hierbei eine Vorreiterrolle ("Pioniere"), integrieren neue, höherwertige Konsumgüter in ihre "Konsumtechnologie" und werden schrittweise von anderen Verbrauchern nachgeahmt.

- **Drittens** ist die Bereitschaft, neue Güter in die Verbrauchspläne zu integrieren, vor allem beim Gütertypus "Kultur, Information und Unterhaltung", auch vom Bildungsniveau der Verbraucher abhängig. Man kann deshalb vermuten, daß 4-Personen-Haushalte von Beamten und Angestellten mit höherem Einkommen (Haushalt vom Typ 3) bei neuen, langlebigen Konsumgütern dieses Bereichs eine gewisse Vorreiterrolle spielen werden.[2]

- **Viertens** birgt die Einführung neuer Technologien nicht nur für die Produzenten, sondern auch für die Konsumenten ein erhöhtes **Kaufrisiko**. Kann sich ein Produkt auf dem Markt nicht oder in zu geringem Umfang durchsetzen, so entstehen für die Verbraucher erhöhte Kosten beim Einsatz entsprechender Geräte (z.B. Videogeräte mit einem wenig verbreiteten Kassettenformat), die oftmals zu einer vorzeitigen "technologischen Abschreibung" funktionstüchtiger Geräte führen. Dieses Kaufrisiko wird sich, so ist zu erwarten, in starken kurzfristigen Schwankungen der jeweiligen Ausgabenanteile für stark innovative Bereiche niederschlagen.

- **Fünftens** hängt auch die Übernahme neuer Konsumgüter in die Pläne der Haushalte nicht zuletzt von der jeweiligen Preis-Einkommens-Relation ab. Sinkende Preise beschleunigen die Be-

---

1 Dies wird in der Literatur als sogen. Veblen-Effekt bezeichnet - in Anlehnung an Veblen, T. (1978). The Theory of the Leisure Class, (Reprint o.O.), Folcroft Library.

2 Für die Übernahme neuer Konsumgüter ist ein ähnlicher Zusammenhang zu erwarten, der auch bei der Diffusion industrieller Techniken beobachtet wurde: Neue und höherwertige Produkte werden umso rascher adoptiert, je besser das Ausbildungsniveau der Anwender ist. Vgl. Wozniak, G.D. (1984), The Adoption of Interrelated Innovations: The Human Capital Approach, Review of Economics and Statistics 66, S. 70-79.

reitschaft, neuartige Produkte in die jeweiligen Haushaltspläne zu integrieren.

Aus den fünf genannten Ansätzen zur Erklärung des Verbraucherverhaltens bei der Einführung neuer, für die Nachfrage nach Kultur, Information und Unterhaltung relevanter Produkte ergeben sich vier charakteristische Hauptphasen für die Einführung neuer Güter:[1]

(1) Einführungsphase (Informationsprozesse; Pioniere),
(2) Diffusionsphase (Ausbreitung eines neuen Konsumgutes),
(3) Sättigungs- und Stagnationsphase,
(4) Schrumpfungsphase.[2]

Diese Entwicklung soll an einigen ausgewählten Gruppen des Bereichs kultureller Leistungen näher gezeigt werden.

<u>Grad der Haushaltssättigung bei alternativen Geräten des Bereichs der Bild- und Tonmedien</u>

Einen Überblick über die Ausstattung der Privathaushalte im Jahre 1988 mit Bild- und Tonmedien gibt die Tabelle 13. Die einzelnen Medienformen bzw. die Nachfrage nach zugehörigen Geräten werden in den nachfolgenden Abschnitten noch eingehend und disaggregiert behandelt. Im globalen Vergleich zeigt sich, daß Hörfunk und Fernsehen im Bereich der Haushaltsziele "Kultur, Infor-

---

1 Häufig werden in einem erweiterten Ansatz auch fünf Phasen unterschieden: Vgl. Rogers, E.M. (1962), Diffusion of Innovations, New York/London; Gort, M. and S. Klepper (1982), Time Paths in the Diffusion of Product Innovations, Economic Journal 92, S. 630-653. Zur formalen Beschreibung von Diffusionsprozessen vgl. Brodbeck, K.H., (1989), Diffusion multipler Techniken in Systemen evolutionären Wachstums, Münchener Wirtschaftswissenschaftliche Beiträge, Nr. 89-10. In der nachfolgenden empirischen Analyse werden logistische Funktionen für mehrere Güter unterstellt. Der Diffusionsprozeß ist hierbei einem Wachstumspfad überlagert.

2 Tritt nach dem Eintritt in die Sättigungsphase ein neues Konsumgut auf den Markt - z.B. Farbfernsehgeräte als Ersatz für Schwarzweißgeräte -, so sinkt der Anteil des traditionellen Gutes und macht einem Anstieg des Substituts Platz, der wiederum eine S-förmige Verlaufsform ausweist. Dieses Verhalten ist den bekannten "Produktzyklen" analog, wird aber im vorliegenden Fall aus der Perspektive der Nachfrager beschrieben.

mation und Unterhaltung" dieselbe Bedeutung erlangt haben wie das Telefon für die privaten Kommunikationsbedürfnisse.

Betrachtet man die Ausstattung der Haushalte in Abhängigkeit vom monatlichen Nettoeinkommen, so zeigt sich für die Bild- und Tonmedien generell ein positiver Zusammenhang zwischen Medienausstattung und Einkommen. Allerdings ist dies etwas einzuschränken: Für sehr hohe Nettoeinkommen (7 500 DM und mehr) ergibt sich für einige Geräteformen eine leicht abnehmende Tendenz.

Tabelle 13

Ausstattung der Haushalte mit Bild- und Tonmedien im Jahre 1988
in % der Haushalte

Medien	Haushalt vom Typ			alle Haushalte[1)]
	1	2	3	
Farbfernsehgeräte	92,5	94,1	93,8	87,4
Videorecorder	9,4	44,0	29,9	26,2
Videokamera	-	2,8	4,8	1,9
Stereoanlage	15,7	62,8	57,0	42,4
CD-Player	-	24,7	33,3	-
nachrichtlich:				
Heimcomputer	-	3,8	4,6	6,0
PKW	40,3	97,2	98,6	67,8
Telefon	95,0	96,9	99,5	93,2

1) Die Angaben über alle Haushalte stellen eine Vorabveröffentlichung der Einkommens- und Verbrauchsstichprobe des Jahres 1988 dar; vgl. Statistisches Bundesamt (1989), Wirtschaftsrechnungen, Fachserie 15, Reihe 1, Einnahmen und Ausgaben ausgewählter privater Haushalte 1988, Stuttgart, S. 11. Die vorliegenden Daten sind auch in methodischer Hinsicht aufschlußreich: Sie zeigen, daß die Ergebnisse der laufenden Wirtschaftsrechnungen verglichen mit der weitaus umfangreicheren Einkommens- und Verbrauchsstichprobe die Bestände zu hoch abbilden, wenn man den Haushalt vom Typ 2 als "Durchschnitt" heranzieht.

Dies trifft zu für Fernsehgeräte, Stereoanlagen, Tonband- und Kassettengeräte. Grundlegende Schlußfolgerungen zur Haushaltsnachfrage sind anhand der Daten für diese sehr hohen Einkommen (gemessen am Durchschnittseinkommen aller Haushalte) jedoch nicht zu ziehen.[1]

Generell läßt sich feststellen, daß die Haushaltsausstattung bei allen Bild- und Tonmedien zunächst sehr rasch mit dem Monatsnettoeinkommen zunimmt; an einem, für die Medienformen unterschiedlichen, Wendepunkt wird ein Sättigungsbereich erreicht, ab dem die Nachfrage nach Geräten mit dem Einkommen weitaus langsamer zunimmt und sich schließlich auf konstantem Niveau einzupendeln scheint. Erreicht das Einkommen der Mehrheit aller Haushalte einen Wert, der deutlich über diesem Wendepunkt liegt, so stagniert - vorbehaltlich einer Änderung der Verbraucherpräferenzen durch weiteren technischen Fortschritt oder andere Ursachen - die gesamtwirtschaftliche Nachfrage nach dem jeweiligen Gerätetypus. Die Sättigungsgrenzen sind, wie bereits betont, für die verschiedenen Medien unterschiedlich, gleichwohl aber, wie oben Abbildung 17 zeigt, für alle Medienformen erkennbar ausgeprägt.[2]

Diffusion neuer Güter:

... Fernsehgeräte

Der längerfristige Diffusionsprozeß neuer Güter zur Realisierung kultureller Haushaltsziele läßt sich besonders deutlich am Beispiel der Einführung von Farbfernsehgeräten demonstrieren. Die Nachfrage nach Fernsehgeräten durchlief in den fünfziger und sechziger Jahren die Einführungs- und Ausbreitungsphase. In der

---

1 Prinzipiell kann die These, daß bei sehr hohen Einkommen Sättigungsphänomene für Bild- und Tonmedien auftreten, nicht ausgeschlossen werden. Allerdings ist vor voreiligen Schlußfolgerungen zu warnen: Für diese Einkommensgruppen (Monatsnettoeinkommen über 17 000 DM) ist nur jeweils ein Wert für die verschiedenen Medienformen verfügbar. Zudem wäre anhand des Erhebungsverfahrens zu prüfen, ob und inwiefern die Angaben für verschiedene Einkommensklassen gleiche Verläßlichkeit beanspruchen können. Für grundlegende Schlußfolgerungen zum Nachfrageverhalten der Haushalte sollten deshalb diese Größen vorläufig ausgeklammert und Einkommensgrößen herangezogen werden, die in vertretbarem Maße um das Durchschnittseinkommen streuen.

2 Eine generelle Veränderung der Präferenzen oder eine deutliche Veränderung der relativen Preise kann und wird die Sättigungsgrenzen allerdings nach oben oder unten verschieben.

Abb. 17

Ausstattung der Haushalte mit Bild- und Tonmedien in Abhängigkeit vom Monatsnettoeinkommen 1988

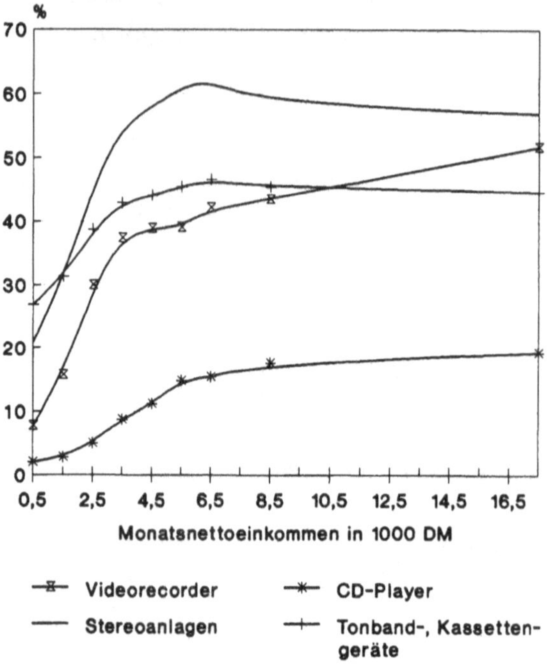

Quelle: Statistisches Bundesamt, Berechnungen des Ifo-Instituts

Bundesrepublik Deutschland waren am 1. März 1953 erst 1 117 Fernsehteilnehmer registriert. Ende 1954 gab es durch die Aufnahme des Programms der ARD[1] einen größeren Nachfrageschub (eine Erhöhung von 11 658 auf 84 278 TV-Haushalte); im September 1957 wurden zum ersten Mal mehr Fernseh- als Radiogeräte angemeldet und 1967 verfügten fast zwei Drittel aller privaten Haushalte über mindestens ein Fernsehempfangsgerät.[2]

1 Ein weiterer, wichtiger Faktor dürften die Fußballweltmeisterschaften desselben Jahres gewesen sein. Der Juli dieses Jahres wies mit einem Zuwachs an Teilnehmern von über 22 % die höchste Steigerungsrate in der Geschichte des Nachkriegsfernsehens überhaupt auf; Vgl. Zielinski, S. (1989), Audiovisionen, Reinbek bei Hamburg, S. 199.
2 Angaben nach Zielinski, S. (1989), Audiovisionen, a.a.O.

Die erste Generation der Fernsehtechnologie, die Schwarzweißgeräte, erreichte Anfang der siebziger Jahre ihren Höhepunkt. Im Jahre 1972 besaßen wenigstens 80 % der drei Haushaltstypen ein Fernsehgerät. Seither ist die Entwicklung für diese Bildübertragungs- und Wiedergabetechnik rückläufig. Zahlreiche Haushalte, die das Medium Fernsehen erstmals in den Katalog der Haushaltsziele aufgenommen haben, benutzten als Einstieg sogleich die Farbbildtechnologie.

Vergleicht man die in Abbildung 18 gezeichnete Entwicklung, so zeigen sich drei Besonderheiten:

- **Erstens** nimmt die Zahl der Schwarzweißgeräte weniger rasch ab, als die Zahl der Farbgeräte zunimmt. Das bedeutet, daß es sich hier nicht nur um einen technologischen Substitutionsprozeß handelt, bei dem alte Geräte durch die neue Generation ersetzt werden. Diesem Substitutionsprozeß ist vielmehr ein Wachstumsprozeß überlagert, der die Gesamtzahl der Geräte deutlich erhöht. Offenbar werden zahlreiche Fernsehempfänger vermehrt als Zweitgeräte benutzt.

- **Zweitens** ist erkennbar, daß die technologische Substitution der Fernsehgeräte und der Zuwachs des Gerätebestandes nicht durch Veränderungen in der jeweils individuellen Präferenzstruktur erklärt wird: Dem Zuwachs in der Ausstattung mit Fernsehgeräten insgesamt, Farbfernsehgeräten im besonderen, steht eine gleichbleibende, in jüngster Zeit leicht sinkende Bedeutung in der Präferenzordnung der Haushalte gegenüber. Das Konsumziel "Fernsehen" bedient sich anderer, technologisch verbesserter Güter, ohne seine Stellung in der Präferenzordnung der Haushalte grundlegend zu verändern.

- **Drittens** zeigt sich bezüglich des Adoptionsverhaltens der neuen Technologie eine auffallende Zeitverzögerung: Die Haushalte vom Typ 3 spielen die technologische Pionierrolle; sie greifen die Farbfernsehtechnik zuerst und rascher auf als die anderen beiden Haushaltstypen. Diese "Einführungsphase" erstreckt sich etwa auf die Jahre 1970-1975, in der die Haushalte mit höherem Einkommen eine Pionierrolle übernehmen. In der zweiten, der

Abb. 18

Haushaltsausstattung mit Fernsehgeräten 1965 - 1988
Farb- und Schwarzweißgeräte

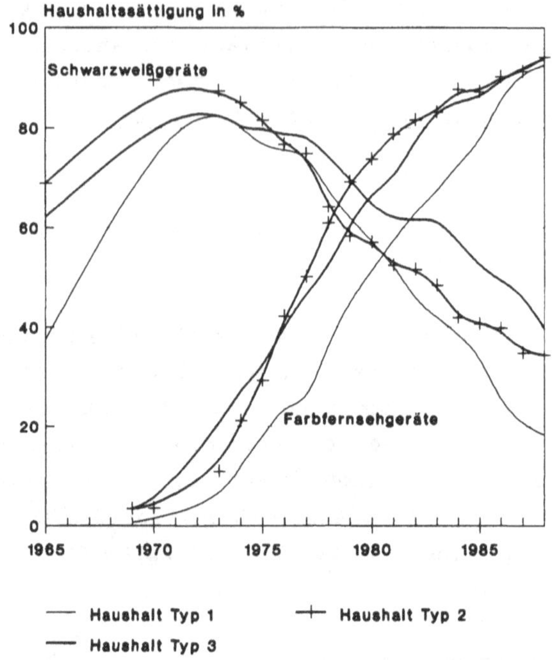

Quelle: Statistisches Bundesamt, Berechnungen des Ifo-Instituts

Diffusionsphase der Farbfernsehtechnologie, überholen die Haushalte mit mittlerem Einkommen (Typ 2) die Pioniere; die Haushalte des Typs 1 folgen mit deutlicher Zeitverzögerung nach. Dies ist ein Hinweis darauf, daß die Pionierrolle nicht nur durch das höhere Einkommen des Haushaltstyps 3 erklärbar ist: Unterschiede im Bildungsniveau, der in der ökonomischen Theorie bekannte "Snob-Effekt" und eine anders strukturierte Präferenzordnung können als Ursache angeführt werden.

Die beiden Haushaltstypen 2 und 3 sind - wie die deutliche Abflachung der Kurven in Abbildung 18 zeigt, in den Jahren 1982/83 in die Sättigungsphase getreten. Der Abbau der Schwarzweißfernsehgeräte dürfte weitgehend mit dem technischen Ausfall dieser

Geräte zusammenfallen; das Erreichen einer unteren Schwelle ist noch nicht kenntlich.[1]

... Phono-, Kassetten- und CD-Geräte

Die Schallplatte, 1887 von Emil Berliner als US-Patent angemeldet, stellte über einen langen Entwicklungszeitraum das einzige oder doch wichtigste Tonträgermedium dar.[2] Bereits im Jahre 1929 erreichte der Verkauf mit 30 Millionen Schallplatten im Deutschen Reich einen frühen Höhepunkt. Zum Vergleich: Im Jahre 1949 war in der Bundesrepublik Deutschland erst wieder eine Zahl von 4 Mill. verkauften Schallplatten erreicht, eine Zahl, die aber sehr rasch übertroffen wird: 1978, im Jahr der meistverkauften Schallplatten in der Bundesrepublik Deutschland, sind es 159 Mill. Stück (Langspielplatten und Singles).[3]

Zur Beurteilung der Entwicklung der Haushaltsnachfrage nach Tonträgern sei zunächst die Haushaltsausstattung mit den zugehörigen Abspielgeräten betrachtet. Anders als bei Hörfunk- und Fernsehgeräten ist die Ausstattung privater Haushalte mit Plattenspielern sehr deutlich nach Haushaltstypen bzw. Haushaltseinkommen differenziert.

Die noch in den sechziger Jahren relativ weit verbreiteten Spulentonbandgeräte und die ersten eingeführten Kassettengeräte waren 1969 im Besitz von 19,1 % aller Haushalte; im Jahre 1983 sind es (einschließlich Kassettengeräten) 38,4 %; im Jahre 1988 geht dieser Anteil auf 37,1 % zurück.[4] Trotz des relativen Rückgangs der Neukäufe ist - vergleicht man die Erhebungen aus dem Jahre 1969, 1983 und 1988 - die absolute Anzahl der Plattenspie-

1 Insgesamt zeigt die Entwicklung der Haushaltsausstattung mit Fernsehgeräten sehr deutlich das von der Diffusionstheorie postulierte Verhalten.

2 Zur Evolution der Phonotechnik vgl. Bundesverband der Phonographischen Wirtschaft (Hrsg.), (1987), Hundert Jahre Schallplatte 1887 bis 1987, Phono Press Nr. 1, S. 16-20.

3 Vgl. Bundesverband der Phonographischen Wirtschaft, a.a.O; Zombik, P. (1987), Die Schallplatte: Kulturträger und Wirtschaftsfaktor, Media Perspektiven 7, S. 438 ff.

4 Quelle: Einkommens- und Verbrauchsstichproben; Statistisches Jahrbuch 1989.

ler annähernd konstant geblieben: 6,66 Mill. (1969), 6,99 Mill.(1983) und 6,93 Mill. (1988). Addiert man die Kombinationen hinzu, so ergibt sich ein erheblicher Anstieg: 1969 betrug die Zahl der Phonogeräte (einschließlich Kombinationen) 8,9 Mill. Geräte, 1983 waren es bereits 15,9 Mill.; 1988 wurden 17,4 Mill. erreicht. Allerdings sind diese Angaben nur bedingt vergleichbar: Die technischen Änderung von Mono- in Stereowiedergabe war begleitet von einer erheblichen Steigerung der Klangqualität, des Bedienungskomforts und anderer technischer Faktoren.

Tabelle 14

Ausstattung privater Haushalte mit Plattenspielern
1983 - 1988 in % der Haushalte

Haushaltstyp	1973	1975	1980	1983	1985	1986	1987	1988
Typ 1	21,2	15,9	31,3	30,7	36,3	34,5	34,6	34,0
Typ 2	61,8	57,8	66,9	58,8	55,1	52,5	47,4	44,0
Typ 3	74,9	78,7	76,8	73,8	71,8	64,8	61,8	61,5

Quelle: Statistisches Bundesamt

Die durch neue Techniken bedingte Veränderung und Verunsicherung im Verbraucherverhalten, in Verbindung mit der Verlangsamung der Einkommensentwicklung der Haushalte Anfang der 80er Jahre, macht den in Abb. 19 erkennbaren Einbruch im Gesamtabsatz der Langspieltonträger erklärbar.[1] Die beiden Strukturbrüche, hervorgerufen durch die Ausbreitung der Compact-Casetten-Technik und das rasche Wachstum der CD-Technik, sind in ihrer unmittelbaren Wirkung auf dem Schallplattenabsatz erkennbar. In der ersten Hälfte des Jahres 1989 ist die CD zum am stärksten nachgefragten Tonträger geworden; Compact-Discs sind bei den durch den Bundesverband der Phonographischen Wirtschaft erfaßten Mitgliedern der Hauptumsatzträger geworden.

---

1 Die Daten umfassen nur die vom Bundesverband der Phonographischen Wirtschaft e.V. erfaßten Händlerabsätze im Inland, d.h. rund 85 % des Gesamtumsatzes.

Die Haushaltsausstattung mit CD-Playern läßt sich Mitte 1989 auf 13 % schätzen. Die Langspielplatte hat ihre Führungsposition im Absatzergebnis an die MusiCassette abgegeben, die nunmehr die am häufigsten nachgefragte Tonträgerart darstellt.[1]

Abb. 19

Tonträgerabsatz 1960 - 1988

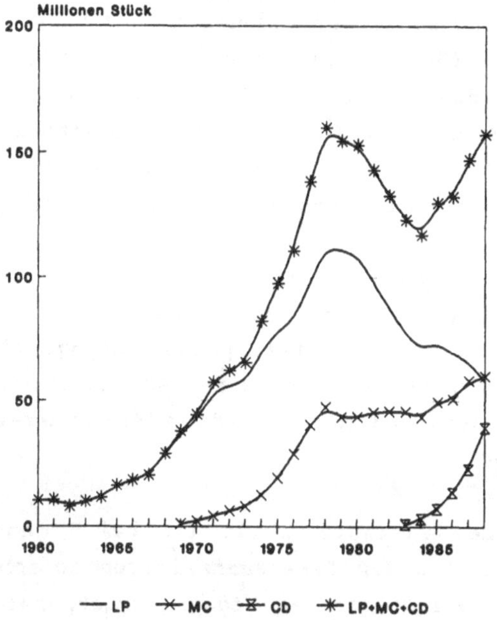

Quelle: Bundesverband der Phonographischen Wirtschaft, Berechnungen des Ifo-Instituts

Erhebliche Veränderungen für die Nachfrage nach CDs und die zugehörigen Abspielgeräte dürften sich ergeben, wenn bespielbare Leer-CDs angeboten werden. Diese sogenannte CD-R, deren Entwicklung gegenwärtig einsetzt, könnte zu vergleichbaren Problemen führen, wie sie bei der Verbreitung der Kassettengeräte aufgetreten sind, es sei denn, die Fragen des Kopierschutzes und die damit verbundenen urheberrechtlichen Problemen können zufriedenstellend gelöst werden.[2]

1 Vgl. u.a. Phono Press, April 1989; Zielinski, S. (1989), Audiovisionen, a.a.O; Deutsches Video Institut, Medienstatistik 1988/89.

2 Vgl. Phono Press, April 1989; Zielinski, S. (1989), Audiovisionen, a.a.O.

... Videorecorder

Der Videorecorder als Massenartikel wurde Ende der siebziger Jahre in der Bundesrepublik Deutschland von den Verbrauchern akzeptiert. Ursprünglich konkurrierten drei Video-Systeme: VHS, Beta und das europäische System Video-2000. Wie in den USA hat sich in der Bundesrepublik Deutschland inzwischen weitgehend das VHS-System durchgesetzt. Der Bundesverband Video (BVV), errechnete schon 1986 für das VHS-System einem Marktanteil von 93 %, Beta erreichte danach 3 %, das Video-2000-System 4 %. Das 8-mm-System konnte sich nur bei Camcordern, das sind mit Kameras kombinierte Videorecorder, durchsetzen; als Recordersystem erzielte es 1987 nur einen Anteil von einem Prozent[1] (vgl. Abb. 20).

Im Jahre 1988 verfügen 26,2 % aller Haushalte über einen Videorecorder.[2] 1982 überschritt der Absatz dieser Geräte erstmals die Millionengrenze (1,1 Mill.); die anfangs eher zögerliche Entwicklung hat sich seit dem Jahre 1986 deutlich beschleunigt, nicht zuletzt aufgrund der positiven Einkommensentwicklung in diesem Zeitraum.[3]

Ein Abschluß der Diffusionsphase ist bei Videorecordern noch nicht erkennbar. In den Einkommensklassen zwischen 500 DM und 3 000 DM nimmt der Bestand an Videorecordern bei einem Anstieg des Monatsnettoeinkommens von 100 DM um etwa einen Prozentpunkt zu. In Einkommensklassen über der 4 000 DM Grenze macht sich das Sättigungsverhalten bemerkbar: Bei Haushalten mit höherem Einkommen führt erst ein Anstieg von 1 000 DM monatlich zu einer

1 Hoffmann, K. (1989), Videomarkt Bundesrepublik, Media Perspektiven 5, S. 277.

2 Die vor der Vorabveröffentlichung der Einkommens- und Verbrauchsstichprobe 1988 in der Presse und Fachliteratur geschätzten Zahlen dürfen als fast durchweg zu hoch eingestuft werden.

3 Legt man die Zahlen für den Absatz an Viedorecordern zugrunde - Quellen: Deutsches Video Institut; Hoffmann, K., Videomarkt Bundesrepublik, a.a.O, S. 278. - so läßt sich bereinigt für das Jahr 1988 ein Bestand von 7,5 Mill. Geräten ermitteln; das ergibt bei 27,4 Mill. Haushalten in der Bundesrepublik Deutschland im Jahre 1988 eine Haushaltssättigung von 27,4 %. Dies entspricht dem Wert, der sich aus der Einkommens- und Verbrauchsstichprobe für das Jahr 1988 ergibt.

Abb. 20

Haushaltsausstattung mit Videorecordern 1982 - 1988

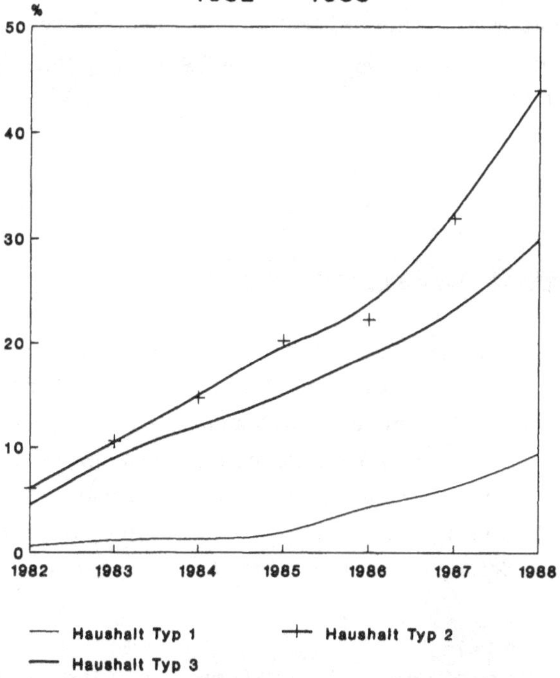

Quelle: Statistisches Bundesamt, Berechnungen des Ifo-Instituts

einprozentigen Zunahme der Haushaltssättigung. Dieser Zusammenhang zeigt auch, daß der vermutete "nahezu lineare Zuwachs"[1] in der Nachfrage nach Videorecordern einen Trendbruch erfahren wird, wenn eine wachsende Zahl der Haushalte in den Sättigungsbereich eintritt.

Zieht man die durchschnittlichen jährlichen Veränderungsraten in der Haushaltsausstattung mit Videorecordern heran, so zeigt sich, daß nur mehr die unteren Einkommensgruppen einen deutlichen Nachholbedarf haben. Ihre Haushaltsausstattung ist noch in

1 Wild, C. (1988), Fernsehen und Video. Zwei Medien ergänzen sich, Media Perspektiven 7, S. 447.

einer beschleunigten Wachstumsphase, wie die folgende Zusammenstellung zeigt:

Veränderungraten der Haushaltsausstattung mit Videorecordern bei

Haushalten vom im Durchschnitt der Jahre	Typ 1	Typ 2	Typ 3:
1982-1985	38,9 %	49,9 %	53,6 %
1986-1988	117,6 %	30,4 %	26,6 %.

Veränderungen im Bereich der Printmedien

Auch in eher traditionellen Bereichen der kulturellen Nachfrage, bei den Büchern und Zeitungen, läßt sich der Einfluß neuer Produkte beobachten. So hat u.a. das zunehmende Angebot an Printmedien im Zeitschriftenbereich zu einer Erhöhung der entsprechenden realen Ausgabenquoten aller Haushaltsgruppen geführt (vgl. Abb. 21), während auf dem Buchmarkt seit dem Beginn der achtziger Jahre ein Rückgang der realen Ausgabenquoten zu beobachten ist.

Die Struktur der Gruppe **Zeitschriften** unterlag im Betrachtungszeitraum 1965-1987 einem erheblichen Wandel. Neben dem generellen Anstieg in den Ausgaben der Haushalte hat sich vor allem die Zahl der Titel in allen Sparten deutlich erhöht und die Konsumenten damit vor ein stark diversifiziertes Angebot gestellt. Im Jahre 1986 wurden 6 908 Zeitschriftentitel auf dem Markt angeboten. Subtrahiert man vom gesamten Zeitschriftenangebot die Zeitschriften der Verbände (1 631) und die amtlichen Blätter (1 176),[1] so entfiel der Löwenanteil der verbleibenden Zeitschriften auf die Fachzeitschriften ohne vorwiegend wissenschaftlichen Inhalt, die Publikumszeitschriften und die wissenschaftlichen Fachzeitschriften.

Die Nachfrage nach Zeitungen und Zeitschriften sah sich in der Vergangenheit einer strukturell stark veränderten Gestaltung der

1 Einschl. der kostenlos verteilten kommunalen Blätter. Quelle: Statistisches Bundesamt, Pressestatistik.

Abb. 21

Reale Ausgabenquoten für Bücher, Zeitungen und Zeitschriften nach Haushaltstypen 1965 - 1987

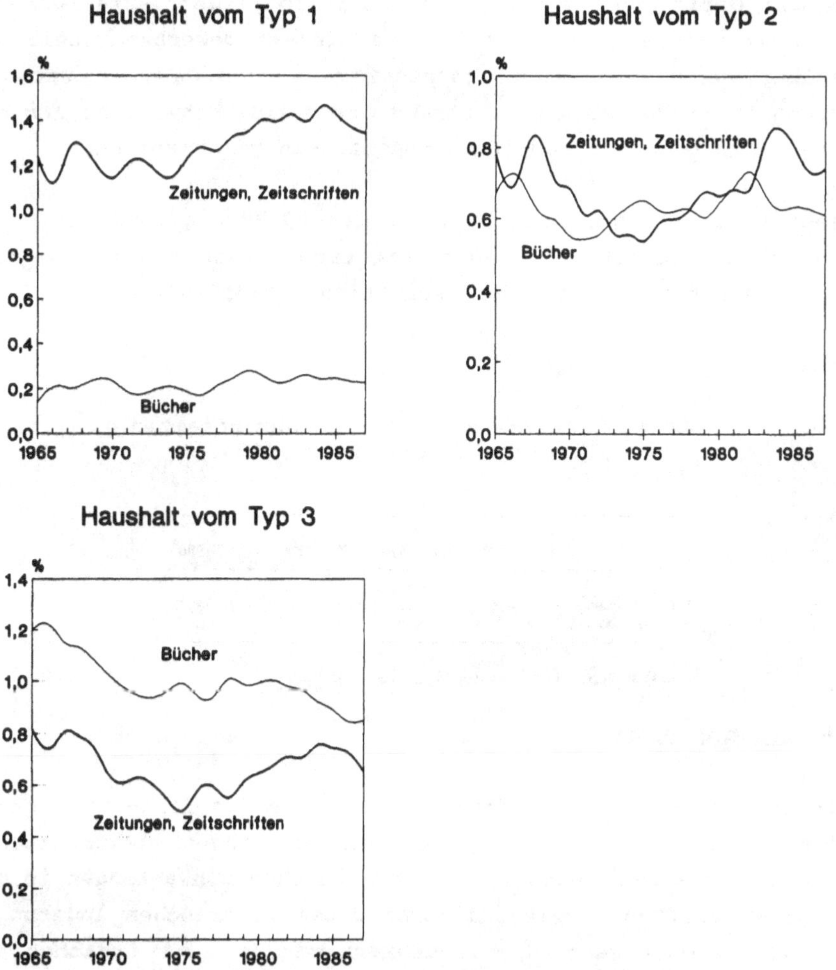

Quelle: Statistisches Bundesamt, Berechnungen des Ifo-Instituts

Printmedien gegenüber. Der wachsenden Informationsmenge in allen Lebensbereichen entspricht nicht nur eine Zunahme der Anzahl der Zeitungen, sondern auch eine Zunahme des Umfangs.
Obgleich das Buch zu den traditionellen kulturellen Medien zählt, hat auch dieser Markt einige Veränderungen erfahren. Wie auch bei Zeitschriften und Zeitungen hat die Verbesserung der Drucktechnik die Kosten für Farbdrucke erheblich reduziert und erlaubt damit, zu niedrigen Preisen reich illustrierte Buchausgaben anzubieten. Hierdurch konnte ein Wettbewerbsnachteil gegenüber den "Bildmedien" kompensiert werden. Ferner war der Buchmarkt im Betrachtungszeitraum durch eine erhebliche Ausweitung der Produktion von Taschenbuchtiteln gekennzeichnet.

Diese Veränderung in der Struktur des Bücherangebots durch Taschenbücher scheint eine Sättigung erreicht zu haben, die sich bei etwa einem Sechstel der Gesamttitel stabilisiert.

Tabelle 15

Anteil der Taschenbücher an der gesamten Titelproduktion 1961 - 1986 in %

	1961	1965	1970	1975	1980	1985	1986
Anteil der Taschenbücher	4,6	4,9	8,4	11,4	11,6	14,2	14,7

Quelle: Buch und Buchhandel in Zahlen 1987

Musikinstrumente

Der Bereich der Musikinstrumente war, wie die Bild- und Tonmedien insgesamt, vor allem durch das Vordringen elektronischer Instrumente gekennzeichnet. Die erheblichen Schwankungen in den Ausgaben dürften vorwiegend durch diese technischen Änderungen bedingt gewesen sein. Insgesamt kann man folgende Ursachen zusammenfassen:

- **Erstens** - dies gilt für aller höherwertigen Güter - stiegen die Ausgaben für Musikinstrumente durch den Anstieg des realen

Nettoeinkommens aller Haushalte im Betrachtungszeitraum (Einkommenseffekt).

- **Zweitens** hat die musikalische Entwicklung der Pop-Musik in den sechziger Jahren einen erheblichen Einfluß auf häusliches Musizieren unter verwandelten Bedingungen ausgelöst, der sich vor allem in der neuen Nachfrage nach elektrischen Gitarren und anderen elektronischen Instrumenten niedergeschlagen hat.[1] Dies dürfte die Präferenzen der Haushalte für Musikinstrumente nachhaltig beeinflußt haben (Präferenzeffekt).

- **Drittens**, eng verbunden mit dem eben genannten Punkt, hat die stürmische technische Entwicklung zu einem erheblichen Wandel im traditionellen Bild der Musikpflege und im Gefolge davon der vorwiegend verwendeten Musikinstrumente geführt (Fortschrittsfaktor).[2]

- **Viertens** dürften die Aktivitäten der zahlreichen Verbände der Amateurmusik nicht unerheblich zur Popularisierung des Musiklebens beigetragen haben. "Tausende unorganisierte Rock- und Jazzgruppen motivieren ebenfalls eine nicht näher bekannte Zahl von Aktiven.[3] "Diese Entwicklung kann nicht von der Entwicklung völlig neuer Instrumente getrennt werden.

---

1 Nach ersten Modellen elektrischer Gitarren Anfang und Mitte der 50er Jahre "stieg die Zahl der Elektrogitarren-Hersteller sprunghaft in die Höhe. In den 60er und 70er Jahren sorgte die Beatles-Ära für einen weiteren Aufschwung und einer erheblichen Vergrößerung des Weltmarktangebots." Handbuch des Musikalienhandels, Gesamtverband Deutscher Musikfachgeschäfte e.V. (Hrsg.) (1988), Bonn, IV, S. 36.

2 Hierbei ist vor allem an die vielfältigen Formen elektronischer (Heim-)Orgeln und neuerdings der Synthesizer bzw. Keyboards zu denken. Hinzu kommen zahlreiche Formen von Zusatz- und Verstärkergeräten, die auch den Einsatzbereich traditioneller Instrumente erweitern (Mischpulte, Effektgeräte, Computer-Instrumente). Vgl. Handbuch des Musikalienhandels, a.a.O, S. IV - 144 ff.

3 Musik Statistik Kulturpolitik, a.a.O, S. 63.

3.2.3 Weitere Einflußfaktoren

Neben den Einkommens-, Präferenz- und Preisänderungen und den Wirkungen des technischen Wandels hängt die Nachfrage nach Leistungen des kulturellen Sektors von weiteren Faktoren ab. Zu nennen sind hier insbesondere:

- die schrittweise Verlängerung der Freizeit und ihr Einfluß auf die Nachfrage nach Gütern des Bereichs Kultur,
- Veränderungen in der soziodemographischen Struktur der Bevölkerung bzw. der privaten Haushalte sowie
- politische und andere Faktoren.

Besuche von Konzertveranstaltungen und Museen, Käufe von Büchern oder Tonträgern sind in hohem Maße abhängig von Berichten und Informationen über kulturelle Inhalte. Ein Teil dieser Informationen wird durch die Werbung von privaten Anbietern der Produkte des untersuchten Sektors bereitgestellt. Dieser Teil kann jedoch stark selektiert sein und nicht immer eine hinreichende Grundlage für rationale Entscheidungen der Haushalte bieten.

Zahlreiche Güter des Kulturbereichs sind deshalb in hohem Maße abhängig von Informationen. Die Rahmenbedingungen für deren Verbreitung sicherzustellen, ist Teil der staatlichen Aufgaben. Neben rechtlichen Rahmenbedingungen erfüllen u.a. öffentlich-rechtliche Anstalten oder staatliche Hilfen für Institute und Bildungseinrichtungen diese Aufgabe.[1] Das Sammeln und Verarbeiten von Informationen durch die Haushalte stellt einen Lernprozeß dar, der sowohl die Präferenzstrukturen als auch - daraus resultierend - die Güternachfrage zur Befriedigung kultureller Bedürfnisse nachhaltig beeinflußt. Die Fähigkeit, solche Informationen adäquat zu nutzen, hängt ab vom Bildungsniveau der Kon-

1 Z.B. haben die öffentlich-rechtlichen Rundfunk- und Fernsehanstalten einen besonderen Kulturauftrag, der eine weit größere Zielgruppe erreicht als private Medien; Vgl. Stolte, D. (1987), Programmpolitik für die Zukunft, ZDF - Jahrbuch 86, Mainz, S. 27 f.

sumenten und kann durch eine geeignete Informationspolitik teilweise gefördert werden.[1]

Substitute für "informations- und bildungsintensive" Güter, denen die Sparte Kultur vornehmlich zuzurechnen ist, werden von öffentlichen Einrichtungen bereitgestellt.[2] Änderungen der **politischen** Ziele und öffentlichen Aufgaben haben somit mittel- und langfristig einen deutlichen Einfluß auf die Nachfrage nach Waren und Dienstleistungen des untersuchten Bereichs. Vom Versuch einer Quantifizierung des Einflusses der Bildungs- und Informationspolitik auf die Nachfrage nach Gütern des Kulturbereichs muß an dieser Stelle jedoch abgesehen werden.

Kultur ist im engeren Sinne kein reines "Freizeitgut"; gleichwohl umfaßt dieses Konsumziel auch einige Güter, die den "Freizeitgütern" in der Berechnung des Statistischen Bundesamtes[3] zuzurechnen sind. Vergleicht man die Ausgaben für Freizeitgüter und kulturelle Konsumziele für den Haushaltstyp 2 im Zeitverlauf, so zeigt sich bei beiden Zielen ein enger Zusammenhang mit

---

1 Mit kulturkritischem Oberton wurde immer wieder, auch von Wirtschaftswissenschaftlern, eine "Verflachung" des kulturellen Niveaus durch seine Verbreiterung behauptet. Werner Sombart beklagte schon am Ausgang des 19. Jahrhunderts, "daß unser Geistesleben in dem Maße flacher geworden ist, wie es breiter wurde." Sombart, W. (1909), Die deutsche Volkswirtschaft im 19. Jahrhundert, Berlin, S. 454.

2 Am Beispiel der öffentlich-rechtlichen Fernsehanstalten - dem Kulturmagazin "aspekte" im ZDF - kann dieser Zusammenhang illustriert werden: "Während Die Zeit oder die Frankfurter Allgemeine Zeitung z.B. zu über 70 Prozent von Personen mit weiterführender Schulbildung gelesen werden, haben lediglich 39 % des "aspekte"- Publikums Abitur oder Studium. Das Fernsehen ist also aufgrund seiner technischen Verfassung ausdrücklich ein Medium der Volksbildung." Stolte, D., Programmpolitik für die Zukunft, a.a.O, S. 28.

2 Die Aufwendungen ausgewählter privater Haushalte für Freizeitgüter je Haushalt und Monat, ermittelt aus den Ergebnissen der laufenden Wirtschaftsrechnungen, werden jeweils für die drei Haushaltstypen 1 bis 3 ausgewiesen; vgl. die Zeitreihen: Statistisches Bundesamt, IIID - 71/10/. Überschneidungen mit dem Konsumziel Kultur ergeben sich durch die Gütergruppen: Bücher, Zeitungen etc., Rundfunk, Fernsehen, etc., Besuch von Bildungs- und Unterhaltungsstätten sowie Fotografieren, Filmen und Spiele. Nahezu ein Drittel der Ausgaben für Freizeitgüter entfallen auf die Ausgaben für den Urlaub, der - trotz erkennbarer "kultureller Elemente" - aus dem Aggregat Kultur völlig ausgeklammert ist.

der Vermehrung der Freizeit.[1] Die Ausgaben für Freizeitgüter erreichten beim Haushaltstyp 2 im Jahre 1987 fast genau den doppelten Wert der Ausgaben für kulturelle Haushaltsziele, während sie im Jahre 1965 nur um den Faktor 1,6 größer waren: In Preisen von 1980 gab der betrachtete 4-Personen-Haushalt mit mittlerem Einkommen im Jahre 1965 für Kultur, Information und Unterhaltung 98 DM, für Freizeitgüter 160 DM aus; 1987 betrugen die entsprechenden Ausgaben 227 DM (Güter des Kulturbereichs) und 452 DM (Freizeitgüter). Die Ausgaben für Freizeitgüter weisen damit einen noch stärker ansteigenden Trend auf als jene für Kultur.

Trotz der Überlagerung einiger Güter in beiden Gruppen entwikkeln sich damit die Ausgaben für Freizeitgüter und für Kultur nicht strikt parallel. Seit Beginn der achtziger Jahre weisen beide Haushaltsziele divergierende Tendenzen auf. Einer der Hauptgründe hierfür dürfte in der deutlichen Zunahme der Ausgaben für Urlaubsreisen zu suchen sein, die seit dem Beginn der achtziger Jahre zu beobachten ist. Trotz der Tatsache, daß Freizeit und Kultur eng verflochten sind, kann man erkennen, daß Freizeitgüter und kulturelle Ziele der Haushalte partiell **Substitute** darstellen. Substitutionale Beziehungen zwischen Gütern bzw. Haushaltszielen treten immer unter der Bedingungen einer finanziellen oder zeitlichen Restriktion auf. So sind z.B., durch das finanzielle Budget der Haushalte begrenzt, Ausgaben für technisch neuartige Geräte aus dem Bereich der Unterhaltungselektronik und Aufwendungen für Urlaubsreisen ebenso Substitute wie Aufwendungen für Garten- und Tierhaltung (Freizeitgüter) aus Gründen zeitlicher Restriktion in substitutionaler Beziehung zu Ausgaben für Musikinstrumente oder Bücher (kulturelle Haushaltsziele) stehen. Die hohe Freizeitintensität zahlreicher Güter zur Befriedigung kultureller Bedürfnisse macht

1 Der Korrelationskoeffizient, das Maß der Abhängigkeit zwischen dem Index für die Freizeit und den Ausgaben für die Freizeitgüter bzw. Kultur des Haushaltstyps 2 im Betrachtungszeitraum 1965 bis 1987 ist für beide Gütergruppen beinahe gleich hoch: 0,977 (Freizeitgüter) bzw. 0,972 (Güter des Kulturbereichs). Diese Werte sind allerdings vorsichtig zu interpretieren, da die Verkürzung der Arbeitszeit und der Anstieg des Einkommens jeweils eine starke Trendkomponente aufweisen und somit vermutlich noch von anderen Faktoren abhängig sind.

deshalb vielfach das "Zeitbudget" zu einem ebenso begrenzenden Faktor wie das Realeinkommen.[1]

Mediennutzung und soziodemographische Struktur der Bevölkerung

Parallel zur allgemeinen Veränderung der Freizeit und Freizeitnutzung durch die privaten Haushalte hat sich auch die demographische und soziale Struktur im Untersuchungszeitraum erheblich verändert. Einige Beispiele aus verschiedenen Gruppen der Nachfrage nach Gütern des Kulturbereichs sollen dies belegen.

Ein besonders deutliches Beispiel ist das der Mediennutzung in Abhängigkeit vom Durchschnittsalter und der sozialen Struktur der Haushalte. So ist der Fernsehkonsum direkt zum Alter der Fernsehzuschauer proportional: die 65jährigen sehen fast dreimal soviel fern wie die 14-19 Jahre alte Bevölkerungsgruppe. Mit der beobachtbaren Veränderung der demographischen Struktur und einer Zunahme des Bevölkerungsanteils der älteren Personen wird sich mittelfristig auch die durchschnittliche Fernsehnutzung erhöhen.[2]

Verschieden ist auch die Nachfrage nach Printmedien in Abhängigkeit vom jeweiligen Haushaltstypus (vgl. oben Abb. 21). 2-Personen-Haushalte (Typ 1), überwiegend Rentner, bevorzugen eindeutig Zeitungen und Zeitschriften vor Büchern. Für 4-Personen-Haushalte mit höherem Einkommen (Typ 3) gilt exakt die umgekehrte Beziehung, während 4-Personen-Haushalte mit mittlerem

1 Die Haushalte wägen ihre Konsumziele nicht nur unter der Einkommensrestriktion, sondern auch hinsichtlich der Zeitrestriktion ab. Anhaltend positive Wachstumsraten der Ausgaben können bei freizeitintensiven Gütern deshalb nur dann auftreten, wenn beide Beschränkungen langfristig in ausreichendem Umfang ausgeweitet werden.

2 Im scheinbaren Widerspruch dazu rangiert das Fernsehen in der subjektiven Präferenzskala älterer Menschen erst an zweiter Stelle: Als wichtige Medien bezeichneten sie die Tageszeitung (53 %), das Fernsehen (37 %) und den Hörfunk (21 %); J. Eckhardt (1988), Fallstudien zum Fernsehnutzungsverhalten älterer Menschen, Media Perspektiven 9, S.572. Verglichen mit der durchschnittlichen Nutzung der Haushalte scheint hier die Präferenzordnung eine andere zu sein; allerdings sind Angaben über die subjektive Wertschätzung und die faktische Nutzung nur bedingt vergleichbar.

Einkommen (Typ 2) im Zeitverlauf keine eindeutige Präferenzordnung erkennen lassen. Durch die Erhöhung des Bevölkerungsanteils älterer Menschen könnte sich damit im Gesamtaggregat der Nachfrage nach Printmedien ein demographischer Effekt zugunsten der Gruppe Zeitungen und Zeitschriften ergeben.

In der Mehrzahl der Gütergruppen des Bereichs "Kultur, Information und Unterhaltung" kann man annehmen, daß Haushalte mit höherem Einkommen als stärkere Konsumenten hervortreten, d.h. höhere reale Ausgabenquoten haben. Wie das Beispiel Zeitungen, Zeitschriften und Bücher zeigt, trifft dies jedoch nicht generell zu. Bei Kunstgegenständen, Musikinstrumenten, Theaterbesuchen, aber auch bei der Mehrzahl der Bild- und Tonmedien sind die Ausgabenquoten umso höher, je höher das Haushaltsnettoein-

Abb. 22

Ausstattung privater Haushalte nach der sozialen Stellung der Bezugsperson 1988

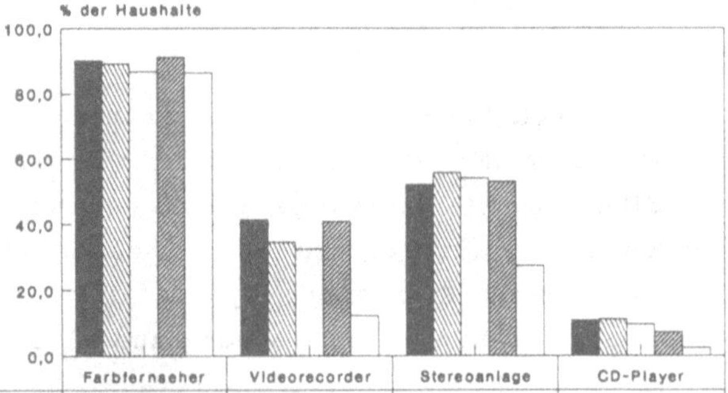

	Farbfernseher	Videorecorder	Stereoanlage	CD-Player
Selbständiger	90,2	41,3	52,0	10,7
Beamter	89,3	34,3	55,6	11,0
Angestellter	86,7	32,3	54,0	9,6
Arbeiter	91,3	40,8	52,9	7,2
Nichterwerbstätiger	86,3	12,0	27,3	2,3

Selbständiger · Beamter · Angestellter · Arbeiter · Nichterwerbstätiger

Quelle: Statistisches Bundesamt, Berechnungen des Ifo-Instituts

kommen und das zu erwartende Bildungsniveau ist.[1] Generell spielen Haushalte mit höherem Einkommen und Bildungsniveau eine Pionierrolle bei der Anschaffung von Geräten der Unterhaltungselektronik (vgl. Abb. 22). In der Abgrenzung des Statistischen Bundesamts sind dies Haushalte mit Beamten als Bezugspersonen. Eine Ausnahme stellt die Diffusion von Videorecordern dar. Bei diesem Gerät halten die Selbständigen im Vergleich der Jahre 1983/1988 jeweils die erste Position, gefolgt von Haushalten mit Arbeitern als Bezugspersonen. Beamtenhaushalte folgen in der Bereitschaft zur Aufnahme dieser Technik erst an dritter Stelle.[2]

Die Rolle der ausländischen Nachfrage

Ein Teil jener volkswirtschaftlichen Leistungen, die dem Bereich Kultur zuzurechnen sind, fließt öffentlichen Trägern und ein nicht unbeträchtlicher Teil ausländischen Nachfragern zu. Andererseits werden Teile der inländischen Nachfrage nach Gütern des Kulturbereichs durch ausländische Anbieter befriedigt. Eine vollständige Erfassung und Abgrenzung der grenzüberschreitenden Leistungen des untersuchten Bereichs ist angesichts des verfügbaren Datenmaterials nicht möglich. Dienstleistungen wie Musikaufführungen, Engagements von Schauspielern aber auch Texte im Bereich der Printmedien oder Programme für die Betreiber von Hörfunk- und Fernsehsendern sind ferner national, vor allem im EG-Raum, schwer zurechenbar. Die nachfolgende Analyse beschränkt sich deshalb auf klar abgrenzbare Gütergruppen. Urheberrechte und Lizenzen müssen wegen der schwierigen Datenlage ausgeklammert werden.

Für eine Analyse der Außenhandelsverflechtungen kommen aus dem Gesamtbereich "Kultur, Information und Unterhaltung" vor allem Teile der Bild- und Tonmedien, der Printmedien und der Musikin-

1 Dies wird im Materialienband ausführlich für zahlreiche Bereiche nachgewiesen.

2 Die Haushaltsausstattung mit Videorecordern betrug im Jahre 1983 bei den Selbständigen 16,2 %, bei Haushalten mit Arbeitern als Bezugspersonen 10,6 % und in Beamtenhaushalten 9 %. Die Vergleichsquoten für Angestellte bzw. Nichterwerbstätige lauten 8,3 % bzw. 2,4 %.

strumente in Frage. Tabelle 16 gibt einen Überblick über den Außenhandel mit ausgewählten Gütern dieses Bereichs.

Tabelle 16

Exporte und Importe ausgewählter Güter des Kulturbereichs im Jahre 1988 in Mill DM.

Benennung	Export	Import	Saldo
	in Mill. DM		
Kunstgegenstände[a)]	2 381	643	1 739
Printmedien[b)]	2 598	933	1 324
- Zeitungen, Zeitschriften	1 219	337	887
- Fachzeitschriften	126	20	106
- Bücher	1 012	575	438
Musikinstrumente	355	207	148
Farbfernsehempfangsgeräte[c)]	1 588	1 684	- 96
Videorecorder[c)]	1 730	1 469	261
Compact Discs[d)]	436	135	301
CD-Player[e)]	49	466	- 417
Tonbandgeräte[c)]	407	1 429	- 1 022

a) Nr. 9701-9706 b) ohne karthographische Werke und im Ausland verlegte Zeitschriften. c) Quelle: ZVEI.
d) Nr. 8524 90 e) Nr. 8519 99 100, ohne Kombinationen und Geräte für Kfz.

Quellen: Statistisches Bundesamt (Außenhandel nach Waren und Ländern), ZVEI, Berechnungen des Ifo-Instituts

Vergleicht man die Außenhandelsstruktur mit der inländischen Nachfrage, so zeigt sich, daß der Handel mit Kunstgegenständen, anders als dies in der inländischen Nachfrage der privaten Haushalte kenntlich wäre, im Außenhandel eine bedeutende Rolle einnimmt. Auffällig ist zudem der Handelsüberschuß für Kunstgegenstände: Es wird beinahe der vierfache Wert der Importe exportiert. Daß es sich bei der Gruppe der Kunstgegenstände um einen homogen strukturierten Bereich handelt, zeigt sich, wenn man diese Gruppe weiter aufschlüsselt (vgl. Tab. 17).

Tabelle 17

Exporte und Importe ausgewählter Kunstgegenstände und Antiquitäten 1988[a)]

in Mill. DM

Benennung	Export	Import	Saldo
		Mill. DM	
Gemälde, Zeichnungen	1 810,9	232,0	1 579,0
Plastiken	165,3	61,4	103,9
Collagen, andere Bildwerke	26,3	8,3	18,0
Stiche, Schnitte, Steindrucke	72,0	26,4	46,6
Antiquitäten	142,9	111,5	31,4

a) Gemälde und Zeichnungen sind nur von Hand geschaffene Werke. In der Gruppe "Collagen, andere Bildwerke" verzeichnet die Außenhandelsstatistik auch die Gruppe "dekorative Bildwerke". Die Antiquitäten sind jeweils über 100 Jahre alt.

Quelle: Statistisches Bundesamt, Berechnungen des Ifo-Instituts

Tabelle 17 gibt einen Überblick über wichtige Teile dieser Gruppe. Auffallend hoch ist der ausländische Nachfrageüberschuß nach deutschen **Gemälden und Zeichnungen**. Er macht den weitaus größten Teil in der Gruppe der Kunstgegenstände aus.[1] Jeweils 31 % der Exporte gehen hiervon in die EG-Länder und in die USA, 19 % in die Schweiz und 8 % nach Japan. Die Hauptnachfrage innerhalb der EG-Länder kommt aus Frankreich mit 13 % und Großbritannien mit 7 % des Gesamtexports. Sieht man ab von Frankreich, das etwa im selben Wertumfang Gemälde und Zeichnungen aus der Bundesrepublik importiert wie dorthin exportiert, besteht im Austausch mit anderen Ländern auch einzeln ein deutlicher ausländischer Nachfrageüberschuß. Es ergibt sich für den Außenhandel mit Gemälden und Zeichnungen jeweils ein Handelsbilanzsaldo von:

---

1 Eine Größe als Vergleich: Der Export von Luft- und Raumfahrzeugen (einschließlich Zubehör) ist nur knapp viermal größer als der Export von Gemälden und Zeichnungen.

- USA	+	521,5 Mill. DM
- Japan	+	127,7 Mill. DM
- Großbritannien	+	95,8 Mill. DM
- Italien	+	68,2 Mill. DM
- Frankreich	+	4,9 Mill. DM

Bei den **Antiquitäten** geht, vielleicht entgegen landläufiger Vorstellungen, nur ein relativ geringer Teil an die Länder Japan und USA. Mit den Vereinigten Staaten ist das Handelsvolumen gering und weist sogar ein Defizit von etwas mehr als einer halben Million DM auf. Der Handel mit Japan (Saldo + 2,8 Mill. DM) ist unbedeutend. Auch bei Antiquitäten findet der größte Austausch mit anderen EG-Ländern statt (60 % des Exports). Den größten Anteil nimmt hier der Antiquitätenhandel mit Großbritannien ein (40 % der Einfuhren stammen aus dem traditionsreichen Land); der Saldo zeigt ein Defizit von 9,1 Mill. DM .

Ein Überwiegen der ausländischen Nachfrage nach inländisch erzeugten, dem kulturellen Bereich zurechenbaren Gütern zeigt sich auffällig bei "informationsintensiven" Güterarten, während bei einer Dominanz des "technischen Faktors" im untersuchten Bereich die inländische Nachfrage überwiegt. Im Bereich der neuen elektronischen Bild- und Tonmedien herrscht bezüglich der Geräte ein inländischer Nettonachfrageüberschuß. Bei Tonbandgeräten war, wie Tabelle 16 zeigt, im Jahre 1988 der Handelsbilanzsaldo mit - 1 022 Mill. DM deutlich negativ. Die Importe überwiegen hier die Exporte um den Faktor 3,6. Hingegen zeigt sich bei den zugehörigen Tonträgern, den MusiCassetten, das umgekehrte Bild. Legt man die Außenhandelsstatistik des Statistischen Bundesamtes zugrunde, so betrug 1988 bei diesem Tonträger der Außenhandelsüberschuß 38,1 Mill. DM.[1]

Ähnlich stellt sich die Situation bei anderen Tonträgern dar: CD-Geräte werden im Jahre 1988 überwiegend importiert (die Ein-

1 In der Außenhandelsstatistik findet sich keine explizite Ausweisung von MusiCassetten; sie werden registriert in den Gruppen "Magnetbänder mit Aufzeichnungen" unterschiedlicher Breite. Bänder unter 6,5 mm stellen wohl überwiegend MusiCassetten dar, während dem Bereich über 6,5 mm bespielte Videocasetten zuzuordnen wären.

fuhr übertrifft die Ausfuhr um beinahe das Zehnfache).[1] Hingegen zeigt sich bei CD-Platten - den eigentlichen Trägern des Kulturgutes Musik - ein deutlicher Handelsbilanzüberschuß (hier machen die Exporte das mehr als Dreifache der Importe aus). Auch bei Schallplatten, einem Tonträger mit sinkender Bedeutung, überwiegt die Ausfuhr die heimische Nachfrage nach ausländischen Produktionen.

Zusammenfassend kann man also sagen, daß im Bereich Kultur die Nachfrage der Haushalte in der Bundesrepublik Deutschland nach "Hardware" (Geräte, Instrumente etc.) die inländische Produktion im Bereich kleiner und/oder preisgünstiger Geräte übersteigt; bei hochwertigeren Geräten zeigt sich eher das umgekehrte Bild. Auch bei der "Software" (Musik, Texte, Bilder, Kunstwerke) zeigt sich ein ähnliches Bild: Im Bereich der breiteren Massenunterhaltung (Spielfilme) überwiegen deutlich die ausländischen Produktionen, während bei den traditionellen Kulturgütern "Kunstgegenstände" oder "Musik" sich eher das umgekehrte Bild zeigt. Auch bei den Musikinstrumenten gilt Ähnliches: Bei den traditionellen Instrumenten wird ein Exportüberschuß erzielt, während billigere elektronische Instrumente überwiegend importiert werden.

Man kann daraus folgern, daß die Bundesrepublik Deutschland im System der internationalen Arbeitsteilung bezüglich der in großer Stückzahl kostengünstig erzeugten Geräte einen komparativen Nachteil, in der Produktion von "informationsintensiven" Gütern (technisches Wissen, Kunstwerke, Musik, etc.) dagegen einen komparativen Vorteil besitzt. Dies gilt auch bei den dem kulturellen Bereich im engeren Sinne zuzuordnenden Güter: Produktionen, die vorwiegend Unterhaltungszwecken dienen, werden überwiegend importiert; traditionell höher geschätzte Kulturgüter (Kunstgegenstände, Musikwerke, Literatur, Fachwissen) eher exportiert. Eine Ausnahme bildet hierbei nur das Medium Spielfilm, bei dem der bundesdeutsche Markt in hohem Maße von ausländischen Produk-

---

1 Da in der Bundesstatistik und in den Verbandsstatistiken für CD-Player keine Produktion verzeichnet wird, ist zu vermuten, daß es sich bei den Exporten ausschließlich um Re-Exporte importierter Geräte handelt.

tionen abhängig ist.[1] Eine Umkehr ist bei keinem der genannten Entwicklungstrends erkennbar.

1 Der Außenhandelssaldo bei Kinofilmen war im Zeitraum 1978 bis 1988 durchweg negativ; Die Exporte übertreffen die Importe jeweils um das Drei- bis Vierfache. Nimmt man die Videofilme hinzu, so läßt sich im Jahre 1988 der Nettoimport für dieses Medium auf ca. 43 Mill. DM schätzen; vgl. Ergänzungsband, Tabelle 21.

3.3 Bestimmungsgründe öffentlicher Kulturausgaben

3.3.1 Allgemeine Entwicklung der Steuern und der öffentlichen Ausgaben

Ähnlich wie bei der Nachfrage nach kulturellen und künstlerischen Leistungen, die überwiegend durch das Wachstum der (Real-) Einkommen bestimmt ist, sind die staatlichen Ausgaben, und damit auch die Ausgaben für Kultur in hohem Maße von der Einnahmensituation der öffentlichen Hände abhängig. Sieht man zunächst von den Gebühren ab, so ist die Entwicklung der wichtigsten Einnahmequelle, der Steuern, eine erklärende Variable der Bestimmungsgründe staatlicher Ausgaben: Ein verlangsamtes Wachstum der Steuern schränkt notwendigerweise den Spielraum für steuerfinanzierte Ausgaben ein.

Ob die zweite Finanzierungsalternative, die öffentliche Kreditaufnahme, zur Finanzierung eines höheren Staatsanteils am Sozialprodukt gewählt wird, hängt von den ordnungspolitischen Vorstellungen über den Staatsanteil am Sozialprodukt ab. Wie sich die Relation Staatliche Ausgaben/Bruttosozialprodukt entwickelt hat, hat das Ifo-Institut vor kurzem in einer Langfristanalyse der Staatsausgaben beschrieben:[1]

> "Zwei Jahrzehnte in der Nachkriegszeit im Trend gestiegen, hatte die Staatsquote 1975 knapp unter der 50 % Grenze einen Wendepunkt." Seit 1982 "sinkt die Staatsquote und wird 1989 auf 45,5 % zurückgehen. Ausgabenprogramme, neue und stark verbesserte Leistungsgesetze einerseits und ein im Vergleich zum Ausgabenzuwachs konjunkturell bedingt relativ schwacher Anstieg des Bruttosozialprodukts andererseits, hatten die Staatsquote 1973/75 um 7,4 Prozentpunkte ... nach oben katapultiert. In der Folgezeit, insbesondere nach der politischen Wende 1982 setzte ein Umdenken in der Ausgabenpolitik des Staates ein.

1 Körner, J. (1989), Der Staat auf dem Rückzug - Staatsquote sinkt nach politischer Wende, in: Ifo-Schnelldienst 19, S. 5.

Am Beispiel der mittelfristigen Finanzplanung des Bundes mit zurückgestutzten Ausgabenzuwächsen auf unter 4 % und am Finanzierungssaldo von Gebietskörperschaften und der Sozialversicherung in Höhe von 0,2 % des Sozialprodukts im laufenden Jahr - einer seit 1966 nicht mehr erreichten Größenordnung - wird dies deutlich. Dennoch schränken die Zinsausgaben, die 1989 mit rund 62 Mrd. DM die gesamten Einnahmen aus der Einkommen- und Körperschaftsteuer verschlingen, den finanzpolitischen Spielraum, insbesondere des Bundes und der Länder immer mehr ein."

Wie sich die Einengung des finanzpolitischen Spielraums auf die Entwicklung der gesamten Nettoausgaben der öffentlichen Gebietskörperschaften (Bund, Länder, Gemeinden und Zweckverbände), vor allem aber auf die Kulturausgaben ausgewirkt hat, zeigt Abbildung 23. Dabei wird deutlich, daß sich die "Schere" zwischen der Entwicklung der Steuereinnahmen und der gesamten Nettoausgaben, die sich bis in die frühen achtziger Jahre hinein weiter geöffnet hat, zu schließen beginnt. Die Kulturausgaben (in der Abgrenzung dieses Gutachtens) sind bis 1981 deutlich schneller gewachsen als die gesamten Nettoausgaben der öffentlichen Haushalte; nach einer Phase verlangsamten Wachstums in der Spätfolge der Rezession entwickeln sich die Kulturausgaben seit 1984 wiederum rascher als die gesamten Ausgaben der öffentlichen Haushalte.

Das Bild gewinnt an Deutlichkeit, wenn man den Bund, der für 12 % dieser Kulturausgaben verantwortlich zeichnet, außer Acht läßt und nur die Länder und Gemeinden (einschl. der Zweckverbände) betrachtet (vgl. Abb. 23). Das besondere und zunehmende Engagement der Gemeinden verdient spezielle Aufmerksamkeit und läßt sich von der Einnahmenseite her begründen.

Die Entwicklung der Kulturausgaben ist vor allem bei den Gemeinden stärker mit der Veränderung der Steuereinnahmen korreliert als mit der allgemeinen Ausgabenentwicklung. Diese Tatsache zeigt, daß den Kulturausgaben einerseits hohe Priorität eingeräumt wird, daß andererseits aber die Zwänge der Entwicklung der öffentlichen Einnahmen durchaus wirksam sind. In Phasen verlang-

Abb. 23 Entwicklung der Kulturausgaben, der (gesamten) Nettoausgaben und der Steuereinnahmen der öffentlichen Haushalte 1977 - 1986

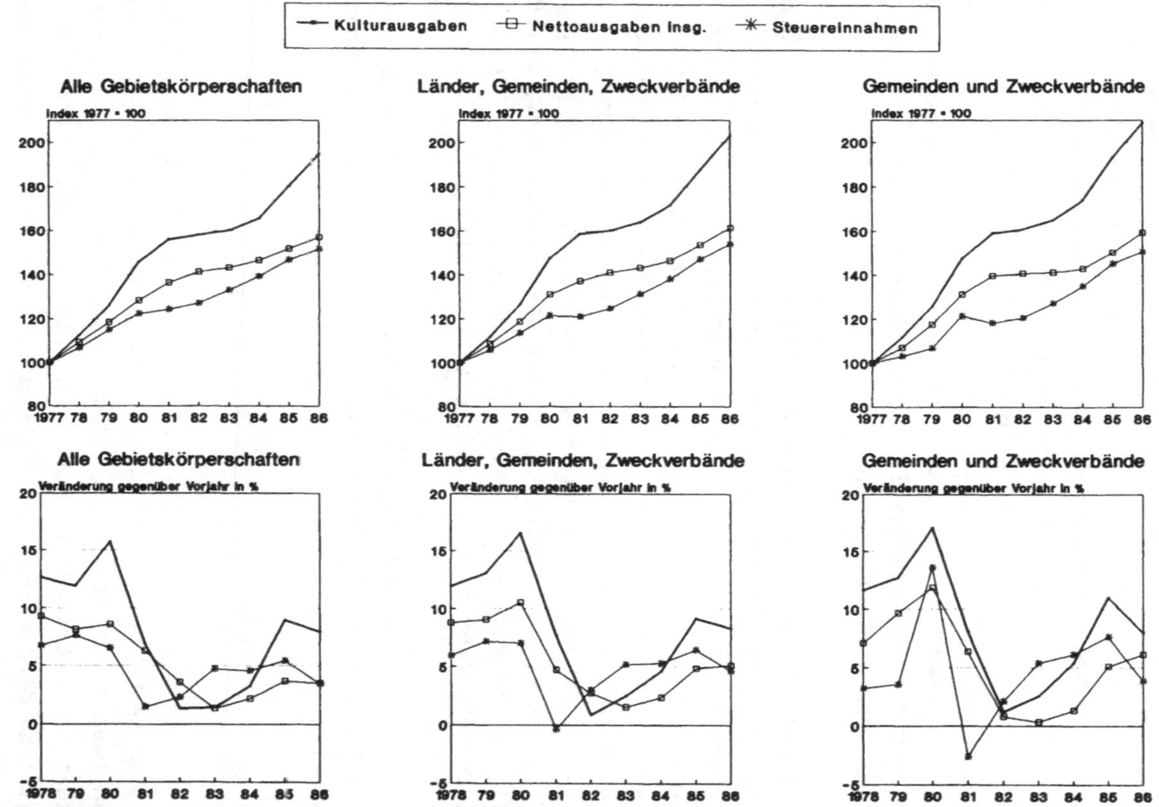

Quelle: Statistisches Bundesamt, Berechnungen des Ifo-Instituts

samter Einnahmenentwicklung reagieren die öffentlichen Haushalte wie die privaten Haushalte bei schwächerem Einkommenswachstum: Sie begrenzen die "stärker präferierten" Ausgabekategorien in höherem Maße als andere Ausgaben. Erinnert sei hier nur an den Fixkostenblock der öffentlichen Personalausgaben und - speziell im Fall der Gemeinden - an die Sozialhilfe, die in Rezessionsphasen den finanziellen Spielraum zusätzlich einengen. Bei den Gemeinden wird dieser Effekt durch die hohe Konjunkturreagibilität der Gewerbesteuer noch verstärkt. In der Folge einer Verbesserung der Finanzsituation treten dann aber wiederum beschleunigte "Nachholeffekte" auf.

Deshalb ist es nicht verwunderlich, daß gerade die Gesamtheit der Gemeinden in der Folge des kontinuierlichen Aufschwungs zur Triebfeder neuer kultureller Ausgabenimpulse geworden ist. Überdies drückt sie die Last der Zinsausgaben in weit geringerem Maße, da sich ihre Nettokreditaufnahme von der Neuverschuldung des Bundes und der Länder deutlich unterschieden hat. In denjenigen Kommunen aber, die durch Strukturanpassungsprobleme der Wirtschaft ihrer Region in Finanznöte geraten sind, zeigt sich ein völlig anderes Bild. Die Situation der Werft- und Montanregionen liefert hier anschauliche Beispiele.

Bei der Entwicklung von Szenarien für die zukünftige Entwicklung des Kulturbereichs muß deshalb der gesamtwirtschaftlichen Entwicklung besonderes Augenmerk gewidmet werden.

3.3.2 Ausgabenpolitische Akzente

Die konjunkturelle Entwicklung trifft nicht nur die Kulturausgaben im Rahmen der gesamten Ausgaben der öffentlichen Haushalte in besonderem Maße, sie hat auch innerhalb des Kulturbereichs deutliche Struktureffekte. Dies läßt sich mit Hilfe eines Vergleichs darstellen, der zum einen die Veränderungsraten über den Gesamtzeitraum 1977/86 enthält. Sie liefern Anhaltspunkte für die mittelfristige Entwicklung der einzelnen Ausgabekategorien und damit auch der Rangskala, nach der die öffentlichen Hände ihre Prioritäten äußern. Dies gilt auch für die Vergleichsgrößen der Jahre 1980/86. Die Abweichungen (gemessen in Prozentpunkten) zwischen beiden Veränderungsraten können darüber hinaus aber auch Indikatoren für die Konjunkturreagibiliät einzelner Kulturausgaben liefern (vgl. Tab. 18).

Tabelle 18

Entwicklung der Nettoausgaben öffentlicher Haushalte im Kulturbereich[a] nach Aufgabenbereichen 1977/86 und 1980/86
- geordnet nach der Höhe der Veränderung 1977/86 -

Aufgabenbereich	Alle Körperschaften		darunter: Gemeinden	
	Veränderung in %[b]			
	1977/86	1980/86	1977/86	1980/86
Sonstige Kunst- und Kulturpflege	11,9	7,4	11,8	6,3
Denkmalschutz und Denkmalpflege	11,3	6,6	.	.
Museen insgesamt	10,1	6,1	10,2	7,5
- Wissenschaftliche Museen	(10,1)	(4,0)	(8,0)	(2,7)
- Museen, Sammlungen, Ausstellungen	(10,0)	(6,7)	(10,6)	(8,7)
Verwaltung kultureller Angelegenheiten	8,2	5,9	11,8	6,3
Kunst- und Musikhochschulen	8,1	7,1	-	-
Volkshochschulen, Erwachsenenbildung	7,8	3,0	10,6	6,2
Bibliotheken, Büchereien insgesamt	7,0	4,5	6,8	4,5
- Wissenschaftliche Bibliotheken, Archive, Dokumentation	(7,3)	(4,6)	(4,3)	(0,5)
Theater und Musik	6,8	5,2	7,1	5,8
- Sonstiges Bibliothekswesen, Büchereien	(6,7)	(4,4)	(7,1)	(4,9)
Kulturelle Angelegenheiten im Ausland	4,3	0,1	-	-
Rundfunkanstalten und Fernsehen	2,9	1,5	-	-
insgesamt	7,7	4,9	8,5	6,0
davon:				
Bund	4,7	1,7		
Länder	7,7	4,8		
Gemeinden	8,5	6,0		
Zweckverbände	7,6	3,4		

a) Abgrenzung nach den Rechnungsergebnissen der öffentlichen Haushalte für Bildung, Wissenschaft, Kultur, Statistisches Bundesamt, Fachserie 14, Reihe 3.4, vgl. insbes. die dort angegebenen Anmerkungen.
b) Veränderung im Durchschnitt der Jahre.

Quelle: Statistisches Bundesamt, Berechnungen des Ifo-Instituts.

Betrachtet man zunächst die längere Periode 1977/86, so läßt sich - in aufsteigender Reihenfolge - eine zunehmende Bedeutung der Erwachsenenbildung (Volkshochschulen, sonstige Erwachsenenbildung) und der Ausbildung von Künstlern (Kunst- und Musikhochschulen) beobachten; Museen und Denkmalpflege erlangen einen noch höheren Stellenwert und werden vorrangig nur übertroffen von der "sonstigen Kunst- und Kulturpflege", die neben einer Fülle von Einzelmaßnahmen wie z.B. der Förderung des Films, der Kulturfonds und einzelner Kulturinstitutionen, vor allem die Heimat- und Denkmalpflege der Kommunen enthält. Daß die Kulturverwaltung an der Aufgabenausweitung partizipiert, liegt auf der Hand.

Im Zuge der Erhöhung der Kulturausgaben 1977/86 sind die traditionellen Felder "Büchereien, Bibliotheken" und "Theater, Musik" zwar langsamer gewachsen, blieben aber hinter der Entwicklung der Nettoausgaben aller Gebietskörperschaften nicht zurück. Für die Förderung der kulturellen Beziehungen zum Ausland läßt sich dies ebensowenig behaupten wie für die Bundesrundfunkanstalten, die bis 1986 keine nennenswerte Expansion erfahren haben.

Während der Verschlechterung der Finanzsituation zu Beginn der achtziger Jahre suchten die öffentlichen Hände nach Lösungsmöglichkeiten: Die Gebührenanhebungen der Gemeinden auch im Bereich der kulturellen Leistungen, Einsparmaßnahmen bei allen variablen Positionen (z.B. Ankäufe von Bildern, Büchern), Beschränkungen bei Zuschüssen für kulturelle Einzelaktivitäten und der Aufschub von Baumaßnahmen waren die Folge.

Daher sind die öffentlichen Ausgaben für die (überwiegend gebührenfinanzierte) Erwachsenenbildung, für den Denkmalschutz und die Museen in dieser Zeit - trotz der hohen Priorität, die sie einnehmen - am deutlichsten gegenüber dem längerfristigen Trend zurückgenommen worden, während vertraglich festgeschriebene Verpflichtungen wie die Theaterfinanzierung, die Finanzierung der Kunst- und Musikhochschulen und die Verwaltung kultureller Angelegenheiten in geringerem Umfang betroffen waren.

3.4 Bestimmungsgründe der Nachfrage von Unternehmen nach kulturellen Leistungen

Bei den marktorientierten Unternehmen des Kulturbereichs, z.B. den Verlagen, den privaten Theatern und Orchestern, der Filmwirtschaft und den Herstellern von Tonträgern ist die Nachfrage nach Leistungen von Angehörigen der Kulturberufe unmittelbar von der Nachfrage der privaten Haushalte abhängig: Der Absatz von Büchern, Zeitungen und Zeitschriften, der Verkauf von Eintrittskarten an Theater- und Konzertgastspielbesucher und Kinobesucher, der Absatz von Bild- und Tonträgern für den privaten Gebrauch sind wichtige Einflußgrößen für die Beschäftigung von Publizisten, darstellenden Künstlern und Musikern und Angehörigen der künstlerisch-technischen Berufe der Bühnen-, Bild- und Tontechnik. Diese Abhängigkeit gilt auch für die Architekturbüros, sofern sie Planungsleistungen für den Wohnungsbau der Haushalte erbringen.

Neben diesen "geradlinigen" Einflüssen, die sich unmittelbar aus der Analyse des privaten Verbrauchs ableiten lassen, werden auch Substitutionseffekte wirksam. Sie beruhen auf einer Fülle von Wechselbeziehungen zwischen den Verteilerbereichen und beeinflussen ebenfalls die Nachfrage nach Leistungen von Angehörigen der Kulturberufe. Die Umschichtungen in den Zeitbudgets der privaten Haushalte vom Lesen von Büchern, von Kinobesuchen hin zum Fernsehkonsum haben die Beschäftigungsmöglichkeiten für publizistische und künstlerischen Berufe verändert. Die Nachfrage der öffentlich-rechtlichen Fernsehanstalten nach Produktionen deutscher Filmhersteller beeinflußt z.B. die Beschäftigungsmöglichkeiten von künstlerischen und künstlerisch-technischen Berufen.

Die finanzielle Situation des öffentlich-rechtlichen Rundfunks ist langfristig eine entscheidende Größe für die Vergabe von Auftragsproduktionen. Sie ist aber nicht nur von den Gebühreneinnahmen, sondern in entscheidendem Maße auch von den Werbeeinnahmen ihrer Werbegesellschaften abhängig. Damit wird die Entwicklung eines weiteren Vermarkterbereichs, der Werbung, zu einer Einflußgröße, die es zu berücksichtigen gilt. Die Bereitschaft der Wirtschaft, ihren Produkten mit Hilfe der Werbung einen höheren Bekanntschaftsgrad zu verleihen, ist somit eine der Ursachen für die Finanzierung von Leistungen der Verteilerbereiche. Erinnert sei hier an die Werbeeinnahmen nicht nur des Hörfunks oder des Fernsehens, sondern vor allem auch an die Anzeigenerlöse der Verlage.

Eine andere wichtige Bestimmungsgröße nach Leistungen künstlerischer und kultureller Berufe ist die Nachfrage von Unternehmen, die künstlerische Leistungen einsetzen, um ihren Produkten am Markt verbesserte Absatzchancen einzuräumen. Neben der Werbebereitschaft ist hier vor allem die Bereitschaft der Verbrauchsgüterindustrien zur Beschäftigung von Grafikern und Designern von Bedeutung.

Daneben wirkt eine zusätzliche Nachfragekomponente, die in besonderem Maße die Aufmerksamkeit der Öffentlichkeit erregt: Das Sponsoring, das eine Zwischenstellung zwischen Werbung und Mäzenatentum einnimmt.

3.4.1 Nachfrage der marktorientierten Unternehmen

Wo die Nachfrage marktorientierter Unternehmen des Kulturbereichs nach Leistungen von Selbständigen in Kulturberufen ansetzt, läßt sich anhand der Entgelte nachzeichnen, die die Vermarkter an die Künstlersozialkasse melden. Im Jahr 1987 lag der gemeldete Betrag knapp unter einer Milliarde DM und wurde annähernd zur Hälfte von den Verlagen (einschl. Presseagenturen) aufgewendet (vgl. Tabelle 19).

Damit sind sie die wichtigsten Nachfrager nach künstlerischen bzw. publizistischen Leistungen und liegen mit weitem Abstand vor den Rundfunk- und Fernsehanstalten (10,2 %) und vor der Werbung (11,0 %) sowie den Herstellern bespielter Bild- und Tonträger (7,1 %).

Tabelle 19

Entgelte der Vermarkter für selbständige Künstler im Jahr 1987 nach Tätigkeitsbereichen sowie Unternehmen und Einrichtungen[a]
- in % der Tätigkeitsbereiche -

Unternehmen und Einrichtungen	Tätigkeitsbereiche der Künstler				
	Wort	Musik	Darst. Kunst	Bildende Kunst	Alle Bereiche
	in %				
Buchverlage	32,1	0,4	3,1	7,4	20,4
Presseverlage	23,8	0,0	4,3	7,5	15,4
Sonstige Verlage	17,5	4,1	4,9	6,0	12,4
Presseagenturen	0,9	0,0	2,8	3,4	1,2
Verlage, Presseagenturen	74,4	4,6	15,1	24,3	49,4
Theater	0,3	7,6	29,6	1,5	4,4
Orchester	4,2	10,4	3,1	1,3	4,9
Theater-, Konzertveranstalter	0,1	26,7	7,3	0,6	5,9
Varieté, Zirkus	0,0	0,1	0,4	0,1	0,1
Veranstaltungen insgesamt	4,7	44,8	40,4	3,5	15,2
Galerien, Kunsthandel	0,0	0,3	2,3	16,5	2,4
Museen	0,1	0,2	0,3	2,5	0,5
Galerien, Museen	0,1	0,5	2,6	19,0	2,9
Werbung	4,3	1,1	21,1	49,1	11,0
Musikschulen	0,0	21,7	0,3	0,0	4,1
Herstellung bespielter Bild- und Tonträger	3,3	18,9	14,2	2,7	7,1
Rundfunk-, Fernsehanstalten	13,3	8,4	6,3	1,4	10,2
Insgesamt	100,0	100,0	100,0	100,0	100,0
nachrichtlich: Entgelte der Vermarkter (in Mill. DM)	589,5	188,4	87,0	129,5	994,4
Anteil des Bereichs (in %)	59,3	18,9	8,7	13,0	100,0

a) Differenzen in den Kommastellen sind rundungsbedingt.

Quelle: Künstlersozialkasse, Berechnungen des Ifo-Instituts.

Wenn man die Nachfrage nach selbständigen Leistungen anderer Künstlergruppen näher betrachtet, zeigt sich folgendes Bild:

- Die Künstler des Bereichs Musik sind in erster Linie von den Theater- und Konzertveranstaltern (26,7 %), den Musikschulen (21,7 %) und den Herstellern bespielter Bild- und Tonträger abhängig. Letztere führen 18,9 % der Entgelte ab. Annähernd gleichrangig folgen die Orchester (10,4 %) sowie die Rundfunk- und Fernsehanstalten (8,4 %).

- Die Künstler im Bereich Darstellende Kunst haben erwartungsgemäß den Schwerpunkt ihrer Einnahmen bei den Theatern (29,6 %). Die Werbung (21,1 %), die Verlage (15,1 %), die Hersteller von Bild- und Tonträgern (14,2 %) und die Rundfunk- und Fernsehanstalten (6,3 %) sind die weiteren wichtigsten Nachfrager.

- Die Künstler im Bereich Bildende Kunst, zu denen auch die Grafiker und Fotografen zählen, erzielen 49,1 % der Entgelte im Bereich der Werbung. Die zweitwichtigste Vermarktergruppe (24,3 %) sind die Verlage und Presseagenturen. Die gemeldeten Entgelte der Galerien, des Kunsthandels und der Museen (19,0 %) erreichen diese Größenordnung nicht.

Ein Zeitreihenvergleich mit Daten der Künstlersozialkasse, der es gestatten würde, die Inanspruchnahme von Leistungen Selbständiger in Kulturberufen im Zeitablauf zu untersuchen, ist leider nicht möglich, da der Kreis der erfaßten Künstler und auch der erfaßten Vermarkter sich kontinuierlich erweitert hat. Aus der oben dargestellten Momentaufnahme läßt sich jedoch die Bedeutung der Verlage und der übrigen Vermarkterbereiche abschätzen.

Eine weitere Möglichkeit der Beurteilung besteht in einem Vergleich der sozialversicherungspflichtig Beschäftigten in ausgewählten Vermarkterbereichen.[1] Er zeigt, daß die meisten Arbeitsplätze für Publizisten und Künstler bei den Verlagen und den Theatern und Orchestern geschaffen werden (jeweils rund ein

---

1 Vgl. hierzu Hummel, M. und M. Berger (1988), a.a.O, S. 62 ff.

Drittel aller Arbeitsplätze, die die Bundesanstalt für Arbeit den Bereichen "Kunst, Theater, Film, Rundfunk, Fernsehen" und "Verlags-, Literatur-, Pressewesen" zuordnet), rund ein Viertel bei den Fernseh- und Rundfunkanstalten. Vor allem darstellende Künstler, Berufe der Bühnen-, Bild- und Tontechnik sowie Publizisten finden in diesen Verteilerbereichen bis zu 80 % ihrer Arbeitsplätze.

Vergleicht man die Veränderungsraten der sozialversicherungspflichtig Beschäftigten 1978/88 in diesen Vermarkterbereichen, die zwischen 2,2 % (Rundfunk- und Fernsehanstalten) und 1,3 % (Verlage) liegen, mit den durchschnittlichen Zuwachsraten der sozialversicherungspflichtig Beschäftigten Publizisten (4,2 %) und den Berufen der Bühnen-, Bild- und Tontechnik (2,3 %), so liegt der Schluß nahe, daß die Beschäftigungsexpansion durchweg auch zugunsten der Kulturberufe verlaufen ist und überdies Raum für freie Mitarbeit geschaffen hat.

Anhand der aktuellen Entwicklung der Gewinne in diesen Bereichen oder anhand der Gebührenentwicklung kann die Beschäftigungsexpansion vor allem in Hörfunk und Fernsehen jedoch nicht erklärt werden. Entscheidend sind hier - vor allem bei den privaten Anstalten - zukünftige Gewinneinschätzungen und bei den - tendenziell langsamer wachsenden öffentlich-rechtlichen Anstalten "Verteidigungsstrategien" gegenüber den Konkurrenten, die zu noch näherer Berichterstattung "vor Ort" und zu mehr deutschen Auftragsproduktionen geführt haben.

3.4.2 Die Rolle von Design und Werbung

Die Verlangsamung des Wirtschaftswachstums und der damit verbundene schwächere Anstieg der Binnennachfrage, den die beiden Ölpreisschocks (1973/74 und 1979) ausgelöst haben, verlangsamte den Anstieg der Realeinkommen. Er hat sich erst seit 1986/87 wieder beschleunigt. Diese Einkommensentwicklung hatte Auswirkungen auf die Absatzchancen der Verbrauchsgüterindustrien. Gespart wurde vor allem bei Möbeln, Bekleidung und Schuhen. Damit erhöhte sich der Wettbewerbsdruck in diesen Verbrauchsgüterindustrien.

Mögliche Strategien, in dem enger gewordenen Markt eine Position zu sichern oder gar auszuweiten, bestanden und bestehen vor allem darin, kostengünstiger zu produzieren, den eigenen Erzeugnissen durch Werbung zu mehr Bekanntheit und damit höheren Absatzchancen zu verhelfen und neue bzw. qualitativ verbesserte Produkte einzuführen, die dem Geschmack anspruchsvollerer und ausgabefreudigerer Käuferschichten entsprechen. Innovations- und Werbeaufwendungen der Unternehmen sind hierfür die Voraussetzung.

Um die Bedeutung von Design anhand quantifizierbarer Größen darstellen zu können, wurden im jüngsten Innovationstest des Ifo-Instituts Sonderfragen zu den Designstrategien der Unternehmen des Berichtskreises gestellt.

Von den rund 1 500 antwortenden Unternehmen des Innovationstests haben sich 1 296 zu Fragen nach den Designstrategien geäußert. Bei etwa zwei Drittel der Unternehmen des Verbrauchsgütergewerbes und des - gesondert ausgewerteten - Nahrungs- und Genußmittelgewerbes hat Design große Bedeutung für die Vermarktung der Produkte. Bedeutungslos ist Design nur für jedes 7. Unternehmen des Verbrauchsgütergewerbes bzw. jedes 13. Unternehmen des Nahrungs- und Genußmittelgewerbes.

Die Aktivitäten der Unternehmen richten sich zum überwiegenden Teil auf die Produktgestaltung. Sie wurde von 80 % der Unternehmen mit Designaktivitäten genannt. In einigen Bereichen wie z.B. im Sektor Spielwaren, Musikinstrumente spielt jedoch auch die Verpackung eine große Rolle. Beim Nahrungs- und Genußmittelgewerbe ist sie sogar die bestimmende Designaktivität.

Fast zwei Drittel der Unternehmen mit Designaktivitäten löst ständig Designaufgaben. Sie nehmen - wie sich den Mehrfachnennungen entnehmen läßt - diese Aufgaben zumeist intern wahr: 32,9 % aller Unternehmen setzen permanent eigene Designer und andere Mitarbeiter (29,6 %) ein, im Verbrauchsgütergewerbe ist die Beschäftigung eigener Designer (54,5 % der Meldungen) sogar noch deutlicher ausgeprägt. Eine (Dauer-) Auftragsvergabe an externe Designer oder Designbüros erfolgt weniger häufig (14,0 %

bzw. 12,5 %). Die kontinuierliche Einschaltung externer Werbeagenturen ist dagegen beim Nahrungs- und Genußmittelgewerbe (49,6 %) besonders ausgeprägt. Die Frage nach der gelegentlichen Auftragsvergabe an externe Designer bzw. Werbeagenturen haben aber immerhin 29,2 % bzw. 23,5 % aller Unternehmen mit Designaktivitäten bejaht.

Welche Bedeutung Design im Rahmen der innovatorischen Aktivitäten von Unternehmen einnimmt und vor allem welchen Anteil das Design an den Innovationsaufwendungen der Unternehmen hat, zeigen die Abbildungen 24 und 25.

Daß Design in Zukunft eine noch größere Bedeutung einnehmen wird, läßt sich aus den Antworten auf die Umfrage des Ifo-Instituts ablesen: Fast 100 % aller Unternehmen (präzise: 98,3 %), die das Design derzeit für sehr wichtig halten, äußern diese Einschätzung auch für die Zukunft. Von denjenigen Unternehmen, die ihm heute nur geringes Gewicht beimessen, erwartet immerhin jedes sechste (16,2 %) einen höheren Stellenwert für Design. Und bei denjenigen Unternehmen, für die Design heute überhaupt keine Bedeutung hat, revidiert jeder achte sein Urteil für die nächsten Jahre.

Damit läßt sich für die Beschäftigungschancen von designorientierten Berufen eine positive Zukunftsperspektive ableiten. Ähnliches dürfte auch für die Werbewirtschaft gelten. Daß dieser Trend - trotz der Beschäftigungseinbrüche in der Folge der Ölpreisschocks und des verlangsamten Wirtschaftswachstums - bereits seit längerem besteht, hat das Ifo-Institut vor kurzem gezeigt.[1] Gerade in den künstlerischen Berufen, bei den Grafikern, aber auch bei den Werbefachleuten hat sich die sozialversicherungspflichtige Beschäftigung schneller entwickelt als bei allen anderen Berufsgruppen; in Wirtschaftsbereichen, in denen ein massiver Beschäftigungsabbau gegenüber dem Ende der siebziger Jahre erfolgt ist (Ledergewerbe, Bekleidungsgewerbe), haben

1 Vgl. Hummel, M. (1989), Die volkswirtschaftliche Bedeutung des Urheberrechts, a.a.O., Kapitel B 2.1.9.

Abb. 24 Innovationsaufwendungen und Aufwendungen für Produktdesign in ausgewählten Bereichen der Industrie 1988
in % des Umsatzes

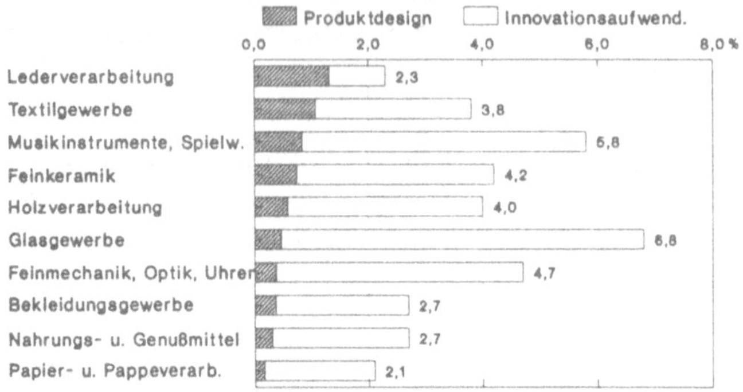

Quelle: Ifo-Innovationstest für die Industrie, 1988

Abb. 25 Aufwendungen für Produktdesign in ausgewählten Bereichen der Industrie 1988
in % der gesamten Innovationsaufwendungen

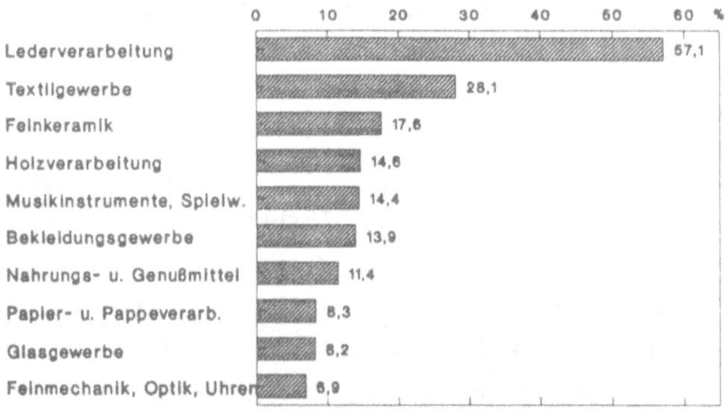

Quelle: Ifo-Innovationstest für die Industrie, 1988

die Designberufe weit überdurchschnittlich zugenommen und zum Wiedererstarken dieser Branchen beigetragen. Daß die zunehmende Bedeutung auch Raum für die weitere Entwicklung von Designbüros und selbständigen Designern läßt, steht vor allem im Zuge des Bewußtseinswandels von Unternehmen zu erwarten, die das Design bisher als weniger bedeutend eingeschätzt haben. Ehe diese Unternehmen eigene Designabteilungen einrichten, werden sie die

Leistungen extern beziehen. Wie sich die Perspektiven darstellen werden, ist allerdings in entscheidendem Maße von der gesamtwirtschaftlichen Entwicklung abhängig.

Diese Abhängigkeit von der gesamtwirtschaftlichen Entwicklung läßt sich auch für eine zweite Determinante der Finanzierung von Aktivitäten im Medien- und Kulturbereich belegen, für die Werbung. So läßt sich im längerfristigen Trend eine enge Korrelation zwischen der Entwicklung des Sozialprodukts und der Entwicklung der Werbetätigkeit feststellten.[1] Daß die Werbebereitschaft der Wirtschaft derzeit zunimmt, zeigt jedoch die Entwicklung einzelner Werbeträger, insbesondere des Fernsehens. Dort ist es den privaten Anstalten zum Teil gelungen, neue Werbekreise zu erschließen, ohne daß dies zu Lasten der traditionellen Werbeträger, vor allem auch der Printmedien gegangen wäre.[2] Die Beschäftigungsmöglichkeiten von publizistischen Berufen in Anstalten, die von den Werbeeinnahmen abhängig sind, dürften deshalb von den finanziellen Rahmenbedingungen her gesehen weiterhin expandieren. Daß von der Entwicklung der Werbung aber für andere Berufsgruppen auch gegenläufige Effekte ausgehen können, wird unten eingehender untersucht.

Um eine Vorstellung vom wirtschaftlichen Gewicht der Werbewirtschaft zu geben, wird an dieser Stelle nur auf die Höhe der gesamten Werbeausgaben der deutschen Wirtschaft im Jahr 1987 verwiesen. Der Zentralausschuß der Werbewirtschaft beziffert die gesamte Höhe auf 33,4 Mrd. DM:[3] "Dieser Betrag setzt sich aus der Summe der drei bei einem Werbungtreibenden entstehenden Kosten zusammen - den Werbemittelproduktionskosten (wie Fernseh-Werbespot, Anzeigenvorlage, Prospekt), den Werbeverwaltungskosten (wie Honorare und Gehälter) und den Werbeträgerkosten (Einnahmen der Medien)." Gemessen an diesen Beträgen nehmen sich andere und durchwegs stärker an den Belangen kultureller Berufe

---

1 Vgl. Grefermann, K. (1989), Druckerei und Vervielfältigung, a.a.O.
2 Vgl. ebenda.
3 Zentralausschuß der Werbewirtschaft (1988), Werbung '88, Bonn, S. 14

Tabelle 20

Netto-Werbeeinnahmen erfaßbarer Werbeträger 1987[a)]
ohne Produktionskosten

Werbeträger	Mill. DM	%
Printmedien	14 296,5	79,7
Tageszeitungen[1)]	7 022,6	39,1
Publikumszeitschriften[2)]	2 925,6	16,3
Fachzeitschriften[3)]	1 569,4	8,7
Adreßbuchwerbung[4)]	1 139,8	6,4
Wochen- und Sonntagszeitungen[1)]	274,1	1,5
Hörfunk- und Fernsehen	2 243,6	12,5
Fernsehwerbung[5)]	1 617,8	9,0
Hörfunkwerbung[6)]	625,8	3,5
Direktwerbung[7)]	704,2	3,9
Außenwerbung[8)]	534,5	3,0
Filmtheaterwerbung[9)]	169,7	0,9
Werbeumsatz insgesamt	17 948,5	100,0

a) Netto = nach Abzug von Mengen- und Malrabatten sowie Mittlerprovisionen, sofern nicht anders bezeichnet. Differenzen sind rundungsbedingt.

1) Bundesverband Deutscher Zeitungsverleger e.V., Erhebung bei Mitgliedern. - 2) Fachgruppe Publikumszeitschriften im Verband Deutscher Zeitungsverleger e.V. - 3) Fachgruppe Fachzeitschriften im Verband Deutscher Zeitschriftenverleger e.V. - 4) Verband Deutscher Adreßbuchverleger e.V., Erhebung bei Mitgliedern, Netto nach Skonti (einschl. amtliche Fernsprechbücher). - 5) Arbeitsgemeinschaft Rundfunkwerbung, ZDF, RTL plus, SAT 1. - 6) Arbeitsgemeinschaft Rundfunkwerbung, RTL-Radio Tele Luxemburg. - 7) DDV Deutscher Direktmarketing-Verband e.V., Streukosten der durch die Post verteilten Direktwerbesendungen nach den Verkehrszahlen des Bundespostministeriums. - 8) Fachverband Außenwerbung e.V., Erhebung bei Mitgliedern, Netto nach Skonti. - 9) Fachverband Film- und Diapositiv-Werbung e.V., Erhebung bei Mitgliedern, Netto-Umsatz geschätzt.

Quelle: Zentralausschuß der Werbewirtschaft, Werbung '87, Berechnungen des Ifo-Instituts.

orientierte Finanzierungsmöglichkeiten, das Sponsoring und Mäzenatentum eher bescheiden aus.

3.4.3 Die Rolle von Sponsoring und Mäzenatentum

In der Öffentlichkeit bestehen teilweise diffuse Vorstellungen über Sponsoring und Mäzenatentum. Häufig werden die Begriffe "Sponsor", "Mäzen" und "Kunstsammler" synonym gebraucht, obwohl sie - nach dem Selbstverständnis der Kulturfördernden - durchweg unterschiedliche Inhalte haben.[1] Im allgemeinen wird der Begriff "Mäzenatentum" mit einer Kulturförderung im Stillen und mit altruistischen Motiven des Förderers assoziiert, die in dieser reinen Form jedoch nicht der Regelfall sein dürfte.[2]

"Sponsorship" ist zweckgerichtet. In der Terminologie der Betriebswirtschaftslehre heißt dies, "daß Vertreter des gesellschaftlichen Bereichs Wirtschaft mit Vertretern anderer gesellschaftlicher Bereiche zu dem finalen Zweck zusammenarbeiten, um ihre **jeweiligen Zielsetzungen** effektiver zu erreichen.[3]

Damit kann Sponsoring von Unternehmen auch als alternatives Instrument der Öffentlichkeitsarbeit neben der Werbung eingesetzt werden. Die Zielsetzungen zwischen Sponsoring und Werbung weichen dennoch voneinander ab. Sponsoring ist geeignet, den Bekanntheitsgrad nach außen zu vergrößern oder das Betriebsklima zu verbessern. Es dient häufig der Demonstration gesellschaftli-

---

1 Für eine Fülle von Beispielen vgl. u.a. Fohrbeck, K. (1989), Renaissance der Mäzene? Interessenvielfalt in der privaten Kulturfinanzierung, Köln; Roth, P. (1989), Kultur-Sponsoring: Meinungen, Chancen und Probleme; Konzepte, Beispiele, Landsberg, S. 25 ff.

2 Für eine Kritik dieser Vorstellung vgl. Fohrbeck, K. (1989), Renaissance der Mäzene, a.a.O. S. 13.

3 Hermanns, A. (1989), Sponsoring - Zukunftsorientiertes Instrument der Marktkommunikation, in: Hermanns, A. (Hrsg.), (1989), Sport- und Kultursponsoring, München, S. 5.

cher Verantwortung[1] und bezweckt in der Regel eine Aufwertung des Image der Unternehmen. Daß die in diesem Gutachten interessierenden Ausgaben für Kunst und Kultur hierbei in Konkurrenz zu anderen Ausgaben, z.B. für soziale Zwecke oder für Sport stehen, muß betont werden. Das gesamte Sponsoring wird für das Jahr 1986 auf rund 400 Mill. DM geschätzt, auf Kultursponsoring dürfte nur ein Bruchteil entfallen.[2]

Welche Ziele Unternehmen bei Ausgaben für Kunst und Kultur verfolgen, hat das Ifo-Institut im Rahmen einer Studie zur volkswirtschaftlichen Bedeutung von Kunst und Kultur im Auftrag des Bundesministers des Innern untersucht.[3] Die Auswertung einer eigenen Befragung, bei der Mehrfachnennungen möglich waren, zeigte zunächst, daß z.B. in der Industrie nur jedes vierte Unternehmen in diesem Bereich aktiv wird. Bei diesen Unternehmen steht die Außenwirkung im Vordergrund: Imagepflege bzw. Kundenpflege wurden von 80 % bzw. 50 % der Befragten als Fördermotiv genannt.[4] Daß dabei persönliche Neigungen der Unternehmensleitung durchweg eine wichtige Rolle spielen, wurde von über 40 % der Unternehmen erklärt. Die Motivation von Mitarbeitern war bei jedem fünften fördernden Unternehmen ein wichtiger Grund, sich in Kunst und Kultur zu engagieren.

---

1 Vgl. Bruhn, M. (1987), Sponsoring. Unternehmen als Mäzene und Sponsoren, Wiesbaden, S. 86 f.; Hermanns, A. und Drees, N. (1987), Kultursponsoring - Neue Möglichkeiten für die Kommunikationspolitik, in: Jahrbuch der Absatz- und Verbrauchsforschung, Bd. 33, S. 6 ff.

2 Vgl. Bruhn, M. (1987), Sponsoring, a.a.O.

3 Vgl. Hummel, M. und Berger, M., a.a.O. Die Umfrage wurde nach dem Vorbild der Befragung des Kulturkreises im Bundesverband der Deutschen Industrie (BDI) durchgeführt. Die Umfrage des BDI war die erste größer angelegte Untersuchung in der Bundesrepublik Deutschland. Der Teilnehmerkreis (1 059 Unternehmen, darunter 402 Unternehmen der Industrie, d.h. der Energiewirtschaft und des verarbeitenden Gewerbes) war jedoch nur halb so groß wie in der Ifo-Umfrage (2 243 Unternehmen, darunter 1 634 Unternehmen der Industrie).- Vgl. Kulturkreis im Bundesverband der Deutschen Industrie (Hrsg.), (1987), Die Wirtschaft als Kulturförderer, Köln, insbes. S. 68.

4 Bei der Gesamtheit der Befragten nimmt die Kundenpflege somit einen höheren Stellenwert ein als z.B. in der BDI-Umfrage, bei der die teilnehmenden Kreditinstitute und Versicherungen (insgesamt 119) einen niedrigeren Anteil an allen Teilnehmern hatten.

Die Förderschwerpunkte sind - nach den Ergebnissen der Ifo-Umfrage und den Ergebnissen der Untersuchung des Kulturkreises des Bundesverbands der Deutschen Industrie (BDI) - eindeutig bei Heimat- und Brauchtumspflege gesetzt. Musik, bildende Kunst und Denkmalpflege folgen erst mit einigem Abstand; sie werden aber von mindestens jedem dritten kulturfördernden Unternehmen berücksichtigt. Die Theater, bei denen die öffentlichen Hände am meisten aufwenden und am stärksten auf ergänzende Zuwendungen des Unternehmenssektors hoffen, stehen hingegen erst auf Rang 5 der Popularitätsskala. Nur jedes fünfte Unternehmen, das in der Ifo-Umfrage angegeben hatte, Kunst und Kultur zu unterstützen, nannte die darstellende Kunst als Förderbereich,[1] in der Industrie sogar nur jedes sechste Unternehmen. Auf die Gesamtheit der Teilnehmer an der Umfrage bezogen bedeutet dies, daß z.B. nur knapp 4 % der Industrieunternehmen an Theaterförderung interessiert waren.

Die meisten Unternehmen lenken ihre Mittel über Kulturvereine oder Kulturinstitutionen (z.B. Museen, Orchester, Theater), wobei als Förderformen vor allem Sach- und Materialspenden gewählt werden. Publikationshilfen und finanzielle Unterstützungen (Stipendien, aber auch sonstige Geldspenden), Ankäufe, oder Aufträge an Künstler folgen als weitere beliebte Formen. Eine breite finanzielle Ergänzung der staatlichen Künstlerförderung durch Kulturpreise läßt sich aus den Umfrageergebnissen jedoch nicht ableiten: Nur jedes sechste fördernde Unternehmen, und nur jedes 14. fördernde Industrieunternehmen hat in der Umfrage die Frage nach der Finanzierung von Preisen und Wettbewerben bejaht. Auf die Industrie bezogen bedeutet dies, daß nur 3 % der Teilnehmer an der Umfrage Kunstpreise aussetzen oder Wettbewerbe finanzieren, die sich - wegen der hohen Präferenz für Heimat- und

1 In der BDI-Umfrage benannte jedes dritte fördernde Unternehmen die Theater als Förderbereich.

Brauchtumspflege - durchweg auch z.B. auf örtliche Musikwettbewerbe erstrecken können.[1]

Eine Sonderauswertung des Handbuchs der Kulturpreise durch das Zentrum für Kulturforschung zeigt, daß der Löwenanteil der Preise, gemessen am jährlichen Preisaufkommen (1985: 45,1 Mill. DM) von den öffentlichen Händen aufgebracht wird; Künstler und andere Einzelpersönlichkeiten, Unternehmen der Kulturwirtschaft (Rundfunk-, Presse- und Verlagswesen) und andere Unternehmen spenden weniger als 15 % des jährlichen Preisaufkommens.[2]

Von den Größenordnungen her gesehen, kann die Privatwirtschaft die Leistungen der öffentlichen Hand in keinem Fall ersetzen, auch wenn die Unternehmen nach den Umfrageergebnissen des Kulturkreises im Bundesverband der Deutschen Industrie eine zunehmende Bereitschaft zu einem Engagement für den Kulturbereich bekunden. Damit die vorhandenen Potentiale in denjenigen Bereichen aktiviert werden können, die die Belange der Künstler in besonderem Maße berücksichtigen, sollte eine Verbesserung der Rahmenbedingungen ins Auge gefaßt werden. Dies bedeutet vor allem bei den Stiftungen eine Verbesserung des Steuerrechts, die Spenden für kulturelle Zwecke planbarer und weniger von den zyklischen Schwankungen der Ertragssituation abhängig macht (vgl. unten Abschnitt 4.3).

---

1 Die Kritik von K. Fohrbeck (vgl. Die Renaissance der Mäzene (1989), a.a.O., S. 135) an den Ergebnissen der BDI-Umfrage und an der Umfrage des Ifo-Instituts zu Stipendien, die in beiden Fragebogen auch finanzielle Unterstützungen einschließen, und Kunstpreisen/Wettbewerben ist insofern unzulässig, zumal sie auf einem systematischen Mißverständnis aufbaut: Fohrbeck spricht davon, daß laut BDI-Umfrage bald jedes zweite Unternehmen Stipendien und Kunstpreise vergibt, laut Ifo-Umfrage jedes dritte. Diese Aussage basiert auf einer - unzulässigen - Addition von Mehrfachnennungen und mißinterpretiert die Fragebogen.

2 Vgl. Fohrbeck, K., Renaissance der Mäzene (1989), a.a.O., S. 588 f.

4 Entwicklungspotentiale für Selbständige und abhängig Beschäftigte im kulturellen Bereich

4.1 Rahmenbedingungen

4.1.1 Die demographische Entwicklung

Bestimmend für die Entwicklungsperspektiven der bundesdeutschen Wirtschaft ist der demographische Wandel, vor allem der Wandel in der Bevölkerungsstruktur.[1] Seit den siebziger Jahren geht die Wohnbevölkerung im Trend zurück, (alle Angaben; Gebietsstand vor dem 3.10.1990). Ihren Höchststand erreichte die Bevölkerungszahl im Gefolge des Nachkriegsbabybooms und der Gastarbeiterzuwanderung mit 62,1 Millionen im Jahre 1973; Ende 1986 waren bereits eine Million weniger Bundesbürger zu verzeichnen. Nach der Jahrtausendwende dürfte sich der Bevölkerungsrückgang der derzeitigen Wohnbevölkerung - ohne Zuwanderungen und ohne deutlich steigende Geburtenraten gerechnet - sogar spürbar beschleunigen. Zugleich kommt es aller Voraussicht nach zu einer drastischen Veränderung der Bevölkerungsstruktur: Der Anteil älterer Menschen an der gesamten Wohnbevölkerung wird sich stark erhöhen. Die heutige Bevölkerungspyramide dürfte sich dann in einen Bevölkerungspilz gewandelt haben (vgl. Abb. 26).

Diese Aussagen beruhen auf Berechnungen des Ifo-Bevölkerungsmodells, das die Wohnbevölkerung nach der "Komponentenmethode" unter Berücksichtigung altersspezifischer Sterbewahrscheinlichkeiten und Geburtenhäufigkeiten jahrgangsweise in die Zukunft fortschreibt. Der demographischen Modellrechnung des Ifo-Instituts zufolge dürfte bei Konstanz des gegenwärtigen generativen Verhaltens und unveränderter Sterbeziffern die inländische Wohnbevölkerung (Deutsche und Ausländer) von 61,1 Mill. Personen zu

---

1 Vgl. zum folgenden Nierhaus, W., Der Einfluß des Zustroms von Aussiedlern und Übersiedlern auf die Bevölkerungsentwicklung und die gesetzliche Rentenversicherung, in: Ifo-Schnelldienst (in Vorbereitung); Hummel, M., E. Langmantel, W. Nierhaus, R. Parsche, Die wirtschaftliche Bedeutung der Integration von Aussiedlern, Gutachten im Auftrag des Bundesministers des Innern (in Vorbereitung).

Abb. 26

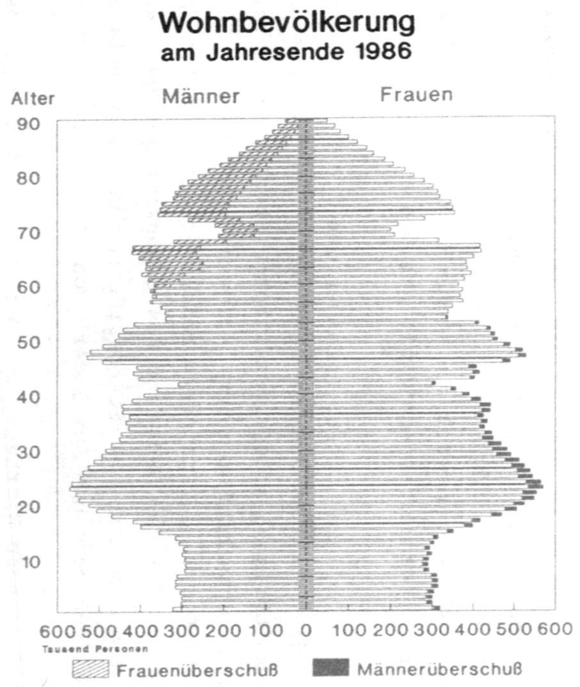

Quelle: Statistisches Bundesamt
Ifo-Institut für Wirtschaftsforschung

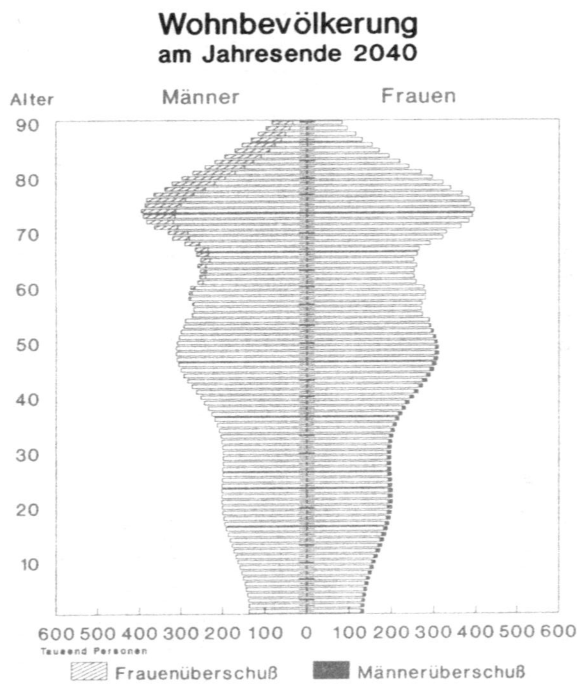

Quelle: Ifo-Bevölkerungsmodell
Ifo-Institut für Wirtschaftsforschung

Beginn des Jahres 1987 bis auf 40,5 Mill. Personen im Jahre 2040 zurückgehen. Dabei wird allein im Zeitraum 2000 bis 2040 die Gesamtbevölkerung um 19 Mill. Personen abnehmen.

Der kräftige Bevölkerungsrückgang nach der Jahrtausendwende ist im wesentlichen auf die Abnahme der Personengruppe unter 60 Jahren zurückzuführen. Hier sinkt vor allem die Anzahl der unter 20jährigen. Gleichzeitig wird bis zum Jahr 2030 die Zahl der Personen im Rentenalter (hier: ab 60 Jahren) stetig zunehmen, so daß - bei gleichzeitig rückläufiger Gesamtpersonenzahl - der Anteil dieser Personengruppe an der Gesamtbevölkerung kräftig steigt.

Die rechnerische Belastung der "Aktiven" durch den nichtaktiven Teil der Bevölkerung kann dabei durch demographische Strukturkoeffizienten veranschaulicht werden. Im allgemeinen wird das Verhältnis der Zahl der Jugendlichen zu der Zahl der Personen im erwerbsfähigen Alter als Jugend(last-)quotient und das Verhältnis der Zahl der Personen im Rentenalter zu der gleichen Bezugsgröße als Alters(last-)quotient bezeichnet. Die Summe beider Quoten zeigt dann die Gesamtbelastung der "Erwerbsbevölkerung" auf. Im allgemeinen werden diese Quoten dadurch operationalisiert, daß die Grenze für den Beginn der Erwerbstätigkeit bei 20 Jahren und für das Ausscheiden aus dem erwerbsfähigen Alter bei 60 Jahren festgelegt wird.

Der Alterslastquotient erreicht zwischen den Jahren 2030 und 2035 seinen höchsten Wert: Den Modellrechnungen des Ifo-Instituts zufolge stünden in diesem Zeitraum 100 Personen im erwerbsfähigen Alter (20- bis 60-jährige) mehr als 75 im rentenfähigen Alter gegenüber, während derzeit die Relation 100:35 besteht.

Die markante Verschlechterung der Altersstruktur wird beträchtliche Auswirkungen auf das herkömmliche - umlagefinanzierte - System der gesetzlichen Rentenversicherung (GRV) haben. Sinkt nämlich die Zahl der Beitragszahler bei gleichzeitig zunehmenden Rentnerzahlen, so wären zum Ausgleich des Versicherungshaushalts bei unverändertem Rentenrecht drastisch steigende Beitragssätze erforderlich. Konstante Beitragssätze würden sich hingegen in einer deutlichen Verschlechterung des Lebensstandards der älteren Generation niederschlagen.

In dieser Situation ist jede Änderung einer demographischen Variablen, die eine Verbesserung der zukünftigen Altersstruktur bewirkt, wie z.B. der derzeitige Zustrom von Aussiedlern von Vorteil. Aber selbst bei einem Bevölkerungszustrom in den nächsten Jahren von bis zu 3 Millionen oder mehr werden die fundamentalen Probleme der Altersstruktur und der Rentenversicherung zwar gemildert; sie bleiben aber der Tendenz nach weiter bestehen.[1] Wie das Ifo-Institut jüngst festgestellt hat, gelten diese fundamentalen Probleme auch in einem vereinigten Deutschland:[2] So ist im Staatsgebiet der DDR gegenwärtig zwar die Altersklasse bis zu 15 Jahren wegen der aktiven staatlichen Geburtenförderung deutlich stärker besetzt als in der Bundesrepublik Deutschland und die Altersklasse über 60 Jahre ist wegen der niedrigeren Lebenserwartung der DDR-Bürger schwächer vertreten. Geht man aber von einer Angleichung der Lebensbedingungen in einem vereinigten Deutschland aus, so bleibt die demographische Entwicklung brisant.

Für die langfristigen Aufgaben der Kulturpolitik stellen die Perspektiven der Bevölkerungsentwicklung eine ernsthafte Herausforderung dar. Versteht man Kultur als "Übungsfeld für Demokratie" (K. Staeck) und die Kulturschaffenden als "Seismographen" der gesellschaftlichen Entwicklung,[3] so hängt die Zukunftsfähigkeit der Bundesrepublik Deutschland eng damit zusammen, ob sich "Kunst mit ihrer ganzen Vitalität entfalten kann".[4] Diese Überlegungen sind deshalb von Bedeutung, weil das Interesse der Bevölkerung an der kulturellen Entwicklung mit zunehmendem Alter

1 Vgl. Verein Deutscher Rentenversicherungsträger, a.a.O.
2 Vgl. Leibfritz, W., W. Nierhaus, R. Parsche (1990), Probleme des Zusammenwirkens von Sozialsystem und Steuersystem, in: Ifo-Schnelldienst 21, S. 13 f.
3 Duve, F. (1989), Grundsätze und Ziele der staatlichen Kulturpolitik, Plenarprotokoll der 172. Sitzung v. 27. Oktober 1989, S. 12980; Kohl, H. (1989), Schöpferische Wechselbeziehung von Kultur und Politik. Ansprache des Bundeskanzlers bei der Grundsteinlegung der Ausstellungshalle in Bonn, in: Bulletin Nr. 110, S. 945.
4 Kohl, H. (1989), ebenda.

nachlassen kann. In diese Richtung deuten zumindest Umfragen, die in regelmäßigen Abständen, zuletzt im Auftrag des Deutschen Kulturrats durchgeführt wurden.[1] Daß dieses Interesse langfristig durch eine aktive Kulturpolitik jedoch verstärkt werden kann, steht außer Frage.

Voraussetzung dafür ist eine verstärkte Förderung der freien Entfaltung künstlerischer und kultureller Initiativen. So kann der Grundstein dafür gelegt werden, daß Künstler und Publizisten, aber auch Kunstpädagogen dazu beitragen, die Risiken zu mindern, die in Zukunft von einer überalterten Bevölkerung ausgehen können, die sich nicht mehr mit neuen Ideen auseinandersetzt.

4.1.2 Die gesamtwirtschaftliche Entwicklung

Wie eingangs dargelegt, erfordert eine Prognose über die Entwicklung des Kulturbereichs zunächst die Erarbeitung von Vorstellungen zu den gesamtwirtschaftlichen Veränderungen. Dies ist umso bedeutsamer, als die gesamtwirtschaftlichen Veränderungen deutliche Auswirkungen auf die Entwicklung der Nachfrage nach kulturellen Leistungen haben und dadurch unmittelbar die Beschäftigungsmöglichkeiten im Kulturbereich beeinflussen.

Die zukünftigen Entwicklungen können nicht unabhängig von der Entwicklung in der Vergangenheit betrachtet werden. Eine reine Trendextrapolation kann aber kaum ein realistisches Zukunftsbild entwerfen. Zu fragen ist, ob sich die hinter den Trends stehenden Kräfte verändern bzw. ob neue Faktoren im Kräftespiel auftreten werden. Einzubeziehen sind auch die Veränderungen, die sich durch die Vereinigung Deutschlands und den gesellschaftlichen und wirtschaftlichen Wandel in Osteuropa ergeben.

---

1 Vgl. Fohrbeck, K. (1989), Renaissance der Mäzene, a.a.O. S. 517.

Für das gesamtwirtschaftliche Umfeld hat das Ifo-Institut zwei Szenarien bis zum Jahr 2005 entwickelt, die hier kurz vorgestellt werden:[1]

- Szneario A läßt sich als optimistisches Szenario im Hinblick auf die Entwicklung der Ost-West-Beziehungen kennzeichnen: Die positiven Effekte des Wandels in den Wirtschafts- und Sozialordnungen der osteuropäischen Länder kommen bis Mitte der neunziger Jahre voll zum Tragen. Sie gehen einerseits mit massiven Kürzungen in den Verteidigungsetats der westlichen und östlichen Militärbündnisse einher und andererseits mit Abschwächungen in den Wanderungsbewegungen von Ost- nach Westeuropa.

  Für die Außenwirtschaftspolitik der großen Welthandelspartner USA, Japan und Europäische Gemeinschaften wird unterstellt, daß die gegenwärtigen, nicht-tarifären Handelshemmnisse nur in geringem Umfang reduziert werden können, wobei die Marktöffnung gegenüber Osteuropa jedoch eine Ausnahme bildet. Allgemein wird mit einem - allerdings nicht friktionslosen - Abbau der Handels- bzw. Leistungsbilanzungleichgewichte gerechnet.

  Innerhalb Europas kommen die positiven Auswirkungen der Verwirklichung des EG-Binnenmarkts zum Tragen: Der Abbau von Marktzutrittsbarrieren und die Deregulierung auf den betroffenen Märkten führt zu einem verstärkten Preiswettbewerb, der die Realeinkommen der europäischen Verbraucher erhöht und damit zu mehr privatem Verbrauch führt.

  Gleichzeitig eröffnet der Abbau der Rüstungsausgaben langfristig Steuersenkungsspielräume in den westlichen Ländern. Das - migrationsbedingt - verlangsamte Wachstum des Arbeitskräftepotentials führt indes zu höherem Lohndruck und zu Inflationsge-

1 Für Einzelheiten vgl. Gerstenberger, W. (1990), The European Community in a Changing World. Two Scenarios for the Next Decades, München 1990 (forthcoming); für Vorläuferszenarien vgl. u.a. Gerstenberger, W., R. Hild, K.-D. Knörndel, P. Schreieck-Klettner, H.G. Vieweg, (1988), Entwicklungsperspektiven der Gießereiindustrie in der Bundesrepublik Deutschland bis zum Jahr 2000, München.

fahr. In der Folge ist mit einer restriktiven Geldpolitik zu rechnen, die längerfristig dämpfende Einflüsse auf die Investitions- und Innovationsaktivitäten der Unternehmen haben wird.

In seiner Projektion geht das Ifo-Institut von einer durchschnittlichen Veränderung des realen Bruttosozialprodukts von 3,1 % (in der ersten Hälfte der neunziger Jahre) und 2,0 % (ab der zweiten Hälfte der neunziger Jahre) aus, wobei der (reale) Staatsverbrauch um 2 % (bis 1995) bzw. 1,5 % (1995-2005) zunehmen wird. Auf dem Staatsgebiet der ehemaligen DDR wird der Anpassungsprozeß bis 1995 voll im Gange sein, so daß ab der zweiten Hälfte der neunziger Jahre mit realen Zuwachsraten von fast 5 % pro Jahr gerechnet werden kann. Insgesamt kann für vereinigte Deutschland daher mit einem langanhaltenden, kräftigen Wachstum des Sozialprodukts und des privaten Verbrauchs gerechnet werden.

- In Szenario B wird eine andere Konstellation hinsichtlich des wirtschaftlichen und sozialen Wandels in den osteuropäischen Ländern unterstellt. Die Restrukturierung der Wirtschaft in Osteuropa, aber auch in der DDR geht mit tiefgreifenden und langandauernden Friktionen einher, die erst in der zweiten Hälfte der neunziger Jahre überwunden werden können. In der Folge halten die Zuwanderungsbewegungen aus den osteuropäischen Ländern unvermindert an. Außerdem gestaltet sich der Abbau der Rüstungsausgaben in den östlichen und westlichen Militärbündnissen zögerlicher.

Die großen Welthandelspartner USA, Japan und Europäische Gemeinschaften nehmen den Abbau der nicht-tarifären Handelshemmnisse gegenüber allen Welthandelspartnern in Angriff. Dies führt - zusammen mit den positiven Effekten des EG-Binnenmarkts - zu einer Intensivierung des Wettbewerbs, die inflationären Tendenzen vorbeugt.

Damit entsteht wirtschaftspolitischer Spielraum für eine akkomodierende Geld- und Fiskalpolitik, die die Wachstumsimpulse in den Volkswirtschaften fördert. In die gleiche Richtung wirkt die Lohnpolitik der Tarifpartner, da der Arbeitsmarkt - wegen der anhaltenden Zuwanderung aus osteuropäischen Ländern - weniger angespannt ist.

In diesem Szenario wird für das Gebiet der alten Bundesländer mit durchschnittlichen Wachstumsraten des realen Bruttosozialprodukts von 3,5 % bis 4 % pro Jahr (bis 1995) gerechnet, die ab der zweiten Hälfte der neunziger Jahre auf durchschnittlich gut 2,5 % zurückgehen, eine Größenordnung, die deutlich über dem durchschnittlichen Wachstum der Jahre 1973 bis 1988 (1,9 %) liegt. Wegen der größeren Strukturanpassungsprobleme auf dem ehemaligen Gebiet der DDR ist erst ab der zweiten Hälfte der neunziger Jahre damit zu rechnen, daß die durchschnittlichen Wachstumsraten eine Größenordnung erreichen, wie sie im Prognosezeitraum bis 1995 für die Bundesrepublik Deutschland erwartet werden können.

Für die Einflußfaktoren, die von der Einkommensentwicklung und von der Entwicklung des privaten Verbrauchs ausgehen, sind somit die Chancen für den Kulturbereich auf weitere Expansion gestellt. Dies bedeutet jedoch nicht, daß alle ökonomischen Zwänge für die staatlichen Kulturausgaben aufgehoben werden. Zumindest für einen befristeten Zeitraum muß mit einer Budgetumschichtung zugunsten von dringenden Sozial- und Infrastrukturmaßnahmen auf dem ehemaligen Gebiet der DDR und zugunsten von Programmen zur Stimulierung privater Investitionen gerechnet werden. Vor diesem Hintergrund ist es entscheidend, welchen Stellenwert die Politiker der Kulturpolitik in Zukunft einräumen werden.

4.1.3 Kulturpolitische Grundsätze und Zielvorstellungen

Die Kommunen und die Länder bekennen sich eindeutig zur Förderung von Kunst und Kultur. Der Bund kann Kulturförderung nur im Rahmen der bundesstaatlichen Aufgaben wahrnehmen. Da er gerade für die Schaffung von Rahmenbedingungen zuständig ist, ist die Haltung der Bundesregierung und des Deutschen Bundestages zur zukünftigen Rolle der Kultur von besonderem Interesse.

Über die zunehmende Bedeutung der Kultur für die gesellschaftliche Entwicklung sind sich alle Fraktionen im Deutschen Bundestag einig.[1] Die Leitlinien der CDU-geführten Bundesregierung basieren auf folgenden Überlegungen:[2]

- "Die Bundesrepublik Deutschland ist ein Kulturstaat. Sie hat ein großes kulturelles Erbe zu wahren und die Entwicklung von Kunst und Kultur in Gegenwart und Zukunft zu schützen und zu fördern. Kunst und Kultur sind nicht anderen Zielen unterzuordnen oder dienstbar zu machen. Vielmehr hat der Staat die Autonomie der Kunst und ihre freie Entfaltung zu garantieren.

- Kultur kommt vom Menschen und ist für den Menschen da. Wie kaum ein anderes Feld ist die Kultur offen für die Initiative des einzelnen. Staatliche Aufgabe ist es, die Rahmenbedingungen zu erhalten und zu verbessern, unter denen sich künstlerisches Schaffen entfalten und kulturelles Leben fortentwickeln können.

- Staatliches Eintreten und staatliche Unterstützung, sowohl für die Bewahrung des historisch übernommenen Kulturerbes als auch für die Ermutigung neuer Formen und Entwicklungen von Kunst und Kultur, sind unverzichtbar. Das Gespräch mit den im Bereich von Kunst und Kultur schöpferisch tätigen Personen und den sie repräsentierenden Institutionen ist hierbei unerläßlich.

  Staatliche Hilfe allein reicht für ein Gedeihen von Kunst und Kultur nicht aus. Privates Engagement ist daher ausdrücklich zu ermutigen."

---

1 Vgl. z.B. das Plenarprotokoll 11/172 vom Freitag, den 27. Oktober 1989 und die Debatte zur Kulturpolitik im Deutschen Bundestag am 9. November 1984.

2 Presse- und Informationsamt der Bundesregierung (Hrsg.), (1986), Mehr Raum für Kultur. Kulturförderung des Bundes, S. 8.- Vgl. auch die Antwort der Bundesregierung auf die Große Anfrage der SPD zur Kulturpolitik, BT-Drucksache 10/2236.

Außerdem betont sie das Ziel, die Gemeinsamkeit von Sprache und Kultur in Gesamtdeutschland und das kulturelle Erbe der Deutschen aus den deutschen Ostgebieten und den Siedlungsgebieten in Ost- und Südosteuropa zu bewahren.

Die jüngeren Anträge der Bundestagsfraktionen[1] zu Grundsätzen und Zielen der Kulturpolitik stimmen in großen Teilen überein: Neben der Autonomie der Kulturschaffenden betonen sie die Notwendigkeit einer Balance zwischen Selbstverwirklichung und sozialer Bindung, zwischen Bindung an das eigene Volk und den Beziehungen zu anderen. Die Beziehungen zwischen Ost und West und die Beziehungen innerhalb Europas werden in diesen Anträgen besonders hervorgehoben. Die Kulturpolitik hat damit in Verbindung mit der gesellschafts- und sozialpolitischen Dimension neben der innenpolitischen auch eine außenpolitische Funktion.

Zwar bestehen Differenzierungen zwischen den Fraktionen hinsichtlich der Vorstellungen über die Ausgestaltung einzelner Maßnahmen, über die Bedeutung einer Verbesserung der Rahmenbedingungen für Kunst und Kultur besteht jedoch ebenso Einigkeit wie über das Erfordernis der Kooperation zwischen Bund, Ländern und Gemeinden. Daß gerade dieser Kooperationsaspekt vor dem Hintergrund der divergierenden wirtschaftlichen Entwicklungen in einzelnen Regionen von besonderer Bedeutung ist, wird unten näher erläutert.

4.2 Entwicklungschancen und -risiken für neue Märkte und neue Formen kultureller Dienstleistungen

4.2.1 Entwicklung der Medien und der Medienberufe

Abgesehen von den demographischen und gesamtwirtschaftlichen Rahmenbedingungen sind die spezifischen Einflußgrößen des Kulturbereichs bestimmend für die zukünftige Entwicklung. Die

---

1 Vgl. Antrag der Fraktion der CDU/CSU und der Fraktion der FDP, BT-Drucksache 11/4488 und Antrag der Fraktion der SPD, BT-Drucksache 11/5469.

Änderungen in der Informationstechnik mit beschleunigten Übertragungs- und nahezu unbegrenzten Speicher- und Vervielfältigungsmöglichkeiten sind Rahmenbedingungen, die nicht nur den Wandel in den Medien, sondern auch im täglichen Leben aller Bürger betreffen.

Hinzu kommen spezielle Änderungen der medienpolitischen Rahmenbedingungen. Die Öffnung des Rundfunks für private Anbieter, die Vollendung des europäischen Binnenmarkts, in die auch die audiovisuellen Medien einbezogen werden, eröffnen neue Perspektiven. In der Diktion der EG-Kommission klingt das wie folgt:[1]

> "Technologisch werden in einem Europa ohne Grenzen Anbieter wie Verbraucher heute bereits bestehende Techniken wie Satellitenübertragung und künftige neue Möglichkeiten wie das hochauflösende Fernsehen, durch das der kleine Bildschirm die Bildqualität einer Kinoleinwand und die Klangreinheit einer compact disc erhalten wird, in ganzem Umfang nutzen können. Von der Existenz eines großräumigen Marktes werden darüber hinaus Impulse auf die Entwicklung und Herstellung ultramodernen Geräts ausgehen.
>
> Kulturell wird ein Markt in der Größe des Europas der Zwölf den Austausch zwischen Ländern und Regionen fördern und dem Verbraucher eine größere Programmvielfalt sichern.
>
> Auf allen .. Gebieten kann die Existenz eines großräumigen Marktes den Film- und Fernsehschaffenden, den Geräteherstellern und den Anbietern zu neuer Dynamik verhelfen, die nicht nur innerhalb der Europäischen Gemeinschaft, sondern auch über deren Grenzen hinaus spürbar sein wird, da sich für die Europäer damit eine große Chance auftut, ihre Wettbewerbsfähigkeit zu verbessern und ihre weltweite Ausstrahlung zu erhöhen."

---

1 Amt für amtliche Veröffentlichungen der Europäischen Gemeinschaften (Hrsg.), (1988), Die audiovisuellen Medien im großräumigen europäischen Markt, Luxemburg, S. 6 f.

Wie sich der Fernsehprogrammbedarf bis zum Jahr 2000 entwickeln wird, welche Auswirkungen er auf die Programmanbieter und -vertreiber haben wird und vor allem welche Folgen sich für die Kulturberufe ergeben werden, interessiert in diesem Zusammenhang besonders.

Zum Fernsehprogrammbedarf bis zur Jahrtausendwende liegen verschiedene Prognosen vor. So geht z.B. die Prognos AG von einer Verdoppelung der Programmstunden im Zeitraum 1986 bis 2000 aus, CIT Research London errechnet für den 10-Jahreszeitraum von 1988 bis 1998 einen Anstieg der Programmstunden um zwei Drittel.[1] In beiden Szenarien wird eine Obergrenze für die Fernsehreichweiten unterstellt, die im Zeitablauf stagniert und somit Rückwirkungen auf die Finanzierungsmöglichkeiten der Programmanbieter durch Werbeeinnahmen hat. So geht z.B. CIT davon aus, daß - abgesehen von der Bundesrepublik Deutschland - in bestimmten EG-Ländern, z.B. in Großbritannien jeweils nur ein Dienst im gleichen Programmbereich überleben kann, weil das Werbe- oder Zuschauerpotential nicht groß genug sei.

Die Finanzierungsengpässe rufen in beiden Szenarien ähnliche Anpassungsreaktionen hervor. Bei den privaten Anbietern werden billige Studioproduktionen bei Informations- und Unterhaltungssendungen und zahlreiche Wiederholungen von Kaufproduktionen vorherrschen. Der Import von US-Serien wird aber - weil nur bedingt für den europäischen Geschmack tauglich - als strukturell eher rückläufig eingeschätzt.

Der Hypothese vom generell nach unten abrutschenden Niveau läßt sich jedoch die Überlegung entgegengehalten, daß gerade qualitativ hochwertige (Kontrast-)Programme der öffentlich-rechtlichen Anstalten hier gegensteuern könnten, obwohl auch sie ver-

1 Vgl. Schrape, K. und M. Kessler (1988), Film - Fernsehen - Video. Programmbedarf bis zum Jahr 2000, in: Media Perspektiven 9, S, 541 ff; Peasey, J. (1989), Der Markt für Fernsehprogramme in Westeuropa 1988 bis 1998, in: Media Perspektiven 8, S. 481 ff.

mehrt Wiederholungen anbieten werden.[1] Der Fortbestand von eigenproduzierten Nachrichten- und Informationsprogrammen wird in den Szenarien deshalb ebenso unterstellt wie die - prestigeträchtige - Eigenproduktion von Unterhaltungssendungen, die wegen des Kostendrucks jedoch zu verstärkten internationalen Koproduktionen führen soll. Aus Kostengründen werden auch die Auftragsproduktionen zunehmen: CIT schätzt eine Verdoppelung der Umsätze der freien Filmproduzenten in Westeuropa während des Prognosezeitraums.

Faßt man die Fernsehrealität als "Teil der Kultur" und zugleich "Faktor der Entkulturation",[2] so kommt die CIT Studie zu einem sehr positiven Urteil. Sie geht von den britischen Erfahrungen aus, daß gerade das jüngere, gebildetere Publikum sich für qualitativ hochwertige Programme entscheidet und daß der Kostendruck von den öffentlichen Rundfunkanstalten über Effizienzsteigerungen aufgefangen werden kann. Unter diesen Annahmen würde der größte Teil der Einnahmen aus dem wachsenden Rundfunkmarkt bis zur Jahrtausendwende von den bereits etablierten Rundfunkveranstaltern verdient werden.

Diese Überlegung könnte nach den Ergebnissen der Langzeitstudie zur Mediennutzung und Medienbewertung auch für die Bundesrepublik Deutschland gestützt werden:[3] "Die Feststellung der Freizeitforschung, daß sich die drei klassischen Freizeit-"F", nämlich Fernsehen, Flaschenbier und Filzpantoffeln, seit Anfang der 80er Jahre weitgehend überlebt hätten, wird .. zumindest für die jüngeren und formal gebildeteren Bundesbürger durchaus bestätigt."

---

1 Für ein flammendes Plädoyer für den öffentlich-rechtlichen Rundfunk vgl. z.B. Rowland, W.D. und M. Tracey (1989), Selbstmord aus Angst vor dem Tod? Aktuelle Herausforderungen für den öffentlichen Rundfunk überall auf der Welt, in: Media Perspektiven 8, S. 469 ff.

2 Krüger, U.M. (1988), Kulturelle Indikatoren in der Fernsehrealität von Fictionssendungen, Ausgewählte Ergebnisse einer Pilotstudie, in: Media Perspektiven 9, S. 555.

3 Kiefer, M.-L. (1987), Massenkommunikation III, in: Berg, K. und M.-L. Kiefer (1987), Massenkommunikation III. Eine Langzeitstudie zur Mediennutzung und Medienbewertung 1964-1985, Schriftenreihe Media Perspektiven 9, Frankfurt am Main, S. 81.

Ob sich diese Aussage allerdings für alle Zuschauerschichten aufrechterhalten läßt, ist ungewiß. In diesem Zusammenhang sind die Erfahrungen aus der Entwicklung in den USA von Interesse. Dort ist das Interesse am Fernsehkonsum ungebrochen:[1] Im Durchschnitt verbringt ein Amerikaner sieben Stunden pro Tag vor dem Bildschirm, an dem er Programme von fast 30 Fernsehkanälen betrachten oder Videokassetten ansehen kann. Auch wenn der Fernsehkonsum in den amerikanischen Kabelhaushalten, vor allem bei den Empfängern von Pay-TV, ein Drittel über den Haushalten mit den niedrigsten Empfangsmöglichkeiten liegt, so ist folgendes bemerkenswert: Trotz einer Verdoppelung des Fernsehangebots zwischen 1983 und 1988 ist der Fernsehkonsum in den USA (gemessen in Stunden) konstant geblieben. Dies ist die Folge eines zunehmend selektiver werdenden Verhaltens der Konsumenten, die ihre Sendungen aus dem reichen Angebot an Spartenprogrammen gezielt auswählen.

Ob die Erfolge amerikanischer Spartenprogramme unmittelbar auf europäische Verhältnisse übertragbar sind, ist nicht unbestritten. Die Erfahrungen des französischen Senders M 6 mit Musik-Video-Clips oder die Erfahrungen von Tele 5 mit Musiksendungen sprechen zumindest teilweise gegen eine ausschießliche Spezialisierung auf eine einzige Programmsparte.[2]

Die Entwicklung beim Fernsehkonsum - in Verbindung mit einer vermutlich weiter zunehmenden Verbreitung von Videogeräten - hat Folgen für den Kinofilm. Die Kinobesucherzahlen sind - auch unter dem Einfluß der demographischen Entwicklung - gegen Ende der achtziger Jahre auf einen historischen Tiefpunkt gefallen. Eine Analyse der Rolle des Films in den neunziger Jahren läßt keine

---

1 Vgl. Gerbrandt, L. (1988), Kann es zuviel Fernsehen geben? Lehren aus der Videorevolution in den USA, in: Kreile, R., (Hrsg.), (1989), Medientage München. Dokumentation Band 1, Baden-Baden, S. 222 ff.

2 Vgl. z.B. Scholl-Latour, P. (1989), Europäisches Fernsehen und nationale Kulturräume - Chancen und Grenzen transnationaler Programme, in: Kreile, R. (1989), (Hrsg.), Medientage München, a.a.O., S. 200.

Trendwende erkennen.[1] Für die wirtschaftliche Situation des deutschen Kinofilms ist dies umso problematischer, als sich gleichzeitig die Anzahl der uraufgeführten Filme erhöht hat, der Anteil der deutschen Spielfilme am Verleihumsatz aber abnimmt.

Vor diesem Hintergrund werden in Zukunft die Auftragsproduktionen für das Fernsehen, das einen wachsenden Programmbedarf hat, zunehmendes Gewicht gewinnen. Dieser Effekt wird noch verstärkt durch die Veränderungen in den audiovisuellen Medien. Sie erlauben beim hochauflösenden Fernsehen eine größere Bildfläche mit einer feingliedrigeren Bildstruktur, einem größeren Schärfeeindruck und höherer Brillianz. Überdies lassen sie Höhen- und Seitenverhältnisse der Bildfläche zu, die dem Format des Breitwandfilms entsprechen. In Kombination mit den geeigneten Vertriebswegen (Satelliten und breitbandige Kabelnetze) und den entsprechenden Empfangsgeräten (Fernseh- und Peripheriegeräte) könnte schließlich im privaten Wohnzimmer eine Wirkung erzielt werden, wie sie vom Kino her bekannt ist.

Die neuen technischen Möglichkeiten in den audiovisuellen Medien werden neue Typen von Spielfimen und Serien, neue Möglichkeiten zu Aufzeichnungen und Life-Übertragungen, auch von Kulturereignissen wie z.B. Operninszenierungen, sowie neue Anwendungen auch in den Bereichen des Industrie- und Werbefilms eröffnen. Hierfür sprechen zahlreiche Beispiele von Pilotprojekten in Japan (u.a. der Spielfilm "A long way from home"), den USA (u.a. die Fernseh-Serie "Chasing Rainbows" von CBS) oder in Italien (u.a. das Psychodrama "Julia and Julia" von RAI).[2]

Daß die Entwicklung im Fernsehen zu Lasten des Hörfunks geht, ist nicht sichergestellt. Für die Printmedien könnten sich jedoch ungünstige Folgen ergeben, auch wenn derzeit die Verfilmung eines Buches zu einer Erhöhung seiner Auflage führt. Indikatoren für eine ungleichgewichtige Entwicklung lassen sich aus der Me-

1 Vgl. Medienforum Nordrhein-Westfalen (1990), Kongreß am 11., 12. und 13. Juni 1990 in Köln, Kongreßteil 2, Anlage 6.
2 Vgl. Beutelschmidt, Th. (1990), a.a.O.

dienforschung ableiten:[1] Jugendliche und junge Erwachsene in der Bundesrepublik Deutschland hören in ihrer Freizeit mehr Radio, als sie fernsehen und widmen den tagesaktuellen Medien unterdurchschnittliche Zeit, auch das Lesen von Büchern ist in dieser Altersklasse nicht vorrangig. Daß dieses Verhalten zu einer Analphabetisierung breiter Bevölkerungsschichten führen kann, ist in den USA, aber auch in Frankreich und Deutschland oft beschworen worden.[2]

Vor dem Hintergrund der Medienentwicklung ergeben sich für die Aktivitätsfelder der Kulturberufe verschiedene Szenarien. Die Journalisten und die Bild- und Tontechniker werden - angesichts des deutlich wachsenden Programmangebots in den Rundfunkanstalten weiterhin gute Beschäftigungschancen haben. Der Kostendruck wird sich jedoch bremsend auf die Zunahme der festen Arbeitsplätze für Journalisten auswirken, so daß der Trend zu einer verstärkten Einbindung von freien Mitarbeitern zunehmen wird.

Überdies werden sich die Anforderungen an das Berufsbild der Journalisten wandeln:[3] Die zunehmende Fülle an Information schafft das Problem der Informationsbewältigung. Die Vermehrung von Information durch Öffentlichkeitsarbeit, Pressestellen und Werbung macht die Umwandlung von Quantität in Qualität notwendig. Hierfür ist Sach- und Fachkompetenz notwendig,[4] die Fähigkeit zu gründlicher Recherche und sinnvoller Präsentation. Die weiterhin wachsenden Unterhaltungssendungen werden dem Unterhaltungsjournalismus weiteren Raum bieten.[5] Hinzu kommt der Einsatz

---

1 Vgl. Kiefer, M.-L. (1987); Massenkommunikation III, a.a.O., S.81.
2 Vgl. Scholl-Latour, P. (1989), Europäisches Fernsehen, a.a.O., S. 198.
3 Vgl. Pürer, H. (1989), Berufliche Anforderungen und Perspektiven im tagesaktuellen Journalismus (Zeitung, Radio und Fernsehen), in: Kreile, H. (Hrsg.), (1989), Medientage München '88, Baden-Baden, S. 151 ff.
4 Vgl. Hömberg, W. (1989), Wissenschaftsjournalismus - ein Berufsfeld mit Zukunft?, in: Kreile, H. (Hrsg.), Medientage München '88, a.a.O, S. 180 ff.
5 Vgl. Hömberg, W. (1989), Unterhaltungsjournalismus, Profile und Entwicklungschancen, in: H. Kreile (Hrsg.), Medientage München '88, a.a.O, S. 167 ff.

neuer Techniken (z.B. Desk-Top-Publishing), die Fähigkeiten zum Umgang mit elektronischen Medien voraussetzen.

Höhere Anforderungen an die Beherrschung neuer Techniken werden vor allem im Bereich der audiovisuellen Medien gestellt werden. "Die multimediale Arbeit vieler Regisseure, die Spielfilme drehen, für das Fernsehen tätig sind und Video-Clips für Stars und Firmen inszenieren, nimmt die Entwicklung schon vorweg: Der Filmemacher von einst wird abgelöst von einem "Medienkünstler", der seine Bilder .. immer häufiger mit der Elektronik auf Band oder in Computerspeichern realisiert. Die elektronischen Produktionsweisen stellen die Arbeit der Regisseure, der Kameraleute, Beleuchter, Cutter und sicher auch der Drehbuchschreiber und Redakteure vor andere Aufgaben."[1]

Neben diesen qualitativen Änderungen, die durch die anderen Bildgestaltungsmöglichkeiten (Stichworte: Verlagerung von Groß- und Nahaufnahmen zu mittleren Einstellungsgrößen), anderen Montageformen (längere Einstellungen, überwiegend inhaltsmotivierte Schnitte) und anderen Beleuchtungs- und Ausstattungsformen (gleichmäßigere Ausleuchtung, verbesserte Dekorationen, Kulissen und Garderoben) bedingt sind, gewinnt ein zusätzlicher Aspekt an Bedeutung: Je nach dem Umfang der Koproduktionen, die sich im Bereich Fernsehen und Filmproduktionen EG-weit und international durchsetzen, wird eine stärkere gemeinsame Basis des Ausbildungsstandes notwendig werden. Im Zuge des Wachstums der Auftragsproduktionen können überdies weitere Beschäftigungsmöglichkeiten für "neue Gesichter" geschaffen werden, wodurch sich die Arbeitsmarktsituation für darstellende Künstler verbessern kann.

Daß die Entwicklung im Medienbereich und die Möglichkeiten, die die modernen Kommunikationstechniken bieten, über die Berufsfelder der publizistischen und technischen Medienberufe hinausgreifen und bis in die drucktechnischen Berufe hineinreichen bzw. auch das Berufsfeld der Buchhändler und Bibliothekare verändern

1 Beutelschmidt, T. (1990), Die HDTV-Technik in der AV-Produktion: Unbezahlbares Spielzeug oder nützliches Werkzeug?, in: Medienforum Nordrhein-Westfalen, a.a.O., Anlage 6.

sowie neue Korrektivberufe erfordern, sei an dieser Stelle nur kurz erwähnt (zu den Bibliothekaren und Medienerziehern vgl. unten).

4.2.2 Einfluß der neuen Medien auf die künstlerischen Berufe

Auch das künstlerische Schaffen der Schriftsteller ist von der Medienentwicklung betroffen. So eröffnen sich Möglichkeiten für mediale Formen visueller Poesie und - wie bereits erwähnt - vermehrte Chancen für Drehbuchautoren. Indirekt wirkt sich die technische Entwicklung über das Leseverhalten des Publikums sowie über die Entwicklung des Theaters aus.

In anderen künstlerischen Berufen können durch die neuen Techniken und Kommunikationsformen neues Experimentieren und kreatives Schaffen erprobt werden. Musiker, bildende Künstler und Filmkünstler können neue Ausdrucksformen versuchen, von denen die bekannteste die Videokunst ist, die sorgsam von (massenhaft gekauften oder verliehenen) Videofilmen oder z.B. Videoclips, die der Vermarktung von Pop-Musik dienen, zu trennen sind, obwohl sie sich wechselseitig beeinflussen.[1]

Die neuen Gestaltungs- und Ausdrucksmöglichkeiten setzen voraus, daß die künstlerischen Berufe Zugang zu den zugehörigen Techniken haben. Hier entstehen neue Aufgabenfelder im Ausbildungsbereich, wie sie derzeit an den Filmhochschulen und Kunsthochschulen und z.B. an der neugegründeten Hochschule für Medien in Köln erprobt werden.[2] Schwerpunkte werden dort in drei Hauptgebieten, Fernsehen/Video/Film, Medienkunst und Mediengestaltung gesetzt; als Gestaltungsgegenstände dienen Bild, Ton/Musik und Sprache. Exemplarisch seien erwähnt:

---

1 Vgl. Body, V. und P. Weibel (Hrsg.), (1987), Video in Kunst und Alltag, Köln; dies. (1988), Clip, Klapp, Bum - Von der visuellen Musik zum Musikvideo, Köln.
2 Vgl. zum folgenden: Kunsthochschule für Medien Köln (1989), Grundkonzept.

- Kunstvermittlung durch Film, Video und hochauflösendes Fernsehen (HDTV),
- mediale Kunstformen im öffentlichen Raum,
- neue Verfahren elektronischer Malerei und Skulptur,
- medial unterstützte Entwurfsverfahren für Künstler und Gestalter,
- multimediale Bühnen- und Szenenbilder (Video, Laser, Holografie)
- multimediale Ausstellungskonzepte für Museen.

Welches Kreativitätspotential in den neuen Gestaltungsmedien (Film, Video, Holografie, Laser) verborgen ist, kann derzeit nicht abgeschätzt werden. Nach Ansicht des Expertengremiums, das die Gründung der Kunsthochschule für Medien in Köln begleitet hat, muß heute erst erfunden werden, "was vielleicht dann in zehn Jahren in unserem Fernsehen zu sehen sein wird (Prof. Winkelmann)".[1]

Nach Auffassung von Experten ist auch noch ungeklärt, "ob die Benutzer der (neuen, d.V.) Systeme aus den Reihen der Maler und Grafiker, der Kameramänner und Bühnenbildner oder der Informatiker und Techniker kommen werden."[2] Es ist aber zu erwarten, daß die neuen und Kommunikationsformen die Berufsbilder der Musiker, der bildenden Künstler und der Berufe im Bereich Bühnen-, Film- und Rundfunktechnik in ähnlicher Weise verändern werden wie seinerzeit die Einführung der Kamera die Berufsbilder verändert hat.[3]

Die Möglichkeiten, Videos oder andere neue Kunstgattungen wie z.B. elektronisch erzeugte E-Musik einer breiten Öffentlichkeit nahe zu bringen, sind derzeit immer noch begrenzt. Ausstellungen wie sie z.B. der Kölner Kunstverein im vergangenen Jahr eröffnet

---

1 Der Minister für Wissenschaft und Forschung des Landes Nordrhein-Westfalen (1987), Podiumsprotokoll der Sitzung vom 16.10.1987 in Köln, S. 32.
2 Franke, H.W. (1989), Statement in: Weisser, M. (Hrsg.), (1989), Computerkultur oder "The Beauty of Bit & Byte", Bremen, S. 14.
3 Vgl. ebenda.

hat oder Veranstaltungen wie die ars electronica eröffnen noch keinen "Markt". Für die Künstler bieten sich auch für die Zukunft technische Chancen mit hohen ökonomischen Risiken (vgl. oben Kapitel 2 zu den Einkommen der Videokünstler), sofern es nicht gelingt, das Interesse an diesen Kunstformen zu stärken oder in noch größerem Umfang Sponsoren der Elektronikbranche zu aktivieren.

Die neuen Techniken der Ton- und Bildaufzeichnung und -wiedergabe erlauben es den Musikern, in vorher nicht gekannter Qualität Aufnahmen einzuspielen. Die Digitalisierung der Musikproduktion kann überdies Hilfen zur Entlastung von mechanischen Tätigkeiten bringen und auf diese Weise Kreativität freisetzen. Kommerziell wird die Möglichkeit, eine ganze Band durch einen Computer zu ersetzen, vor allem in der Unterhaltungsmusik genutzt.[1] So ist es bei Tonaufnahmen für Pop-Platten üblich, Schlagzeuger durch "Rhythmusmaschinen" zu ersetzen. An die Stelle des eigenen, unverwechselbaren Sounds tritt dann aber ein standardisierter stereotyper Klang, der künstlich - mit Hilfe eines Zufallszahlengenerators - wieder "vermenschlicht" wird.

Die neuere technische Entwicklung geht darüber hinaus und ersetzt eine ganze Band; sie gestattet, daß die Töne von einzelnen Instrumenten in Originalklangqualität, auch hinsichtlich Tempo und Dynamik gespeichert werden können. Diese lassen sich mehrstimmig und ohne Klangminderung und Nebengeräusche (z.B. Quantierungsrauschen) abrufen, kombinieren und direkt in den Digital Audio-Tape Recorder überspielen. Die Speicherung von Klangdatenbanken, die durch Knopfdruck abrufbar sind, hat die Voraussetzungen dafür geschaffen, daß "Hit-Muster" - mit kleineren Variationen, die auch der Computer selbst entwickeln kann - beliebig wieder eingesetzt werden. Versuche, dem Computer nicht nur eine

1 Für einen Überblick über die Entwicklung vgl. Bickel, P. (1989) RealtimeWaveshapingCrossfadeSamplestackingDumprequest. Musiker, Musik und Musikproduktion unter dem technologischen Diktat der Musikmaschinen?, in: Media Perspektiven 9, S. 559 ff.

Melodie, sondern - abstrakter - einen Musikstil vorzugeben (z.B. Lieder im Barockstil) sind bereits unternommen worden.[1]

Vor den Gefahren dieser Entwicklung wird zunehmend gewarnt. Die Vereinsamung der Musiker, die Standardisierung der Musik nach dem Erfolgsrezept einzelner Hits und die technischen Möglichkeiten zum "Klang-Diebstahl", der die Existenz der Musiker gefährdet, sind wichtige Argumente der Kritik. Darüber hinaus wird die gespaltene Entwicklung auf dem Konzertmarkt aufgezeigt:[2] "Das Publikumsinteresse wird - mit Hilfe der Medien - auf Konzerte der "Supergruppen" gelenkt," die in immer stärkerem Umfang die Studiotechnik mit sehr vielen optischen Effekten auf die Bühne bringen; "kleinere Gruppen mit unkonventionellem Programm haben es dagegen sehr schwer, noch Auftrittsmöglichkeiten zu finden".

Die Automatisierung der Produktion, vor allem im Unterhaltungsbereich, wird Folgen für die Musikberufe haben: Komponisten werden zu Musik-Programmanwendern oder -Programmierern. Die künstlerisch-technischen Berufe müssen im Umgang und in der Programmierung mit Musikcomputern geübt sein. Schlagzeuger und andere Studiomusiker verlieren zusehends Arbeitsplätze, nur Spitzenkräfte haben bessere Arbeitsmarktchancen. Ob diese Entwicklung durch eine wieder erwachende Begeisterung des Publikums für unmittelbares, nicht synthetisiertes Musik-Erleben gebremst werden kann, bleibt abzuwarten. Die Entwicklung in anderen Bereichen, in denen mit "Konserven" gearbeitet wurde und wird, gibt jedoch Anlaß zur Hoffnung.

4.2.3 Entwicklung der Kultureinrichtungen

Die Entwicklung in den Kultureinrichtungen bestimmt in entscheidendem Maße, welche Tätigkeitsfelder sich für die künstlerischen und anderen kulturellen Berufe eröffnen werden. Da es nicht Aufgabe der Studie sein kann, neue inhaltliche Felder aufzudecken, wird der Zusammenhang zwischen Galerien, Kunstausstel-

---

1 Vgl. Schröder-Limmer, W. (1985), Vivaldi aus dem Rechner, in: Musik und Computer (Beilage zu Fachblatt Musikmagazin 9).
2 Bickel, W. (1989), a.a.O., S. 569.

lungen und Museen und bildenden Künstlern sowie zwischen Theatern bzw. Orchestern und (Bühnen-) Schriftstellern, Komponisten und Musikern, Schauspielern und Ballettänzern als gegeben betrachtet. Die Nachfrage nach den Leistungen der Künstler wird auch in Zukunft von der Bereitschaft zum Ankauf zeitgenössischer Kunstwerke bzw. zur Aufführung von (neuen oder neuinszenierten) Opern, Operetten und Musicals, Balletten und Schauspielen abhängen.

... Museen

Inwieweit sich in den Bereichen der Kulturvermittlung neue Tätigkeitsfelder für Kulturberufe ergeben, hängt u.a. von den Zielen und vom Selbstverständnis ab, das diese Einrichtungen haben. In einem engagierten Bericht über US-amerikanische Museen haben P. Schuck-Wersig und G. Wersig als Zukunftsvariante für das Überleben vieler Museen in der Bundesrepublik Deutschland ein "Museums-Marketing" vorgeschlagen.[1] Sie gehen dabei von der Frage aus:

- "Sind Museen tatsächlich vorwiegend als (im weiteren Sinne) touristische Angebote zu verstehen, die von der lokalen Bevölkerung nur mitgenutzt werden können?" oder

- "Ist nicht der Kulturauftrag von Museen so beschaffen, daß sie versuchen, Dienste für alle Segmente der Bevölkerung anzubieten (und nicht nur für die, die ihre Dienste ohnehin in Anspruch nehmen)?"

Diese Konzeption berücksichtigt, daß das Ziel der Museen die Vermittlung einer kulturellen Botschaft ist, die durch zielgerichtete Aktivitäten und Mittel erreicht werden soll. Anknüpfungspunkte sehen die Autoren in einer Ausweitung der Öffentlichkeitsarbeit, im Ausbau der Museumspädagogik (einschl. der Intensivierung von Arbeiten an innovativen Präsentationsformen),

---

1 Vgl. Schuck-Wersig, P. und G. Wersig (1988), Museen und Marketing, Materialien aus dem Institut für Museumkunde, Heft 25, Berlin.

in der Fort- und Weiterbildung von Museumsfachleuten (z.B. zur Präsentation und zu Besucherdiensten) und in einer breit angelegten Besucherforschung (einschl. der Erprobung von Pilotprojekten zur Marktöffnung von Museen).[1] Große Chancen sehen sie für ein marketing-orientiertes Management, das die geforderte Kreativität im Angebot weiterer Museumsdienste und in der Erschießung neuer Besucherkreise und neuer Finanzierungsquellen (Sponsoren) ermöglicht.

... Theater und Musikschulen

Für die Theater ließe sich eine ähnliche Zukunftsvision entwikkeln: Eine Verstärkung der Öffentlichkeitsarbeit (auch durch Theaterpädagogen) und eine breit angelegte Besucherforschung könnten neue Besucherschichten und - auf längere Frist - neue Finanzierungsquellen erschließen helfen.[2]

Die Musikschulen vermitteln aktives Erlernen und Erleben von Musik. Sie ermöglichen Kindern, Jugendlichen und Erwachsenen eine musikalische Grundausbildung, fördern den Nachwuchs für Laien- und Liebhabermusizieren und betreiben Begabtenauslese und -förderung. Von der Natur ihrer Aktivitäten her gesehen sind die Musikschulen auf eine dauernde Nachwuchswerbung um Schüler und eine Verbesserung ihrer Angebote für bestimmte Zielgruppen angelegt.

... Bibliotheken und Büchereien, Volkshochschulen

Die Vorstellung von Institutionen als "kultureller Ort und Partner in der Kulturarbeit" haben in jüngster Zeit auch die öffent-

---

1 Vgl. zu diesen Themenkreisen auch Graf, B. und G. Knerr (Hrsg.), (1985), Museumsausstellungen, Planung, Design, Evaluation, Kolloquium im Deutschen Museum 4.-8. März 1985, München/Berlin.

2 Vgl. Kommunale Gemeinschaftsstelle für Verwaltungsvereinfachung (KGSt), (1989), Führung und Steuerung des Theaters, Köln.

lichen Bibliotheken betont. In seiner Denkschrift vom August 1989[1] betont der Deutsche Bibliotheksverband, daß Anstrengungen unternommen werden, die Bibliotheken stärker als Dienstleistungsbetrieb zu verstehen, die Benutzerorientierung zu verfeinern und ein Bibliotheken-Marketing zu entwickeln.

Interessant ist dabei das Selbstverständnis der Bibliotheken, das vor dem Hintergrund von zwei Entwicklungen gesehen wird:[2]

- mehr Menschen als in der Vergangenheit nehmen ein erweitertes kulturelles Angebot wahr... Dabei drängen repräsentative Darbietungen und kulturelle Großereignisse das breite Veranstaltungsspektrum von lokaler Bedeutung oft in den Hintergrund.

- Als Gegengewicht haben sich alternative Kulturformen heraus gebildet: Kultur von unten, Kultur zum Mittun, Kultur als kreativer Prozeß,dessen Ziel nicht unbedingt ein außerordentliches Werk ist. Unabhängige kulturelle Initiativen ermöglichen interessenbezogene und nachbarschaftliche Begegnungen. Dabei spielen Anregungen und Wechselwirkungen, erwachsen aus schöpferischer Inititiative, eine besondere Rolle.

- ... Die Annäherung an Kunst, Literatur, Musik, Geschichte, Volkskunde oder auch Heimatkunde geschieht nicht nur rezeptiv, sondern über eigenes Tun. Bibliotheken müssen deshalb für diese Form der Erfahrung von Kultur nicht nur Materialien zur Verfügung stellen, sondern auch die kommunikativen Prozesse durch partnerschaftlich eingebrachte fachliche Hilfen und Rat erleichtern, wenn möglich durch direkte Mitwirkung."

Faßt man die konzeptionellen Überlegungen zu den öffentlichen Kultureinrichtungen zusammen, so gewinnen Tätigkeitsfelder an Gewicht, die eine stärkere Abstimmung der Aktivitäten auf die Benutzer der Einrichtungen und eine gezielte Einbindung neuer

1 Deutscher Bibliotheksverband (1989), Die öffentliche Bibliothek. Standortbestimmung und Zukunftsperspektiven der Bibliotheken in kommunaler Verwaltung, Berlin.

2 Vgl. ebenda S. 23.

Bevölkerungskreise bezwecken, eine Zielsetzung, die auch die Einrichtungen der Erwachsenenbildung, vor allem die Volkshochschulen verfolgen.

Vor dem Hintergrund der Bevölkerungsentwicklung und der Medienentwicklung gewinnen diese Aspekte besondere Bedeutung. Neugier und Entdeckerfreude zu wecken, Gegenpole zum passiven Medienkonsum zu schaffen, sind Aufgaben dieser Institutionen. Theater- und Musikpädagogen, Museumspädagogen und - eine neuen Berufsgruppe - die Medienerzieher an Schulen oder Erwachsenenbildungseinrichtungen können deshalb mit erweiterten und neuen Tätigkeitsfeldern rechnen.

4.2.4 Entwicklung weiterer Aktivitätsfelder: Architektur, Denkmalschutz, Design

Die Entwicklung der Baunachfrage[1] bestimmt in entscheidendem Maße die Nachfrage nach Leistungen von Architekten. Für die nächsten Jahre dürfte mit einer weiteren Belebung zu rechnen sein, die sich nicht zuletzt durch den Gemeinsamen Binnenmarkt und die Vereinigung Deutschlands intensivieren wird. Dies kann sich positiv auf die Nachfrage nach Leistungen der Architekten auswirken. Welche Effekte sich mittelfristig einstellen werden, hängt einerseits von der Umsetzung der Architektenrichtlinie der EG und von der öffentlichen Auftragsvergabe ab und andererseits von der wirtschaftlichen Entwicklung auf dem Gebiet der jetzigen DDR. Dies zu untersuchen, wäre jedoch Gegenstand eines gesonderten Gutachtens.

Der Denkmalschutz wird zusehends an Bedeutung gewinnen. Eine der Ursachen liegt in der Entwicklung der Zivilisationseinflüsse wie Luft- und Wasserverschmutzung oder zunehmende Verkehrserschütterung. Das gesteigerte Umweltbewußtsein und das Bewußtsein um die Bedeutung von Kulturdenkmälern, die nicht ersetzbar sind, werden für den Denkmalschutz und damit für die Berufsgruppe der Restau-

1 Vgl. Ifo-Institut für Wirtschaftsforschung (1989), Ifo-Bauvorausschätzung 1989-1999, Datenband, bearb. von T. Görhely, München.

ratoren gute Entwicklungschancen bieten. Diese Aussage gilt in verstärktem Maße vor dem Hintergrund des Sanierungsbedarfs auf dem jetzigen Staatsgebiet der DDR.

Die Chancen einer weiteren Berufsgruppe, der Designer (Grafik- und Werbe-Designer) sind oben bereits erörtert worden. Angesichts der positiven Entwicklung der Realeinkommen, die ein signifikantes Wachstum des privaten Verbrauchs und der Verbrauchsgüterindustrien erwarten lassen, kann nur betont werden, daß diese Berufsgruppe weiter an Bedeutung gewinnen wird, wobei vor allem der Einsatz moderner Techniken beim Entwurf das Berufsbild entscheidend verändern wird.

4.3 Ansatzpunkte einer Politik für Kulturberufe

4.3.1 Ausgangsüberlegungen

Die Kulturberufe sind der schöpferische Kern unseres kulturellen und gesellschaftlichen Lebens. Der Wandel in den modernen Kommunikationstechniken, die zunehmende Freizeit und die wachsende Nachfrage der privaten Haushalte nach Bildung, Unterhaltung und Kommunikation weisen diesen Berufen eine zunehmend wichtigere Rolle in Wirtschaft und Gesellschaft zu.

Für die Abgrenzung dieser Berufe gegenüber anderen Berufsgruppen ist ihre Bedeutung für die Informations- und Meinungsfreiheit und -vielfalt und für die kulturelle Vielfalt wesentlich. Das politische Gewicht, das die Bundesregierung diesen Werten bemißt, hat sie immer wieder veranlaßt, ihre Bereitschaft zum Handeln zu bekunden. So hat sie z.B. in den Grundsätzen für die Weiterentwicklung der Medienordnung verdeutlicht, daß es nicht ausreicht, die Herstellung der Meinungsvielfalt dem freien Spiel der Marktkräfte zu überlassen;[1] in ihrer Antwort auf die Große Anfrage der SPD zur Kulturpolitik im November 1984 hat sie den Wortlaut der Grundsatzentscheidung des Bundesverfassungsgerichts

1 Medienbericht '85, S. 35.

vom 5. März 1974 zitiert:[1] "Als objektive Wertentscheidung für die Freiheit der Kunst stellt sich dem modernen Staat, der sich im Sinne einer Staatszielbestimmung auch als Kulturstaat versteht, zugleich die Aufgabe, ein freiheitliches Kunstleben zu erfüllen und zu fördern."

Neben diesen gesellschaftspolitischen Begründungen für die Förderung der Aktivitäten der Kulturberufe lassen sich jedoch auch wirtschaftliche Begründungen anführen.[2] Sie werden in der Fachliteratur mit dem Stichwort "Marktversagen" oder "externe Effekte" bezeichnet und besagen, daß die gesamtwirtschaftlichen Vorteile nicht oder nicht ausreichend in den Wirtschaftsrechnungen privater Haushalte oder Unternehmen auftauchen.

Hieraus werden folgende Schlüsse gezogen: Wenn man die Entscheidung über die Höhe und Zusammensetzung der Waren und Dienstleistungen, die in einer Volkswirtschaft nachgefragt werden können, ausschließlich dem freien Spiel der Marktkräfte überließe, so würde sich ein suboptimales Ergebnis einstellen. In diesem Fall wäre der Nutzen einer Ausweitung z.B. künstlerischer Aktivitäten größer als die volkswirtschaftliche Nutzeneinbuße ("Opportunitätskosten") einer damit verbundenen Einschränkung von Aktivitäten in anderen Bereichen der Wirtschaft. Die hierdurch beschriebene suboptimale Situation äußert sich in einer mangelnden Zahlungsbereitschaft der Privaten für künstlerische Leistungen. Aus dieser "zu geringen" Zahlungsbereitschaft ergibt sich ein "zu geringes" Einkommen der Künstler. Dies hat die Konsequenz,

1 BT-Drucksache 10/2236, S.3.
2 Vgl. zum folgenden Hummel, M. und Berger, M. unter Mitarbeit von Müller, F. (1988), Die volkswirtschaftliche Bedeutung von Kunst und Kultur. Gutachten im Auftrag des Bundesministers des Innern, Schriftenreihe des Ifo-Instituts für Wirtschaftsforschung Nr. 122, München/Berlin, S. 33 ff. und die dort angegebenen Quellen.

daß auch das Angebot an künstlerischen Leistungen zu gering ausfällt.[1]

Derartige Überlegungen werden auch zur Begründung von Urheberrechten und Leistungsschutzrechten herangezogen. Im Zeitalter der nahezu unbegrenzten Vervielfältigungsmöglichkeiten würde ein unzureichender Schutz der Inhaber von Urheberrechten und Leistungsschutzrechten deren Einkommenssituation drastisch verschlechtern, woraus sich langfristig eine Einbuße an kultureller Vielfalt ergäbe.

Gerade bei den Künstlern wird in jüngerer Zeit ein weiterer Grund für staatliches Handeln angeführt, der sich an der Begründung für staatliches Aktivwerden im Bereich der Forschung orientiert. Die Schaffung künstlerischer Werke sei wie die Grundlagenforschung "extrem risikoreich": Zwischen ihrer Schaffung/Erfindung und ihrem Durchbruch am Markt können beträchtliche Zeitspannen liegen. Darüber hinaus ist nicht von vorneherein bekannt, welche Werke/Erfindungen letztlich erfolgreich sein werden. Künstlerische Kreativität könne aber genauso wie die Grundlagenforschung Impulse auslösen, die das Wirtschaftswachstum und somit das Wohlstandsniveau und die Beschäftigung in einer Volkswirtschaft anheben. Der Zusammenhang zwischen (quantitativem und qualitativem) Wirtschaftswachstum wird dabei folgendermaßen begründet:[2] Die Informationsmuster, die in den Kunstgattungen entdeckt und erprobt werden, können zu einem späteren Zeitpunkt von

1 In der wirtschaftswissenschaftlichen Literatur werden solche Überlegungen unter dem Stichwort "Kulturökonomik" behandelt. - Vgl. hierzu im einzelnen u.a. Baumol W.J. and Bowen, W.G. (1966), Performing Arts - The Economic Dilemma, Cambridge/ Mass.; Throsby, C.D. and Withers, G.A. (1979), The Economics of the Performing Arts, London / Melbourne; Pommerehne, W.W. und Frey, B.S., Kunst: Was sagt der Ökonom dazu? in: Schweizerische Zeitschrift für Volkswirtschaft und Statistik, 1985 (121.Jg.), S. 139 - 167.

2 Hutter, M., Kunst als Quelle wirtschaftlichen Wachstums, in: Zeitschrift für Ästhetik und allgemeine Kunstwissenschaft, 1986 (Vol. 31), S.231 ff.

innovativen Unternehmen in wirtschaftlich bewertbare Vorteile umgesetzt werden.[1]

4.3.2 Verbesserung der Rahmenbedingungen

Nach diesen Überlegungen sollte eine Politik für die Kulturberufe zunächst an einer Verbesserung der Rahmenbedingungen anknüpfen. Hierzu gehören vor allem kultur- und künstlerfreundliche Regelungen im Urheberrecht, Steuerrecht und im Arbeits- und Sozialrecht. Daneben sind Maßnahmen von Bedeutung, die den Weg in die Selbständigkeit erleichtern. Diese Maßnahmen sind so anzulegen, daß sie der Kreativität der Kulturschaffenden dienen. Nur auf diese Weise können sie zu den gesellschaftlichen Zielen der Informations- und Meinungsvielfalt sowie der kulturellen Vielfalt beitragen.

Inwiefern eine Erweiterung des Arbeits- und Auftragsmarktes sowie die Unterstützung von Kulturinstitutionen und Fonds von Bedeutung ist, wird gesondert angesprochen.

Die folgenden Ausführungen bieten erste Ansatzpunkte für eine Verbesserung der Rahmenbedingungen für Kulturberufe.

Eine ausführliche Evaluierung allein der steuerrechtlichen Maßnahmen müßte Gegenstand einer eigenen Studie sein.[2]

4.3.3 Urheberrecht

Um den Urhebern und den Inhabern von Leistungsschutzrechten einen verbesserten Schutz und eine angemessene wirtschaftliche Beteiligung an der Verwertung ihrer Werke und Leistungen einzu-

---

1 Die Pflege des kulturellen Erbes kann ähnliche Effekte auslösen, selbst wenn ihm die gegenwärtige Generation keine innovatorischen Impulse abgewinnt: Verlorengegangene künstlerische Ausdrucksformen sind in der Regel nicht mehr ersetzbar oder wiederbelebbar. Ihre Informationsmuster könnten aber zu einem späteren Zeitpunkt künstlerische Kreativität mit allen oben beschriebenen positiven Folgewirkungen auslösen.

2 Deshalb wird im folgenden auch nicht jeder der teilweise sehr weitreichenden steuerpolitischen Vorschläge des Deutschen Kulturrats diskutiert.

räumen, wurde 1985 das Urheberrechtsgesetz novelliert. Vor allem die rasche technische Entwicklung bei den Möglichkeiten des Kopierens und Aufzeichnens hatte eine durchgreifende Reform des Rechts der Vervielfältigung für private und sonstige eigene Zwecke notwendig gemacht.

Neben den Verbesserungen, die die Urheberrechtsnovelle von 1985 erreicht hat (neue Vergütungsregelungen für die private Vervielfältigung geschützter Werke auf Bild- und Tonträgern, Gleichstellung der Schutzfrist für Lichtbildwerke mit den übrigen Werkarten, Verschärfung des Urheberstrafrechts), sind inzwischen die Schutzfristen für ausübende Künstler von 25 Jahren auf 50 Jahre verlängert worden;[1] für die Herausgabe wissenschaftlicher und nachgelassener Werke gelten verlängerte Schutzfristen von 25 Jahren (vorher 10 Jahre). Diese Verbesserung des künstlerischen Leistungsschutzrechts trägt der Tatsache Rechnung, daß heute auch ältere Werke mit großem Erfolg vermarktet werden können und ist insofern ein wichtiger Schritt zur Stärkung der wirtschaftlichen Situation der Künstler.

Eine stärkere Beteiligung der freien publizistischen und künstlerischen Berufe an der Vermarktung ihrer Werke im Ausland wird vor dem Hintergrund des EG-Binnenmarkts und der neuen Entwicklungen im Bereich der Audiovision immer dringlicher. So haben zwar in der Bundesrepublik Deutschland die Vereinbarungen der Verwertungsgesellschaften mit den Satellitenunternehmen und den Kabelbetreibern, z.B. der Deutschen Bundespost, Fortschritte gebracht. Das "Fernsehen ohne Grenzen" erfordert jedoch eine EG-weite Angleichung der urheberrechtlichen und leistungsschutzrechtlichen Bedingungen. Dies läßt sich an einem Beispiel veranschaulichen:[2] Wenn ein Künstler einem Satellitensender in London das Recht zur Ausstrahlung seiner Werke gibt und hierfür eine Vergütung erhält, wie sie für die Ausstrahlung in Großbritannien üblich ist, seine Werke aber im gesamten Raum zwischen Österreich und Portugal empfangen werden können, so fühlt sich

---

1 Für eine ausführliche Begründung vgl. BT-Drucksache 11/4929.

2 Vgl. Kreile, R. (1989), Neuer Markt für Künstler? - Europäische Zukunftsmedien zwischen Ruhm und Rendite, in: Kreile, R. (Hrsg.),(1989), a.a.O., S. 20.

der Künstler seiner Rechte beraubt. Die erforderliche Harmonisierung der Urheberrechtsgesetze sollte sich daher am hohen Standard des deutschen und auch französischen Urheberrechts orientieren und nicht zu Lasten der Publizisten und Künstler auf dem kleinsten gemeinsamen EG-Nenner stattfinden.

4.3.4 Steuerrecht

Im Rahmen der Steuerreform 1990 sind die Grundfreibeträge erhöht und die Eingangssteuersätze abgesenkt worden. Dies bringt gerade für diejenigen Künstler, Publizisten und anderen Angehörigen der Kulturberufe Vorteile, die niedrige Einkommen erzielen. Hilfreich ist auch, daß die Sonderbehandlung bei der Umsatzsteuer[1] weiterhin besteht. Dies gilt in besonderem Maße für diejenigen Künstler und Publizisten, die für steuerbefreite (und damit nicht vorsteuerabzugsberechtigte) Institutionen arbeiten. Eine Anhebung der Umsatzsteuersätze der Kulturschaffenden hätte gerade für die Selbständigen negative Folgen gehabt: 1. Sie hätte möglicherweise in den Honorarforderungen nicht voll weitergegeben werden können und hätte damit unmittelbar zu Einkommenseinbußen geführt. 2. Sie hätte Anreize innerhalb der Kulturinstitutionen zu einer verstärkten Eigenproduktion ausgelöst und wäre somit ebenfalls zu Lasten der Einkommen der Selbständigen gegangen.

Eine jüngst (wieder)eingeführte Maßnahme, die Ausdehnung des sogenannten "Übungsleiterfreibetrags" auf Nebentätigkeiten im künstlerischen Bereich[2] könnte sich ebenfalls günstig auf die Einkommen der Künstler auswirken. Sofern sich diese Steuervergünstigung in geringeren Honorarsätzen niederschlägt, könnten sich auf indirekte Weise dann positive Auswirkungen ergeben, wenn die (gemeinnützigen) Kulturinstitutionen in entsprechendem Umfang ihre Nachfrage nach Leistungen der Künstler ausdehnen.

Neben diesen direkten Maßnahmen, die an den Einkünften bzw. Umsätzen der freien künstlerischen und publizistischen Berufe an-

---

1 Vgl. hierzu oben S. 13 f.
2 §3 Nr. 26 EStG, 1990 geändert durch das Kultur- und Stiftungsförderungsgesetz (KultStiftFG)

knüpfen, sind zahlreiche indirekte Maßnahmen von Bedeutung. Hierzu gehören - aus der Sicht der Käufer von Kunstwerken lebender Künstler - die Vermögensteuerbefreiung beim Erwerb von Werken der zeitgenössischen Kunst,[1] und die - für Mäzene und Sponsoren wichtige - Möglichkeit, bei Spenden für (besonders förderungswürdig anerkannte) kulturelle Zwecke 10 v.H. des Gesamtbetrags der Einkünfte bzw. 2 v.T. der Umsätze, Löhne und Gehälter als Sonderausgaben abzusetzen.[2] Die unterschiedliche Behandlung von Spenden für kulturelle und wissenschaftliche Zwecke im Gewerbesteuerrecht, die Spenden für kulturelle Zwecke benachteiligte, war aus steuersystematischen Gründen nicht zu rechtfertigen und ist inzwischen beseitigt worden.

Eine zusätzliche Verbesserung des Stiftungsrechts, die für diese Legislaturperiode angekündigt war und inzwischen im Kultur- und Stiftungsförderungsgesetz berücksichtigt ist, wird eine weitere verstärkte Förderung der Künstler bewirken. Hier ist vor allem eine bessere zeitliche Verteilung der Spenden im Sinne eines Verlustvor- und -rücktrags zu erwähnen, die die Spendenaktivität mittelfristig besser planbar und weniger abhängig von den konjunkturellen Schwankungen macht.

4.3.5 Arbeits- und Sozialrecht

Wegen des hohen Anteils freier Mitarbeiter bei Rundfunk- und Fernsehanstalten, bei Tageszeitungen und bei Unternehmen des Grafik-Designs sind Tarifverträge für diese arbeitnehmerähnlich beschäftigten Publizisten und Künstler von großer Bedeutung.[3] Die niedrigen Einkommen bei vielen selbständigen Publizisten und vor allem Künstlern weisen der sozialen Sicherung einen besonderen Stellenwert zu.

Die laufenden Verbesserungen bei der Künstlersozialversicherung sind deshalb als wichtige Schritte zu bewerten. Vor dem Hintergrund der langfristigen Veränderungen der Bevölkerungsstruktur

---

1 BGBl.I 1978, S. 1849.
2 Vgl. § 10 b EStG
3 Vgl. u.a. Bericht der Bundesregierung vom 9. Nov. 1981, BT-Drucksache 9/993.

und der damit verbundenen gesamtwirtschaftlichen Rentenentwicklung gewinnt die langfristige soziale Absicherung der selbständigen Publizisten und Künstler ein hohes Gewicht. Es darf nicht zu Notsituationen von Künstlern kommen, die jahrzehntelang das kulturelle Leben der Bundesrepublik Deutschland mitgestaltet haben.

Gegenwärtig bringen die Künstlerhilfe und die großen Verwertungsgesellschaften GEMA, Wort und Bild/Kunst bereits erhebliche Mittel für die soziale Unterstützung älterer und in Not geratener Künstler auf. Inwieweit die Aktivitäten dieser Institutionen verstärkt werden könnten, wäre gesondert zu prüfen. Angesichts der unvollständigen Einbeziehung der Vermarkter in die Abgabepflicht bei der Künstlersozialkasse könnte auch geprüft werden, inwiefern sich der Vertrag vom September 1980 zwischen den Kunsthandelsverbänden und der VG-Bild/Kunst zur pauschalierten Aufbringung der Mittel für die Künstlersozialkasse und Folgerechtsansprüche (§ 26 UrhG) auf andere Verwertungsgesellschaften und Vermarkter übertragen läßt.

4.3.6 Weitere Fördermaßnahmen

Entscheidend für die Vielfalt des kulturellen Lebens sind die Freiräume und Entwicklungschancen für die Kulturschaffenden. Dies setzt bereits bei einer Verbesserung der Arbeitsbedingungen der Künstlerinnen und Publizistinnen[1] an und setzt sich fort in der Schaffung von günstigen Bedingungen für Angehörige der Kulturberufe, die sich selbständig machen wollen, in der Erweiterung des Auftrags- und Arbeitsmarktes und in der verstärkten Möglichkeit, am deutsch-deutschen und internationalen Kulturaustausch teilzunehmen. Wie die bestehenden Maßnahmen weiterentwickelt werden können, wird im folgenden kurz dargestellt.

---

1 Für eine Übersicht über die Frauenerwebstätigkeit in publizistischen und künstlerischen Berufen vgl. Hummel, M. (1989), Die Lage der freien künstlerischen Berufe in der Bundesrepublik Deutschland. Beitrag des Ifo-Instituts zum Bericht der Bundesregierung über die Lage der Freien Berufe in der Bundesrepublik Deutschland, München.

Angehörige freier publizistischer und künstlerischer Berufe können über ihre Hausbank das ERP-Existenzgründungsprogramm sowie die Eigenkapitalhilfe- und Bürgschaftsprogramme der Deutschen Ausgleichsbank für Angehörige freier Berufe in Anspruch nehmen. Diese Möglichkeit wird bisher in viel zu geringem Umfang genutzt (Mittelzusagen von 1983 bis 1988: rund 1 Million DM für 28 Antragsteller)[1] und müßte stärker verdeutlicht werden. Dabei könnte auch untersucht werden, wie diese Programme noch stärker auf die Belange der Künstler zugeschnitten werden können.

Neben Existenzgründungshilfen sind Maßnahmen notwendig, die es vor allem (jüngeren) Schriftstellern/innen und anderen Künstlern/innen gestatten, sich einer breiteren Öffentlichkeit vorzustellen. In diesem Sinne sind die Aktivitäten der Kulturfonds (Kunstfonds, Literaturfonds, der Fonds "Darstellende Künste" und "Sozio-Kultur") und des Deutschen Musikrats (Musikförderprogramm) zu begrüßen, die vom Bundesminister des Innern im Jahr 1989 mit insgesamt 4,9 Mill. DM gefördert wurden, sowie die ergänzenden Maßnahmen der Kulturinstitutionen und Verbände. Inwiefern daneben neuere (und in der Produktion kostspielige) Ausdrucksformen, die die technische Weiterentwicklung reflektieren (z.B. die Videokunst), verstärkt gefördert werden können, sollte gesondert geprüft werden.

Wichtig sind auch diejenigen Maßnahmen, die zur Erweiterung des Auftragsmarktes führen. Für "Kunst am Bau" kann der Bund bis zu 2 v.H. der Bausumme verwenden; für die Anschaffung zeitgenössischer Kunst sollen die Bundesministerien mindestens 1 v.H. der jeweiligen Anschaffungsmittel ausgeben.[2] Daneben werden weitere Möglichkeiten genutzt, den Sachverstand von Künstlern in die Erfüllung von Ressortaufgaben einzubeziehen (Haushaltsansatz 1989: 440 000 DM).

---

1 Schreiben der Deutschen Ausgleichsbank an das Bundesministerium für Wirtschaft v. 17.8.1989.
2 Vgl. Bundeshaushaltsplan für das Jahr 1989, Ausgaben des Bundes zur Förderung von Kunst und Kultur innerhalb der Bundesrepublik Deutschland, Anlage zu Kap. 0602 Titelgruppe 2 bis 4, S. 454.

Eine Erweiterung des Auftragsmarktes kann auch durch eine verstärkte Privatisierung von Dienstleistungen der Kulturberufen erreicht werden (z.B. verstärkte Einbindung von freiberuflichen Restauratoren im Denkmalschutz, Auftragsvergabe vor allem an Künstler, die nicht gleichzeitig Beamte sind).

Zur Verbesserung der Auftragslage zählt auch die Filmförderung: Der Bund hat im Jahr 1989 über 20 Millionen DM an Preisen, Stipendien, Produktions- und Absatzförderung aufgewendet und plant eine Ausweitung der Förderung. Daneben stellen die Länder und die öffentlich-rechtlichen Rundfunkanstalten im Rahmen des Film- und Fernsehabkommens beträchtliche Mittel bereit. Ob und inwiefern diese Mittel durch eine Einbeziehung der privaten Rundfunkanstalten aufgestockt werden können, wäre gesondert zu prüfen. Einer gesonderten Prüfung sind auch Vorschläge zu unterziehen, die auf eine bessere Integration der Drehbuchförderung in die Filmförderung abzielen und für eine "Filmförderung aus einem Guß" plädieren.

Vor dem Hintergrund des gesellschaftlichen und wirtschaftlichen Wandels gewinnt die Förderung des internationalen Kulturaustauschs und die Gewährung von Stipendien für Aufenthalts- und Arbeitsmöglichkeiten von Künstlern/innen besonderes Gewicht und sollte über den gegenwärtigen Umfang hinaus ausgeweitet werden. Das gegenseitige Kennenlernen fremder Kulturen könnte darüber hinaus z.B. durch eine Förderung der Übersetzung von Literatur, vor allem aus Ländern mit zahlenmäßig kleinerer Bevölkerung erleichtert werden.

Eine weitere gesellschaftliche Herausforderung, die mit der zukünftigen Entwicklung der Altersstruktur in der Bundesrepublik Deutschland verbunden ist, ließe sich durch eine Ausweitung des Arbeitsmarktes für (arbeitslose) Künstler/innen positiv bewältigen: Die verstärkte Einbindung von Künstlern/innen in die kulturelle Bildung, vor allem die Jugendkulturarbeit, wie sie derzeit in den Bundesakademien für kulturelle Bildung (Remscheid, Trossingen, Wolfenbüttel) in Pilotprojekten erprobt wird, wird langfristig das kulturelle Engagement der Jugendlichen von heute und der Erwachsenen von morgen stärken.

Daß diese Maßnahmen zusätzliche Mittel erfordern werden, steht außer Frage. Ein effizienter Mitteleinsatz bei einzelnen Kulturinstitutionen oder eine bessere Abstimmung einzelner Förderpakete, z.B. bei der Filmförderung könnten indes zusätzlichen Freiraum schaffen. Größere finanzielle Spielräume sind auch durch eine weitere Aktivierung privater Mittel zu erreichen. Daß sich im Zusammenhang mit der (ökonomischen) Effizienzsteigerung, die nur durch eine betriebswirtschaftliche Durchleuchtung der einzelnen Institutionen erreicht werden kann, weitere Berufsfelder für Selbständige eröffnen, zeigen US-amerikanische Erfahrungen mit Berufsgruppen, die dem Kulturmanagement (einschl. Fundraising) zuzurechnen sind. Ihre Ausbildung wird dort seit langem als Studiengang an den Hochschulen und Universitäten geführt und findet seit kurzem auch in der Bundesrepublik Deutschland, z.B. in Hamburg Berücksichtigung.

5 Schlußfolgerungen

Eine Politik für die Kulturberufe sollte zunächst an einer Verbesserung der Rahmenbedingungen anknüpfen. Hierzu gehören vor allem kultur- und künstlerfreundliche Regelungen im Urheberrecht, Steuerrecht und im Arbeits- und Sozialrecht. Daneben sind Maßnahmen notwendig, die den Weg in die Selbständigkeit erleichtern. Diese Maßnahmen sind so anzulegen, daß sie der Kreativität der Kulturschaffenden dienen. Nur auf diese Weise können sie zu den gesellschaftlichen Zielen der Informations- und Meinungsvielfalt sowie der kulturellen Vielfalt beitragen.

Eine Erweiterung des Arbeits- und Auftragsmarktes, eine Privatisierung von öffentlichen Leistungen und eine verstärkte Auftragsvergabe an Freie Berufe ist gesondert zu prüfen. Die Unterstützung von Kulturinstitutionen und Fonds wird positiv bewertet.

Abschließend bleibt festzuhalten, daß über die spezifischen Initiativen für die Kulturberufe hinaus, letztlich alle Maßnahmen, die der Förderung und Bewahrung der Informations- und Meinungsvielfalt, der künstlerischen und kulturellen Vielfalt dienen, relevant sind. Daß in diesem Rahmen auch Wirtschaftlichkeitsüberprüfungen bei öffentlichen Kulturinstitutionen Mittel frei setzen können, die für ein Mehr an Leistung oder Qualität eingesetzt werden können, sei gesondert betont. Einer Überprüfung bedürfen ferner auch Regelungen wie der kommunale Finanzausgleich, der den Kommunen eine - entsprechend ihrer Aufgaben - verbesserte Finanzausstattung für Kulturausgaben gestatten könnte.

Alle Maßnahmen noch stärker auf die Belange der Kulturschaffenden und der Kulturberufe abzustimmen, sollte zu einer Daueraufgabe der Kulturpolitik werden.

Anhang

ersicht

rzeichnis der erfaßten Berufsgruppe

2 Publizisten, Dolmetscher, Bibliothekare

21 Publizisten

Ansager (Rundfunk, Fernsehen), Auslandskorrespondent (Journalist), Autor

Belletrist, Berichter, Berichterstatter, Bildjournalist, Bildredakteur, Biograph, Bühnenschriftsteller

Chefredakteur, Chef vom Dienst

Dichter, Dramatiker, Dramaturg, Drehbuchautor

Effekt-Spezialist (Gag Man)

Fachschriftsteller, Fernsehreporter, Fernsehsprecher, Feuilletonist (Journalist, Schriftsteller), Filmautor, Filmkritiker, Funkreporter

Gag Man

Handelsredakteur, Hauptschriftleiter

Journalist, Jugendschriftsteller

Kolumnist, Kommentator (Rundfunk, Fernsehen), Korrespondent (Journalist), Kritiker, Kunstkritiker, Kunstschriftleiter, Kunstschriftsteller

Lektor (nicht Hochschullehrer), Librettist, Literat, Lokalreporter

Moderator (Fernsehen, Rundfunk), Musikkritiker, Musikschriftsteller

Nachrichtensprecher

Presseauswerter, Pressechef, Pressekorrespondent, Pressereferent, Programmgestalter (Rundfunk, Fernsehen), Publizist

Redakteur, Redaktionsdirektor, Reiseberichterstatter, Reiseschriftsteller, Reporter, Rezensent, Romanschriftsteller, Rundfunkdramaturg, Rundfunkreporter, Rundfunksprecher

Schriftleiter, Schriftleiteranwärter, Schriftsteller, Showmaster, Sonderbericht-erstatter, Sportberichter, Sportberichterstatter, Sportredakteur, Sportschrift-steller, Sprecher (Rundfunk)

Textdichter, Theaterdramaturg, Theaterkritiker, Theaterrezensent

Verlagslektor, Verlagsredakteur, Vortragsredner

Wirtschaftskorrespondent (Journalist), Wortjournalist, Wort- und Bildjournal

Zeitungsberichterstatter, Zeitungskorrespondent, Zeitungsreporter

822 Dolmetscher, Übersetzer

Akademisch geprüfter Übersetzer

Dolmetscher, Dragoman

Konferenzdolmetscher, Konsekutivdometscher

Lexikograph

Simultandolmetscher, Sprachmittler

Technischer Übersetzer, Terminologe (Übersetzer), Translator

Übersetzer

823 Bibliothkare, Archivare, Museumsfachleute

Abteilungsdirektor und Kustos, Archivadjunkt, Archivamtmann, Archivange-stellter, Archivar, Archivassessor, Archivassistent, Archivbearbeiter, Archiv-direktor, Archivgehilfe, Archivhelfer, Archiv-Hilfskraft, Archivinspektor, Ar-chivinspektoranwärter, Archivleiter, Archivoberamtsrat, Archivrat, Archivref-rendar, Archivsachbearbeiter, Archivvorsteher, Archivwart

Bibliograph, Bibliothekar, Bibliothekarassistent, Bibliotheksamtmann, Biblio-theksangestellter, Bibliotheksassesor, Bibliotheksassistent, Bibliotheksdirekt Bibliotheksgehilfe, Bibliotheksinspektor, Bibliotheksleiter, Bibliotheksober-amtsrat, Bibliothekspraktikant, Bibliotheksrat, Bibliotheksreferendar, Biblio-thekssekretär, Bibliotheksverwalter, Bibliotheksvolontär, Bibliotheksvorsteh Bibliothekswart, Büchereiangestellter, Büchereidirektor, Büchereifachmann,

Büchereigehilfe, Büchereihelfer, Büchereiinspektor, Büchereileiter, Bücherei-sekretär, Büchereiverwalter, Büchereivorsteher, Büchereiwart

Diplom-Bibliothekar, Dokumentalist, Dokumentar, Dokumentarfachmann, Dokumentarwissenschaftler, Dokumentationsassistent, Dokumentationssach-bearbeiter

Filmarchivar

Konservator, Kustos

Medizinischer Dokumentationsassistent, Museumsberater, Meseumsdirektor, Museumsdirektor und Professor, Museumsfachmann, Museumsinspektor, Museumsrat, Museumssekretär, Museumsverwalter

Regierungsrat im Archivdienst, Rundfunkarchivar

Schallplattenarchivar

Technischer Assistent (Museumsfachmann)

Volksbibliothekar, Volksbüchereileiter

Wirtschaftsarchivar, Wirtschaftsarchivwart, Wissenschaftlicher Bibliothekar, Wissenschaftler Dokumentar

3 Künstler und zugeordnete Berufe

1 Musiker

Akkordeonspieler

Balalaikaspieler, Bandeneonspieler, Banjospieler, Baßgeiger, Bläser, Blech-bläser, Bratschist

Cellist, Chefdirigent, Chordirektor, Chordirigent, Chorführer, Chorinspizient, Chorleiter, Chormeister, Chorregent, Cimbalspieler

Dirigent

Fagottist, Flötist

Geiger, Generalmusikdirektor, Gitarrenspieler

Harfenist, Harfenspieler, Harmonikaspieler, Harmoniumspieler, Holzbläser, Hornist

Instrumentalmusiker, Instrumentalsolist

Kammermusiker, Kammervirtuose, Kantor, Kapellmeister, Kirchenmusikdirektor, Kirchenmusiker, Klarinettist, Klavierspieler, Klaviervirtuose, Komponist, Kontrabassist, Konzertmeister, Konzertzitherspieler

Lautenspieler

Mandolinenspieler, Militärmusiker, Musikdirektor, Musikdirigent, Musiker, Musikmeister, Musikschöpfer

Oboist, Operndirektor, Orchesterdirigent, Orchesterleiter, Orchestermusiker, Organist, Orgelspieler

Paukenschläger, Pauker, Paukist, Pianist, Pikkolobläser, Pistonist, Posaunist, Primgeiger

Saxophonbläser, Saxophonspieler, Schlagzeuger, Schlagzeugspieler, Stadtmusikus, Stehgeiger, Straßenmusiker, Straßensänger

Tondichter, Tonkünstler, Tonmeister (nicht Techniker), Tonsetzer, Trommler, Trompeter, Tubabläser

Vibraphonist, Violinist, Violinvirtuose, Violincellist

Waldhornist, Wandermusiker

Xylophonist

Zitherspieler, Zupfinstrumentenspieler

832 Darstellende Künstler

Altistin, Ansager (Conferencier)

Ballerina, Ballettänzer, Balettdirektor, Balleteuse, Ballettführer, Ballettinspizie
Ballettmeister, Ballettregisseur, Ballettschüler(in), Bariton, Bassist, Beatsäng
Bühneninspizient, Bühnenregisseur, Bühnensänger

Causeur, Chansonette, Charakterdarsteller, Chargenschauspieler, Chargenspieler, Chordame, Choreograph, Chorherr, Chorist, Chormädchen (Chorsängerin), Chorsänger, Chortänzerin, Conferencier

Darsteller, Deklamator, Diseuse, Diskjockey, Domchorsänger, Dramatischer Lehrer

Einhelfer (Souffleur), Einsprecher (Synchronatelier), Eintänzer, Eurhythmist (Tänzer)

Figurantin (Chortänzerin), Filmdarsteller, Filmregisseur, Filmschauspieler,

Generalindendant, Gesangskomiker, Gesangssolist, Gesellschaftstänzer, Girl, Go-Go-Girl, Gruppentänzer

Hilfsregisseur, Hörspieler, Humorist

Improvisator, Inspizient, Intendant

Jazzsänger

Kabarettist o.n.A., Kammersänger, Kammerschauspieler, Kasperlespieler, Kirchenchorsänger, Kirchensänger, Koloratursängerin, Komiker (Vortragskünstler), Komödiant, Konzertsänger

Marionettenspieler, Meistertänzer, Mezzosopranistin

Operettensänger, Operneinhelfer, Opernsänger, Oratoriensänger

Puppenspieler

Quizmeister

Regieanwärter, Regieassistent, Regisseur, Rezitator, Rhetor

Sänger, Schattenspieler, Schauspieldirektor, Schauspieleinhelferin, Schauspieler, Schauspiellehrer, Schauspielschüler, Solodarsteller, Solorepetitor, Solosänger, Solotänzer, Sopranistin, Soubrette, Souffleur, Souffleuse, Spielleiter, Spielleiteranwärter, Spielleiterassistent, Spielwart, Staatsschauspieler, Stepptänzer, Synchrondarsteller

Tänzer, Tanzmeister, Tanzregisseur, Tenor, Theaterdirektor, Theaterinspizient

Vorleser, Vortänzer, Vortragskünstler, Vortragsmeister

833 Bildende Künstler, Graphiker

Akademischer Bildhauer, Akademischer Maler, Anleger (Musterzeichner), Aquarellist, Aqurellmaler, Architekturmaler, Ateliermaler

Bildhauer, Bildrestaurator

Couturier

Dekorentwerfer (Kerammaler), Designer (Künstler), Designer (Photograph), Dessinateur, Dessinzeichner, Diplommodezeichner, Diplomzeichner

Entwerfer (Künstler)

Figurenzeichner, Formenentwerfer (Kerammodelleur), Formgestalter, Freskmaler

Gebrauchsgraphiker, Gemäldekonservator, Gemäldekopierer, Gemälderestaurator, Genremaler, Geschichtsmaler, Gestalter (Künstler), Glasmalerzeichner, Glasmosaikzeichner, Glaszeichner, Graphik-Designer, Graphiker, Graphischer Zeichner, Grundtupfer

Historienmaler, Holzschnittmacher

Illustrator, Industrie-Designer

Karrikaturist, Kerammodelleur (Künstler), Kirchenmaler, Kopierer, Kopist (Dessinateur), Kostümentwerfer, Kostümzeichner, Kunstmaler, Kunstzeichner, Kupferstecher

Landschaftsmaler, Layouter, Layoutgraphiker, Leistenmodelleur

Maler, Medizinischer Zeichner, Miniaturenmaler, Modegestalter, Modegraphiker (Künstler), Modelleur (Entwerfer in der Schuherstellung), Modellzeichner (graphischer), Modeschöpfer, Modezeichner (Künstler), Monogrammzeichner, Musterzeichner, Musterzeichner und Patroneur

Ornamentzeichner

Patronenzeichner, Patroneur, Pauser, Photogravurzeichner, Plakatzeichner, Poträtmaler, Porträtzeichner, Produkt-Designer, Produktgestalter

Radierer, Reinzeichner, Reklamezeichner, Reproduktionszeichner, Restaurator (Bilder)

Schnittmusterzeichner, Schnittzeichner, Schriftzeichner, Schuhmodelleur (Entwerfer)

Tapetenentwerfer, Textil-Designer, Tiermaler, Trickfilmzeichner, Tupfer (Hilfspatroneur)

Wappenmaler, Werbegraphiker, Werbezeichner, Wissenschaftlicher Zeichner

Zeichner, Zeichnungspauser

Dekorationen-, Schildermaler

Bühnenmaler (Maler in Bühnenwerkstätten, nicht Kunstmaler oder Bühnenbildner)

Dekorationenmaler, Dekorationsmaler

Filmmaler (Maler in Filmateliers, nicht Kunstmaler oder Bühnenbildner), Firmenschildermaler, Fundusmaler

Kinomaler, Kinoreklamemaler

Lackschriftschreiber, Lichtreklamehersteller

Namenschildermaler

Plakatmaler

Reklamemaler

Schablonierer, Schilderhersteller, Schildermaler, Schilder- und Lichtreklamehersteller), Schriftmaler (nicht Emailschriftenmaler)

Theatermaler (Maler in Theaterwerkstätten, nicht Kunstmaler oder Bühnenbildner)

Uhr(en)schildermaler

Werbemaler

Zifferblattmaler (nicht Kerammaler)

835 Künstlerische und zugeordnete Berufe der Bühnen-, Bild- und Tontechnik

Akustiker (Film, Fernsehen, Rundfunk), Aufnahmeleiterassistent, Ausstattungsleiter

Beleuchter, Beleuchtungsassistent, Beleuchtungsinspektor, Beleuchtungskontrolleur, Beleuchtungsmeister, Beleuchtungstechniker, Bildassistent (Bildtechniker), Bildingenieur, Bildmeister, Bildmischer, Bildregisseur, Bildtechniker, Bühnenarchitekt, Bühnenausstatter, Bühnenbeleuchter, Bühnenbeleuchtungsmeister, Bühnenbildner, Bühnendirektor//Technischer, Bühnengeräuschtechniker, Bühneningenieur, Bühneninspektor//Technischer, Bühnenleiter, Bühnenmaler, Bühnenmeister, Bühnenplastiker, Bühnentechniker, Bühnenvorstand (technischer)

Cacheur (Theaterplastiker), Cutter

Direktor/ Technischer (Bühne), Dollyfahrer

Elektroakustiker

Farbberater (Bühne, Film, Fernsehen), Farbspezialist, Fernsehbeleuchter, Fernsehcutter, Filmarchitekt, Filmaufnahmebeleuchter, Filmaufnahmetechni
Filmausstatter, Filmbeleuchter, Filmbildner, Filmcutter, Filmschnittassistent
Filmschnittmeister, Filmspuler (Filmvorführer), Filmtechniker, Filmumrolle
Filmvorführer

Geräuschspezialist, Gewandmeister (Kostümbildner)

Illuminierer

Kascheur (Theaterplastiker), Kinovorführer, Kostümberater, Kostümbildner

Lichtbestimmer, Lichtmeister, Lichtspielbildvorführer, Lichtspielvorführer

Maskenbildner, Mikromann

Produktionsleiterassistent

Rundfunkcutter

Schnittmeister, Schnittmeisteranwärter, Schnittmeisterassistent, Schnürmeis
Seitenmeister, Szenerieeinrichter

Technischer Bühnendirektor, Technischer Bühneninspektor, Technischer Bühnenleiter, Technischer Direktor, Technischer Inspektor, Technischer Leiter, Technischer Theaterdirektor, Theaterbeleuchter, Theaterdirektor//Technischer, Theatergewandmacher (Kostümbildner), Theatermaler, Theatermeister, Theaterplastiker, Theatertechniker, Tonassistent, Tonaufnahmegerätbediener, Toneinblendgerätbediener, Tonfilmvorführer, Ton-Geräusch-Spezialist, Toningenieur, Tonmeister, Tonmischer, Tonmixer, Tonschneider, Tonsteuerer, Tontechniker

Umroller

Vorführer

Wanderkinobesitzer

Zeichenfilmbildner

6 Raum-, Schauwerbegestalter

Auslagenarrangeur, Ausstellungsgestalter

Chefdekorateur

Dekorateur, Dekorationsleiter, Designer

Farbberater, a.n.g.

Gebrauchswerber (Ausstellungsgestalter)

Heimgestalter

Innenarchitekt, Innendekorateur, Innenraumgestalter

Messegestalter, Möbelarchitekt

Raumgestalter, Raumkünstler, Reisedekorateur

Schaufensterdekorateur, Schaufenstergestalter, Schauwerbe-Designer, Schauwerbegestalter

Werbegestalter/ Schau-

837 Photographen

Atelierphotograph, Aufnahmeoperator, Autochromphotograph, Autotypiepho graph

Bildberichter, Bildberichtertatter, Bildreporter, Bromsilberretuscheur

Colorretuscheur

Diapositivretuscheur

Fachphotograph, Farbenphotograph, Fernphotograph, Fernsehreporter, Film aufnahmeoperateur, Filmphotograph, Filmtricktechniker

Halbtonphotograph, Halbtonretuscheur, Hilfsoperateur (Film)

Industriephotograph, Innenphotograph

Kamerasssistent, Kameramann, Kunstphotograph

Landschaftsphotograph, Landschaftsretuscheur, Lichtbildner, Lichtdruckretu scheur

Mikrophotograph

Negativretuscheur

Offsetphotograph, Operateur (Film)

Photo-Scigner, Photograph, Photomontierer, Photoreporter, Pigmentdrucke Platindrucker, Porträtphotograph, Positivretuscheur, Pressephotograph

Rasterphotograph, Reisephotograph, Reklamephotograph, Reproduktions-photograph, Retuscheur

Schnellphotograph, Sportphotograph, Standbildphotograph, Standphotogra Sterephotograph, Straßenphotograph, Strichphotograph

Tiefdruckphotograph, Trickassistent, Trickkameramann, Trickphotograph

Vergrößerungsphotograph

Wanderphotograph, Werbephotograh

8 Artisten, Berufssportler, künstlerische Hilfsberufe

Abrichter (Tiere), Akrobat, Artist, Athlet, Autorennfahrer

Bauchredner, Bergführer, Berufsfahrer im Trabrennsport, Berufsmodell, Berufsreiter, Berufsreiter und -fahrer, Berufssportler, Boxer

Clown

Degenschlucker, Dompteur, Drahtseilkünstler, Dresseur, Dressman

Edelkomparse, Eislaufkünstler, Equilibrist, Exzentriker

Fahrradkunstfahrer, Feuerfresser, Figurant (Statist), Fußballspieler

Gaukler, Gedächtniskünstler, Gedankenleser, Gymnastiker (Artist), Hellseher, Hundedresseur, Hypnotiseur

Illusionist, Imitator, Instrumentalkomiker

Jokey, Jongleur

Karikaturist, Kleindarsteller, Komiker (nicht Vortragskünstler), Komparse, Komparserieführer, Kontorsionist (Schlangenmensch), Kunstfahrer, Kunstreiter, Kunstschütze

Liliputaner, Lizenzfußballspieler

Magier, Magiker, Mannequin, Mimiker, Minemotechniker, Modell, Motorradfahrer, Musikclown

Pantomimist, Parterreakrobat, Photomodell, Prestidigitateur (Taschenspieler)

Radrennfahrer, Rechenkünstler, Rennfahrer, Rennreiter, Ringkämpfer, Rollschuhläufer

Schlangenmensch, Schnelldichter, Schnellmaler, Schrittmacher, Schulreiter, Seilkünstler

Statist, Statistenaufseher, Statistenführer, Stegreifdichter, Stimmenimitator

Taschenspieler, Tierbändiger, Tierlehrer, Tierstimmenimitator. Torwart, Trabrennfahrer, Trapezkünstler

Varietékünstler, Ventriloquist (Bauchredner), Vorführdame

Zauberer, Zauberkünstler, Zirkuskünstler, Zirkusreiter

875 Lehrer für musische Fächer, a.n.g.

Geigenlehrer, Gesangslehrer, Gasangpädagoge

Klavierlehrer, Kunsterzieher, Kunstlehrer, Kunst- und Zeichenlehrer

Musikerzieher, Musiklehrer, Musikpädagoge

Privatmusiklehrer

Schulmusiklehrer, Singlehrer

Universitätsmusikdirektor

Zeichenlehrer

882 Geisteswissenschaftler, a.n.g.

Aegyptologe, Altertumsforscher, Altphilologe (nicht Lehrer), Anglist, Archäologe (Altertumsforscher), Astrologe

Briefmarkensachverständiger

Daktyloskope

Ethnograph, Ethnologe, Etymologe

Familienforscher, Forschungsreisender (sofern nicht in anderen Berufen)

Genealoge, Germanist

Heraldiker, Historiker

Indologe

Kryptologe, Kunsthistoriker

Linguist

Mentor, Musikwissenschaftler

Numismatiker

Orientalist

Pädagoge o.n.A., Philatelist, Philologe (Sprachforscher), Philologe o.n.A., Philosoph, Phonologe, Prähistoriker, Privatgelehrter o.n.A.

Religionswissenschaftler, Repetent (nicht geistlicher), Romanist

3 Architekten, Bauingenieure

Agrikulturingenieur, Architekt

Bauamtmann o.n.A., Bauamtsdirektor, Bauamtsrat, Bauassessor, Baudirektor o.n.A., Bauingenieur, Bauinspektor o.n.A., Baukommissar, Baukontrolleur, Baukonstenschätzer, Bauleiter, Baumeister, Baumeister für Landeskultur, Baumeister für Wasserwirtschaft und Kulturtechnik, Baupolizeiingenieur, Baurat o.n.A., Baureferendar o.n.A., Bausachverständiger, Bauunternehmer (Architekt, Bauingenieur), Betonbauingenieur, Bezirksbaumeister, Brückenbauingenieur, Brückenbaukonstrukteur

Denkmalspfleger

Eisenbetoningenieur, Eisenkonstruktionsingenieur

Feuerungsingenieur, Flußbaumeister

Hafenbaudirektor, Hafenbauingenieur, Hafenbauinspektor, Hafenbaumeister, Hochbauingenieur, Holzbauingenieur

Ingenieur für Ingenieurbau, Ingenieur für Wasserwirtschaft und Kulturtechnik

Kulturbauamtmann, Kulturbaubeamter, Kulturbaudirektor, Kulturbauingenieur, Kulturbauinspektor, Kulturbaumeister, Kulturbaurat, Kulturingenieur, Kulturrat, Kulturtechnikingenieur

Ortsplaner

Polizeibaumeister, Polizeibaurat, Postbauamtmann, Postbauinspektor, Postbaurat, Postoberbauamtsrat

Regierungsbaumeister, Regierungsoberbauamtsrat, Regierungs- und Baurat, Regierungs- und Kulturrat, Regierungs- und Landeskulturrat, Restaurator (Bauten), Rohrnetzingenieur

Sanitäringenieur, Siedlungsplaner, Stadtplaner, Städtebauingenieur, Städteba planer, Städteplaner, Stahlbauingenieur, Stahlhochbauer, Statiker, Straßenbauingenieur, Strombaudirektor, Strommeister

Tiefbauingenieur

Verkehrsplaner

Wasserbaudirektor, Wasserbauingenieur, Wegebauingenieur, Wiesenbaumeister

Quelle: Statistisches Bundesamt Wiesbaden: Systematische Verzeichnisse, Ausgabe 1975

LITERATURVERZEICHNIS

Amt für amtliche Veröffentlichungen der Europäischen Gemeinschaften (Hrsg.), (1988), Die audiovisuellen Medien im großräumigen europäischen Markt, Luxemburg.

Antrag der Fraktion der CDU/CSU und der Fraktion der FDP, BT-Drucksache 11/4488 und Antrag der Fraktion der SPD, BT-Drucksache 11/5469.

Antwort der Bundesregierung auf die Große Anfrage der SPD zur Kulturpolitik, BT-Drucksache 10/2236.

ARD, Arbeitsgemeinschaft der öffentlich-rechtlichen Rundfunkanstalten der Bundesrepublik Deutschland, ARD-Jahrbuch, verschiedene Jahrgänge.

Arndt, A. (1965), Kulturelle Politik, in: Geist der Politik, Reden, Berlin.

Baumol W.J. and Bowen, W.G. (1966), Performing Arts - The Economic Dilemma, Cambridge/Mass.

Bericht der Bundesregierung über die Lage der freien Berufe in der Bundesrepublik Deutschland (1979), BT-Drucksache 8/3139.

Bericht der Bundesregierung über die Lage der Medien in der Bundesrepublik Deutschland 1985 (1986), Medienbericht '85, BT-Drucksache 10/5663.

Bickel, P. (1989), RealtimeWaveshapingCrossfadeSamplestacking-Dumprequest. Musiker, Musik und Musikproduktion unter dem technologischen Diktat der Musikmaschinen?, in: Media Perspektiven 9, S. 559 ff.

Blaukopf, K. (1987), Musikpolitik und Medienrealität, in: Media Perspektiven Nr. 7, S. 428 ff.

Body, V. und P. Weibel (Hrsg.), (1987), Video in Kunst und Alltag, Köln.

Body, V. und P. Weibel (Hrsg.), (1988), Clip, Klapp, Bum - Von der visuellen Musik zum Musikvideo, Köln.

Börsenverein des Deutschen Buchhandels, Buch und Buchhandel in Zahlen, verschiedene Jahrgänge.

Borchardt, K. (1978), Der "Property Rights-Ansatz" in der Wirtschaftsgeschichte - Zeichen für eine systematische Neuorientierung des Faches? in: Kocka, J. (Hrsg.), (1978), Theorien in der Praxis des Historikers, Sonderheft 3, Göttingen, S. 140 ff.

Brodbeck, K.H. (1981), Produktion, Arbeitsteilung und technischer Wandel, Volkswirtschaftliche Schriften Bd. 10, Düsseldorf.

Brodbeck, K.H. (1989), Diffusion multipler Techniken in Systemen evolutionären Wachstums, Münchener Wirtschaftswissenschaftliche Beiträge, Nr. 89-10, S. 1 ff.

Brodbeck, K.H. und M. Hummel (1991), Musikwirtschaft. Gutachten im Auftrag des Ministeriums für Wirtschaft, Mittelstand und Technologie des Landes Nordrhein-Westfalen, Ifo-Studien zu Kultur und Wirtschaft Nr. 5, München.

Bruhn, M. (1987), Sponsoring. Unternehmen als Mäzene und Sponsoren, Wiesbaden.

Bundesverband der Phonographischen Wirtschaft, Phono Press, verschiedene Jahrgänge.

Bundeshaushaltsplan für das Jahr 1989.

Coase, R. (1960), The Problem of Social Cost, in: Journal of Law and Economics, Vol. 3, S. 1 ff.

Commission of the European Communities (1988), Green Paper on Copyright and the Challenge of Technology - Copyright Issues Requiring Immediate Action, Brussels.

De Man, H. (1970) Vermassung und Kulturverfall, Bern.

Der Minister für Wissenschaft und Forschung des Landes Nordrhein-Westfalen, Podiumsprotokoll der Sitzung vom 16.10.1987 in Köln.

Deutsche Orchestervereinigung, Das Orchester, verschiedene Jahrgänge.

Deutscher Bibliotheksverband (1989), Die öffentliche Bibliotheken. Standortbestimmung und Zukunftsperspektiven der Bibliotheken in kommunaler Verwaltung, Berlin.

Deutscher Bühnenverein, Bundesverband Deutscher Theater, Theaterstatistik, verschiedene Jahrgänge.

Deutscher Bühnenverein (1987), Bundesverband Deutscher Theater, Vergleichende Theaterstatistik 1949/50 - 1984/85, Köln.

Deutscher Musikrat (1985), Musikleben und Kulturpolitik, Aktuelle Daten zu: Musikausübung - Musikerziehung - Musikberufe - Musikförderung - Musikwirtschaft, Bearbeitung: Zentrum für Kulturforschung, Bonn.

Deutscher Musikverleger-Verband e.V., Deutsche Landesgruppe der IFPI e.V. (Hrsg.), (1984), Stellungnahme der Musikwirtschaft zum Entwurf eines Gesetzes zur Änderung von Vorschriften auf dem Gebiet des Urheberrechts, Bonn.

Deutscher Städtetag (1979), Kultur in den Städten. Eine Bestandsaufnahme, Neue Schriften des Deutschen Städtetags, Heft 37, Köln.

Deutscher Städtetag, Statistisches Jahrbuch Deutscher Gemeinden, verschiedene Jahrgänge.

Deutsches Bibliotheksinstitut, Deutsche Bibliotheksstatistik, verschiedene Jahrgänge.

Deutsches Videoinstitut, Medienstatistik, verschiedene Jahrgänge.

Direktorenkonferenz der Landesmedienanstalten, DLM (1988), DLM Jahrbuch 1988, München.

Dreher, B. (1976), Filmförderung in der Bundesrepublik Deutschland. Versuch einer Erfolgskontrolle der Subventionspolitik, Deutsches Institut für Wirtschaftsforschung, Sonderheft 111, Berlin.

Dreher, B. (1978), Zur Lage und Entwicklung der deutschen Filmwirtschaft, Deutsches Institut für Wirtschaftsforschung, Sonderheft 126, Berlin.

Duve, F. (1989), Grundsätze und Ziele der staatlichen Kulturpolitik, Plenarprotokoll der 172. Sitzung des Deutschen Bundestages vom 27. Oktober 1989.

EG-Kommission (1984), Fernsehen ohne Grenzen. Grünbuch über die Errichtung des Gemeinsamen Marktes für den Rundfunk, insbesondere über Satellit und Kabel, Brüssel.

Euler, M. (1983), Genauigkeit von Einkommensangaben in Abhängigkeit von der statistischen Erfassung, in: Wirtschaft und Statistik 10.

Filmförderungsanstalt, Geschäftsbericht, verschiedene Jahrgänge.

Fohrbeck, K. (1989), Renaissance der Mäzene? Interessenvielfalt in der privaten Kulturfinanzierung, Köln.

Fohrbeck, K., A.J. Wiesand (1982), Musik, Statistik, Kulturpolitik. Daten und Argumente zum Musikleben in der Bundesrepublik Deutschland, Köln.

GEMA, Gesellschaft für musikalische Aufführungs- und mechanische Vervielfältigungsrechte, Geschäftsbericht, verschiedene Jahrgänge.

Genossenschaft Deutscher Bühnenangehöriger, Deutsches Bühnen-Jahrbuch, verschiedene Jahrgänge.

Gerbrandt, L. (1989), Kann es zuviel Fernsehen geben? Lehren aus der Videorevolution in den USA, in: Kreile, R.(Hrsg.), (1989), Medientage München. Dokumentation Band 1, Baden-Baden, S. 222 ff.

Gerstenberger, W. (1989), Investitionszug in voller Fahrt, Vortrag vor der Euro-Invest-Konferenz Paris im November 1989.

Gerstenberger, W., R. Hild, K.-D. Knörndel, P. Schreieck-Klettner, H.G. Vieweg (1988), Entwicklungsperspektiven der Gießereiindustrie in der Bundesrepublik Deutschland bis zum Jahr 2000, München.

Gerstenberger, W. (1990), The European Community in a Changing World. Two Scenarios for the Next Decades, München 1990 (forthcoming)

Gesamtverband Deutscher Musikfachgeschäfte, Musikhandel Verlagsgesellschaftmbh (1988), Handbuch des Musikalienhandels, Bonn.

Gort, M. und S. Klepper (1982), Time Paths in the Diffusion of Product Innovations, Economic Journal 92, S. 630 ff.

Graf, B. und G. Knerr (Hrsg.), (1985), Museumsausstellungen, Planung, Design, Evaluation, Kolloquium im Deutsches Museum 4. - 8. März 1985, München/Berlin.

Green, H.A.J. (1971), Consumer Theory, Harmondsworth.

Grefermann, K. (1989), Druckerei und Vervielfältigung. Untersuchung durchgeführt im Auftrag des Bundesministeriums für Wirtschaft, Schriftenreihe Branchenstruktur 145, Berlin/München.

Gross, K. (1973), Zur Genauigkeit von Einkommensangaben in Interviews, in: Wirtschaft und Statistik 3.

GVL, Gesellschaft für die Verwertung von Leistungschutzrechten mbH, Geschäftsbericht, verschiedene Jahrgänge.

Hermanns, A. (1989), Sponsoring - Zukunftsorientiertes Instrument der Marktkommunikation, in: A. Hermanns (Hrsg.), Sport- und Kultursponsoring, München.

Hermanns, A. (Hrsg.), (1989), Sport- und Kultursponsoring, München.

Hermanns, A. und Drees, N. (1987), Kultursponsoring - Neue Möglichkeiten für die Kommunikationspolitik, in: Jahrbuch der Absatz- und Verbrauchsforschung, Bd. 33, S. 6 ff.

Hömberg, W. (1989), Wissenschaftsjournalismus - ein Berufsfeld mit Zukunft?, in: Kreile, H. (Hrsg.), (1989), Medientage München '88, a.a.O, S. 180 ff.

Hoffmann, K. (1989), Videomarkt Bundesrepublik Deutschland Strukturelle Probleme werden immer offensichtlicher, Media Perspektiven 5, S. 277 ff.

Hotelling, H. (1931), The Economics of Exhaustible Resources Journal of Political Economy 39, S. 137 ff.

Hoyos, Graf C. et.al. (Hrsg.) 1980, Grundbegriffe der Wirtschaftspsychologie, München.

Hummel, M. mit einem Beitrag von E. Gluch (1989), Die volkswirtschaftliche Bedeutung des Urheberrechts. Gutachten im Auftrag des Bundesministers der Justiz, Schriftenreihe des Ifo-Instituts für Wirtschaftsforschung Nr. 125, Berlin/ München, (Vorabdruck in: BT-Drucksache 11/4929).

Hummel, M. (1990), Die Lage der freien künstlerischen Berufe in der Bundesrepublik Deutschland. Beitrag des Ifo-Instituts zum Bericht der Bundesregierung über die Lage der Freien Berufe in der Bundesrepublik Deutschland, Ifo-Studien zu Kultur und Wirtschaft Nr. 1, München.

Hummel, M. und M. Berger unter Mitarbeit von F. Müller (1988), Die volkswirtschaftliche Bedeutung von Kunst und Kultur. Gutachten im Auftrag des Bundesministers des Innern, Schriftenreihe des Ifo-Instituts für Wirtschaftsforschung Nr. 122, Berlin/München.

Hummel, M., E. Langmantel, W. Nierhaus, R. Parsche, (1989), Die wirtschaftliche Bedeutung der Integration von Aussiedlern, Gutachten im Auftrag des Bundesministers der Inneren (Manuskript).

Hummel-Kowalski, M. (1978), "The Problem of Social Cost" by R. Coase and the Recognition of this Article in German Economic Literature, in: Munich Social Science Review 4.

Hutter, M. (1986), Kunst als Quelle wirtschaftlichen Wachstums, in: Zeitschrift für Ästhetik und allgemeine Kunstwissenschaft 31, S. 231 ff.

Hutter, M. (1979), Die Gestaltung von Property Rights als Mittel gesellschaftlicher Allokation, Göttingen.

IBFG, Internationale Berater und Forschungsgruppe Basel AG, in Zusammenarbeit mit Rincke Treuhand GmbH, Wuppertal und UWP Gesellschaft für Unternehmensberatung, Weiterbildung und Personalentwicklung Düsseldorf (1988), Studie zur wirtschaftlichen Tragfähigkeit von Lokalradios in Bayern, Basel.

Ifo-Institut für Wirtschaftsforschung (1989), Ifo-Bauvorausschätzung 1989-1999, Datenband, bearb. von T. Görhely, München.

Ifo-Institut für Wirtschaftsforschung (1990), Bauvorausschätzung/Regional, Ausgabe 1990-93, Textband.

Institut der deutschen Wirtschaft, Medienspiegel, verschiedene Jahrgänge.

Institut der deutschen Wirtschaft (1988), Privatfunk in der Bundesrepublik Deutschland, IW-Dossier 5, Köln.

Institut für Freie Berufe (1987), Freie Berufe in Europa. Datenhandbuch zur Struktur und beruflichen Situation der Freien Berufe in den Ländern der Europäischen Gemeinschaft, in Österreich und in der Schweiz, Nürnberg.

Keynes, J.M. (1936), The General Theory of Employment, Interest and Money, reprint: The Collected Writings of John Maynard Keynes, Royal Economic Society, Cambridge, Bd. 7.

Kiefer, M.-L., Massenkommunikation III, in: Berg, K. und M.-L. Kiefer (1987), Massenkommunikation III. Eine Langzeitstudie zur Mediennutzung und Medienbewertung 1964-1985, Schriftenreihe Media Perspektiven 9, Frankfurt am Main.

Kirchhof, P. (1988), Der Gesetzgebungsauftrag zum Schutz des geistigen Eigentums gegenüber modernen Vervielfältigungstechniken, Heidelberg.

Kohl, H. (1989), Schöpferische Wechselbeziehung von Kultur und Politik. Ansprache des Bundeskanzlers bei der Grundsteinlegung der Ausstellungshalle in Bonn, in: Bulletin Nr. 110.

Körner, J. (1989) Der Staat auf dem Rückzug - Staatsquote sinkt nach politischer Wende, in: Ifo-Schnelldienst 19, S. 5.

Kommunale Gemeinschaftsstelle für Verwaltungsvereinfachung (KGSt), (1989), Führung und Steuerung des Theaters, Köln.

Kosack, K.-P. (1987), Musikschulen, in: Verband Deutscher Städtestatistiker, Städte in Zahlen. Ein Strukturbericht zum Thema Kultur und Bildung, Nürnberg, S. 167 ff.

Kreile, R. (1989), Neuer Markt für Künstler? - Europäische Zukunftsmedien zwischen Ruhm und Rendite, in: Kreile, R (Hrsg.),(1989), a.a.O., S. 18 ff.

Kreile, R., (Hrsg.), (1989), Medientage München. Dokumentation Band 1, Baden-Baden.

Krüger, U.M. (1988), Kulturelle Indikatoren in der Fernsehrealität von Fictionsendungen, Ausgewählte Ergebnisse einer Pilotstudie, in: Media Perspektiven 9, S. 555 ff.

Krüger, U.M. (1987), Qualitätsschere im Fernsehangebot. Ergebnisse eines Programmvergleichs zwischen ARD, ZDF, SAT1, RTL plus, 3SAT und EINS PLUS, in: Media Perspektiven 9, S. 54 ff.

Kulturkreis im Bundesverband der Deutschen Industrie (Hrsg.) (1987), Die Wirtschaft als Kulturförderer, Köln.

Kunsthochschule für Medien Köln (1989), Grundkonzept.

Leibfritz, W., W. Nierhaus, R. Parsche (1990), Probleme des Zusammenwirkens von Sozialsystem und Steuersystem, in: Ifo Schnelldienst 21, S. 9 ff.

Maihofer, W (1983), Kulturelle Aufgaben des modernen Staates in: Benda, E., W. Maihofer und H. J. Vogel (Hrsg.), (1983) Handbuch des Verfassungsrechts, Berlin/New York.

Maslow, A.H. (1954), Motivation and Personality, New York; deutsche Ausgabe: Motivation und Persönlichkeit, Reinbek bei Hamburg 1981.

Medienforum Nordrhein-Westfalen (1990), Kongreß am 11., 12. und 13. Juni 1990 in Köln.

Meran, J. (1987), Über einige methodische Schwierigkeiten, den Begriff 'Bedürfnis' als Grundbegriff der Kulturwissenschaften zu verwenden; in: Schöpf, A. (Hrsg.), (1987), Bedürfnis, Wunsch, Begehren, Würzburg.

Minister für Wissenschaft und Forschung des Landes Nordrhein-Westfalen (1987), Podiumsprotokoll der Sitzung vom 16.10.1987 in Köln

Mohr, W.G. (1985), Öffentliche Musikausgaben in der Bundesrepublik Deutschland, in: Deutscher Musikrat (Hrsg.), (1985), Musikleben und Kulturpolitik, Bonn.

Nordemann, W., K. Vinck, P.W. Hertin (1986), Urheberrecht. Kommentar zum Urheberrechtsgesetz und zum Urheberwahrnehmungsgesetz, begründet von Fromm, F.K. und W. Nordemann, 6. Auflage, Stuttgart/Berlin/Köln/Mainz.

Nordemann, W. (1985), Die Urheberrechtsreform 1985, in: GRUR, Heft 9, S. 837 ff.

Oppermann, Th. (1969), Kulturverwaltungsrecht. Bildung - Wissenschaft - Kunst, Tübingen.

O.V. (1988), The Economics of 1992, in: European Economy 35.

Peasey, J. (1989), Der Markt für Fernsehprogramme in Westeuropa 1988 bis 1998, in: Media Perspektiven 8, S. 481 ff.

Pommerehne, W.W. und B.S. Frey (1985), Kunst: Was sagt der Ökonom dazu? in: Schweizerische Zeitschrift für Volkswirtschaft und Statistik, 121.Jg., S. 139 ff.

Praet, P. (1985), Endogenizing Consumers' Expectations in Four Major EC Countries, Journal of Economic Psychology, 6, S. 255 ff.

Presse- und Informationsamt der Bundesregierung (Hrsg.), Mehr Raum für Kultur. Kulturförderung des Bundes.

Pürer, H. (1989), Berufliche Anforderungen und Perspektiven im tagesaktuellen Journalismus (Zeitung, Radio und Fernsehen), in: Kreile, H. (Hrsg.), (1989), Medientage München '88, Baden-Baden, S. 151 ff.

Rogers, E.M. (1962), Diffusion of Innovations, New York/London.

Röper, H. (1988), Formationen deutscher Medienmultis 1988, in: Media Perspektiven 12, S. 481 ff.

Roth, P. (1989), Kultur-Sponsoring: Meinungen, Chancen und Probleme; Konzepte, Beispiele, Landsberg.

Rowland, W.D. und Tracey, M. (1989), Selbstmord aus Angst vor dem Tod? Aktuelle Herausforderungen für den öffentlichen Rundfunk überall auf der Welt, in: Media Perspektiven 8, S. 469 ff.

Scholl-Latour, P. (1989), Europäisches Fernsehen und nationale Kulturräume - Chancen und Grenzen transnationaler Programme, in: Kreile, R. (1989),(Hrsg.), Medientage München, a.a.O., S. 196 ff.

Schrape, K., M. Kessler (1988), Film - Fernsehen - Video. Programmbedarf bis zum Jahr 2000, in: Media Perspektiven 9, S. 541 ff.

Schreiben der Deutschen Ausgleichsbank an das Bundesministerium für Wirtschaft v. 17.8.1989.

Schröder-Limmer, W., Vivaldi aus dem Rechner (1985), in: Musik & Computer (Beilage zu Fachblatt Musik Magazin 9/1985).

Schuck-Wersig, P. und G. Wersig (1988), Museen und Marketing, Materialien aus dem Institut für Museumkunde, Heft 25, Berlin.

Schuckert, Ch. (1987), Der bundesdeutsche Buchmarkt 1986/1987. Aktuelle Entwicklungen und Probleme, in: Media Perspektiven Nr. 10, S. 642 ff.

Sekretariat der Ständigen Konferenz der Kultusminister (1987), Die Ausgaben der Länder für Film und Filmförderung 1984 bis 1986, in: Dokumentationsdienst Bildung und Kultur, Sonderheft Statistik und Vorausberechnung Nr. 40.

Sombart, W. (1909), Die deutsche Volkswirtschaft im Neunzehnten Jahrhundert, Berlin

SPIO, Spitzenorganistation der Filmwirtschaft e.V., Filmstatistisches Taschenbuch, verschiedene Jahrgänge.

Statistisches Bundesamt, Beruf, Ausbildung und Arbeitsbedingungen der Erwerbstätigen, Fachserie 1, Reihe 4.1.2, verschiedene Jahrgänge.

Statistisches Bundesamt, Beschäftigung, Umsatz und Investitionen der Unternehmen und Betriebe im Bergabau und im Verarbeitenden Gewerbe, Fachserie 4, Reihe 4.2.1, verschiedene Jahrgänge.

Statistisches Bundesamt, Beschäftigung, Umsatz, Wareneingang, Lagerbestand und Investitionen im Einzelhandel, Fachserie 6, Reihe 3.2, verschiedene Jahrgänge.

Statistisches Bundesamt, Beschäftigung, Umsatz, Wareneingang, Lagerbestand und Investitionen im Gastgewerbe, Fachserie 6, Reihe 4.2, verschiedene Jahrgänge.

Statistisches Bundesamt, Beschäftigung, Umsatz, Wareneingang, Lagerbestand und Investitionen im Großhandel, Fachserie 6, Reihe 1.2, verschiedene Jahrgänge.

Statistisches Bundesamt, Einkommensteuer, Fachserie 14, Reihe 7.1, verschiedene Jahrgänge.

Statistisches Bundesamt, Filmwirtschaft, Fachserie 11, Reihe 6, verschiedene Jahrgänge.

Statistisches Bundesamt, Handel, Gastgewerbe, Reiseverkehr, Fachserie 6, Reihe 1 - 4, verschiedene Jahrgänge.

Statistisches Bundesamt, Handels- und Gaststättenzählung, Fachserie 6, Heft 1, verschiedene Jahrgänge.

Statistisches Bundesamt, Handelsvermittlung, Fachserie 6, Reihe 2, verschiedene Jahrgänge.

Statistisches Bundesamt, Input-Output-Tabellen, Fachserie 18, Reihe 2, verschiedene Jahrgänge.

Statistisches Bundesamt, Kostenstruktur bei Handelsvertretern und Handelsmaklern, Fachserie 2, Reihe 1.2.2, verschiedene Jahrgänge.

Statistisches Bundesamt, Kostenstruktur bei Rechtsanwälten und Anwaltsnotaren, bei Wirtschaftsprüfern, Steuerberatern und Steuerbevollmächtigten, bei Architekten und Beratenden Ingenieuren, Fachserie 2, Reihe 1.6.2, verschiedene Jahrgänge.

Statistisches Bundesamt, Kostenstruktur im Einzelhandel, Fachserie 2, Reihe 1.3, verschiedene Jahrgänge.

Statistisches Bundesamt, Kostenstruktur im Gastgewerbe, Fachserie 2, Reihe 1.4, verschiedene Jahrgänge.

Statistisches Bundesamt, Kostenstruktur im Großhandel, bei Buch- u.ä. Verlagen, Fachserie 2, Reihe 1.2.1, verschiedene Jahrgänge.

Statistisches Bundesamt, Kostenstruktur der Unternehmen im Bergbau, Grundstoff- und Produktionsgütergewerbe, Fachserie 4, Reihe 4.3.1, verschiedene Jahrgänge.

Statistisches Bundesamt, Kostenstruktur der Unternehmen im Investitionsgüter produzierenden Gewerbe, Fachserie 4, Reihe 4.3.2, verschiedene Jahrgänge.

Statistisches Bundesamt, Kostenstruktur der Unternehmen im Verbrauchsgüter produzierenden Gewerbe und im Nahrungs- und Genußmittelgewerbe, Fachserie 4, Reihe 4.3.3, verschiedene Jahrgänge.

Statistisches Bundesamt, Personal des öffentlichen Dienstes, Fachserie 14, Reihe 6, verschiedene Jahrgänge.

Statistisches Bundesamt, Presse, Fachserie 11, Reihe 5, verschiedene Jahrgänge.

Statistisches Bundesamt, Rechnungsergebnisse der öffentlichen Haushalte für Bildung, Wissenschaft und Kultur, Fachserie 14, Reihe 3.4, verschiedene Jahrgänge.

Statistisches Bundesamt, Sozialversicherungspflichtig beschäftigte Arbeitnehmer, Fachserie 1, Reihe 4.2, verschiedene Jahrgänge.

Statistisches Bundesamt (1989), Unternehmen und Arbeitsstätten, Arbeitsstättenzählung vom 25. Mai 1987, Fachserie 2, Heft 1, Einführung in die methodischen und systematischen Grundlagen der nichtlandwirtschaftlichen Arbeitsstättenzählung, Stuttgart.

Statistisches Bundesamt, Umsatzsteuer, Fachserie 14, Reihe 8, verschiedene Jahrgänge.

Statistisches Bundesamt, Volkswirtschaftliche Gesamtrechungen, Konten und Standardtabellen, Fachserie 18, Reihe 1, verschiedene Jahrgänge.

Statistisches Bundesamt, Wirtschaft und Statistik (WiSta), verschiedene Jahrgänge.

Stolte, D. (1987), Programmpolitik für die Zukunft, ZDF-Jahrbuch 86, Mainz, S. 27 ff.

Throsby, C.D. and G.A. Withers (1979), The Economics of the Performing Arts, London/Melbourne.

Thurow, N. (1987), Rechtsschutz für den Urheber und den Urheberrechtsnutzer, in: ZUM 6, S. 320 ff.

Ulmer,E. (1980) Urheber- und Verlagsrecht, 3. Auflage, Berlin, Heidelberg/New York.

UNESCO (1980), Recommendation Concerning the International Standardization of Statistics on the Public Financing of Cultural Activities, Belgrad.

Verband Deutscher Städtestatistiker (1987), Städte in Zahlen. Ein Strukturbericht zum Thema Kultur und Bildung, Nürnberg.

Versorgungsanstalt der deutschen Bühnen, Geschäftsbericht verschiedene Jahrgänge.

Versorgungsanstalt der deutschen Kulturorchester, Geschäftsbericht, verschiedene Jahrgänge.

Wild, Ch. (1988), Fernsehen und Video, Zwei Medien ergänzen sich, in: Media Perspektiven 7, S. 447 ff.

Veblen, T. (1978), The Theory of the Leisure Class, (Reprint o.O), Folcroft Library Editions.

Weber, M. (1973), Soziologie - Universalgeschichtliche Analysen - Politik, Stuttgart.

Weisbrod, J. (1986), Pressestatistik, in: Wirtschaft und Statistik 8, S. 538 ff.

Weitzel, G. (1990), Die absatzpolitische Bedeutung von industrieller Formgebung/Design bei kleinen und mittleren Unternehmen. Gutachten im Auftrag des Bundesministeriums für Wirtschaft, Ifo-Institut für Wirtschaftsforschung, München (in Vorbereitung).

Wild, C. (1988), Fernsehen und Video. Zwei Medien ergänzen sich, Media Perspektiven 7, S. 447 ff.

Wozniak, G.D. (1984), The Adoption of Interrelated Innovations: The Human Capital Approach, Review of Economics and Statistics 66, S. 70 ff.

Zentralausschuß der Werbewirtschaft, Werbung, verschiedene Jahrgänge.

Zielinski, S. (1987), Der Heimvideomarkt im zehnten Jahr. Bestandsaufnahme und neuere Tendenzen - besonders im Hinblick auf die Software (1), in: Media Perspektiven 8, S. 507 ff.

Zielinski, S. (1989), Audiovisionen, Reinbek bei Hamburg.

Zombik, P. (1987), Die Schallplatte: Kulturträger und Wirtschaftsfaktor. Marktstrukturveränderungen und ihre Folgen, in: Media Perspektiven 7, S. 437 ff.

Zweites Deutsches Fernsehen, ZDF Jahrbuch, verschiedene Jahrgänge.

FSC
www.fsc.org
MIX
Papier | Fördert
gute Waldnutzung
FSC® C083411

Kolibri 360 GmbH
Ferdinand-Jühlke-Straße 7
99095 Erfurt, Deutschland
produktsicherheit@kolibri360.de

Druck:
CPI Druckdienstleistungen GmbH
im Auftrag der
Kolibri 360 GmbH
Ferdinand-Jühlke-Str. 7
99095 Erfurt